UNA GUÍA MATRIMONIAL
PARA HOMBRES

# CREADO

PARA NECESITAR UNA
*Ayuda Idónea*

Un hombre que no está en equilibrio
con su esposa está desequilibrado.

# CREADO
## PARA NECESITAR UNA
### *Ayuda Idónea*

MICHAEL PEARL

## CENTRO DE LITERATURA CRISTIANA
en países de habla hispana

| | |
|---|---|
| Bolivia | Calle Manuel Ignacio Salvatierra N° 190 |
| | Santa Cruz |
| | gamaliel.padilla@clcbolivia.com |
| | Bolivia |
| Colombia: | Centro de Literatura Cristiana |
| | ventasint@clccolombia.com |
| | editorial@clccolombia.com |
| | Bogotá, D.C. |
| Chile: | Cruzada de Literatura Cristiana |
| | santiago@clcchile.com |
| | Santiago de Chile |
| Ecuador: | Centro de Literatura Cristiana |
| | ventasbodega@clcecuador.com |
| | Quito |
| España: | Centro de Literatura Cristiana |
| | madrid@clclibros.org |
| | Madrid |
| México: | www.clcmexicodistribuciones.com |
| | ventasint@clccolombia.com |
| | editorial@clccolombia.com |
| Panamá: | Centro de Literatura Cristiana |
| | clcmchen@cwpanama.net |
| | Panamá |
| Uruguay: | Centro de Literatura Cristiana |
| | libros@clcuruguay.com |
| | Montevideo |
| USA: | CLC Ministries International |
| | churd@clcpublications.com |
| | Fort Washington, PA |
| Venezuela: | Centro de Literatura Cristiana |
| | distribucion@clcvenezuela.com |
| | Valencia |

**EDITORIAL CLC**
Diagonal 61D Bis No. 24-50
Bogotá, D.C., Colombia
editorial@clccolombia.com
www.clccolombia.com

ISBN: 978-958-8867-21-2

**Creado para necesitar una ayuda idónea** por Michael Pearl

Las Escrituras utilizadas han sido tomadas de la versión RV60 por las Sociedades Bíblicas Unidas. Usadas con permiso.

Edición y Diseño Técnico: Editorial CLC

Impreso en Colombia — Printed in Colombia

*Somos miembros de la Red Letraviva: www.letraviva*

## El sabio rey Salomón dijo:

"Mejores son dos que uno; porque tienen mejor paga de su trabajo. Porque si cayeren, el uno levantará a su compañero; pero ¡ay del solo! que cuando cayere, no habrá segundo que lo levante. También si dos durmieren juntos, se calentarán mutuamente; mas ¿cómo se calentará uno solo?".

Eclesiastés 4:9-11

"El que halla esposa halla el bien, y alcanza la benevolencia de Jehová".

Proverbios 18:22

# CONTENIDO

# Agradecimientos

Dedico este libro a los cientos de mujeres que leyeron "Creada para Ser su Ayuda Idónea" y que de manera unilateral decidieron asumir la carga de hacer que sus matrimonios sean santos. Mientras ustedes recibían malos tratos de sus esposos, Dios fue desarrollando el carácter de Cristo en sus corazones. Muchas de ustedes estuvieron solas, perdonaron errores y llevaron la carga por dos. Ustedes son mis heroínas y mi inspiración.

Mientras leía las miles de cartas que recibí y oía los brillantes testimonios, me hicieron avergonzar al ver que ustedes permanecieron solas mientras que los hombres recibían todo el beneficio de una obediente ayuda idónea.

Cuando pregunté por sugerencias para el contenido de un libro dirigido para hombres, ustedes escribieron casi más de lo que pude leer; sin embargo todas las cartas fueron leídas y formaron la base para el desarrollo de mis ideas. Por esta razón las reconozco como mis compañeras de trabajo en este tan retrasado proyecto, el cual confío, aliviará sus cargas, y las convertirá en recipientes de una gran bendición.

Le daría gracias a mi esposa, pero eso sería como agradecerme a mí mismo. Somos a tal punto uno solo que cuando alguno de los dos hace algo es el producto de ambos. Ella fue, por supuesto, indispensable. Su sabiduría es extraordinaria y su juicio es santo. Yo me apoyo fuertemente en su sabiduría.

# INTRODUCCIÓN

Cuando decidí escribir "Creado para NECESITAR una Ayuda Idónea" le pregunté a mi feliz esposa qué había hecho yo correctamente en nuestro matrimonio y qué debería transmitir a otros esposos. Su respuesta fue inmediata y directa: "Tú me dejas ser tu ayuda idónea, me llevas a tu lado en todo lo que haces. La participación que tengo en nuestra relación me ha hecho crecer como persona, ha hecho mi vida valiosa y me ha llevado a ser mejor mamá".

Ustedes podrían decir: "¿Cuál es su formación profesional para enseñarnos a ser buenos esposos?". Bueno, he hecho que una de las más felices, joviales, agradecidas y gozosas mujeres de esta tierra piense que soy uno de los mejores seres humanos de todo el mundo. Esto me da la confianza necesaria para creer que tengo algo para dar. Sin embargo, vale la pena mencionar que el material más enriquecedor que tengo para matrimonios proviene de las muchas cartas y correos electrónicos que he recibido de esposos y esposas en los últimos 17 años. La *corriente diaria* de correspondencia a lo largo del tiempo revela patrones comunes que llevan a la ruina a los cónyuges y también muestra como una relación puede ser sanada hasta llegar a ser algo *celestial*. En el matrimonio las *leyes* de la siembra y la cosecha pueden ser vistas como una 'ciencia' en la cual se puede confiar. Un matrimonio crece hasta elevarse o se deteriora hasta estar condenado.

En las cartas que he recibido ustedes me han mostrado en incontables ocasiones que un matrimonio puede salvarse y florecer hasta convertirse en algo hermoso.

Otra razón por la cual puedo aconsejar sobre este tema tan importante es que he sido estudiante de la Palabra de Dios por casi sesenta años; he pasado horas investigando cada tema y, además, la relación entre esposo y esposa siempre ha tenido un interés particular para mí. A través de mi experiencia, y la de otros, he entendido que Dios es el mejor consejero matrimonial que existe; después de todo, quien imaginó y concibió el matrimonio con todas sus complejidades sabe mejor que nadie cómo sacar el mayor provecho de éste.

El tema central de este libro es único pues no ha sido tratado en ningún otro texto hasta ahora. Caballero, aunque se considere muy autónomo y completo por sí mismo, usted fue creado para necesitar una ayuda idónea. El matrimonio es el *laboratorio de Dios* para perfeccionar al hombre; es la completa recapitulación de la experiencia humana, concentra cada conflicto y triunfo y los lleva a un nivel personal e individual; es una prueba de todo lo que nos hace seres humanos. En el matrimonio cada uno de nosotros tiene la oportunidad de crecer y desarrollarse en una persona más noble y así abandonar los extremos egoístas de alguien que está solo.

El matrimonio es el *monte de la tentación* –donde tenemos la oportunidad de alimentar nuestra naturaleza egocéntrica– pero también es el *pináculo* de un *paraíso restaurado* en donde podemos convertirnos en herederos de la gracia de vida y desarrollar la *naturaleza* de un sacerdote. El matrimonio es el *campo de entrenamiento* del cielo, la terminal de nuestro destino, el lugar donde podemos crecer poco y de forma egoísta o donde crecemos mucho por medio de la misericordia y el sacrificio.

En contraste a mi introducción este libro no es filosófico, es tan práctico que usted se *retorcerá* de vergüenza esperando que su esposa no lea este renglón.

## Tres Clases De Hombres

Las dos mitades de este libro son tan diferentes que pudieron ser escritas como textos separados. En la primera de ellas examinaremos —de muchas formas—por qué los hombres necesitamos una ayuda idónea. En la segunda mitad exploraremos las tres clases de hombres, tal y como fueron presentados en el libro de mi esposa "Creada para Ser su Ayuda Idónea"; no obstante vale la pena aclarar que mi acercamiento es mucho más masculino y directo. Usted descubrirá que llega al matrimonio, así como a la vida, con fortalezas y debilidades. Llegará a conocerse a sí mismo y aprenderá a moderar sus excesos naturales y a fortalecer sus debilidades, pero principalmente podrá aprender sobre el rol que su esposa juega en este proceso de madurez; aprenderá cómo hacer que ella sea su ayuda idónea más adecuada.

A continuación les comparto una carta que recibí de una lectora:

*Señor Pearl:*

*¡Algo muy gracioso me pasó cuando iba a enviarle mis comentarios sobre mi esposo para su nuevo libro! Me desperté a medianoche y no podía volver a dormir, por lo tanto me levanté y aproveché la oportunidad para escribir todo lo que tenía que decir. ¡Era mi gran momento!*

*Mientras me senté y comencé a escribir todas mis quejas sobre mi esposo y sobre los hombres en general, la convicción del Espíritu Santo vino sobre mí y el Señor cambió por completo la situación. Empecé a sollozar y a llorar delante del Señor a medida que era llevada al arrepentimiento y Él me hacía escribir 30 puntos específicos sobre los que necesitaba arrepentirme ante mi cónyuge. Fui transformada, literalmente, de una mujer que esperaba descargar un camión lleno de comentarios sarcásticos sobre su esposo, a una pecadora quebrantada y con un corazón contrito delante de Dios.*

*¡Eso fue humillante y doloroso pero purificador y refrescante al mismo tiempo! Escribí una carta entera de arrepentimiento hacia mi esposo, despertando como una nueva criatura en Cristo y yendo de vuelta a la cama. Le di la carta a la mañana siguiente y nunca volvimos a ser los mismos desde entonces.*

*¡Ese fue el comienzo de un nuevo matrimonio con una vida nueva! Ahora estoy convirtiéndome en la ayuda idónea que fui creada para ser, ¡y mi esposo también está cambiando! Después de arrepentirme y haber mirado profunda e intensamente a mi propio pecado ya no veo a mi esposo como solía hacerlo; lo veo como otro hijo de Dios ocupado en su salvación "con temor y temblor", para mí ya no es el perezoso holgazán que no se levantaba del sofá para hacer algo (él no es así ¡pero así era como lo veía!).*

*¡Solo quería que usted supiera cómo el Señor usó sus planes de un nuevo libro para cambiar nuestras vidas!*

*Una Esposa Feliz.*

El que halla esposa halla el bien, Y alcanza la benevolencia de Jehová.

Proverbios 18:22

# ANTICIPACIÓN

## Mi Primer Amor

A dos kilómetros y medio de distancia, por un camino de asfalto, se encontraba la iglesia del pueblo donde yo asistiría a la Escuela Bíblica Vacacional. Tenía nueve años y ese día descubrí el amor. No recuerdo su nombre, ni siquiera recuerdo como lucía, pero sí recuerdo su vestido rosado y los pequeños corazones rojos en su falda almidonada a medida que ella caminaba derrochando gracia al otro lado del camino, sin notar siquiera mi presencia. Me tomó casi un kilómetro alcanzarla y luego disminuí mi velocidad para caminar a su ritmo, manteniendo mi posición al otro lado del camino mientras recorríamos los últimos metros. Nunca le hablé. Ella nunca me miró, pero yo había estudiado su perfil y su delicado caminar; era lo más asombroso y hermoso que jamás había visto. Estaba enamorado. La quería para mí pero eso era muy aterrador para este niño tímido, delgado y de ojos saltones. El solo pensar en siquiera hablarle a aquella espléndida aparición me hacía temblar con un sentimiento de impotencia.

Más adelante en aquel verano mi mamá me llevó a visitar a una familia que vivía medio kilómetro abajo del camino. Recuerdo estar entrando a aquella extraña casa y ver a Sharon. Su nombre sí lo recuerdo. Ella tenía deslumbrantes rizos rojos colgando por su espalda, y su nariz y mejillas estaban llenos de hermosas pecas. También tenía nueve años y yo me había enamorado de nuevo. Ella estaba tímidamente de pie al fondo de la habitación observando cómo las damas charlaban y yo me sentía incómodo al sentir tal cercanía al estar en la misma casa con esta hermosa criatura. Recuerdo su nombre porque con el tiempo creceríamos en la misma comunidad y tomaríamos el mismo bus amarillo hacia la escuela.

En los siguientes años varias de estas hermosas e intrigantes criaturas llamaron mi atención y robaron mi corazón. A algunas les hablé, a la mayoría solo las observé del otro lado de la habitación. Nunca le declaré mi afecto a ninguna, porque tal compromiso parecía demasiado profundo y fuera de control para manejarlo. Sabía que eso era una *cosa de adultos*, algo que debía posponer hasta tener la edad suficiente.

## Pubertad

Pero luego llegué a la pubertad; era como entrar en un frío túnel y salir al otro lado en medio de un incendio. Le entregué mi vida a Cristo en la misma época y fui bien educado en la Palabra de Dios, por lo tanto tenía claro los límites morales. No obstante el *fuego* ardía y lo único que quería más que a Dios era tener una de aquellas hermosuras que se denominaban 'el sexo opuesto'. Después de un tiempo me comencé a preguntar si tal vez el diablo –en vez de Dios– había creado el sexo. SEXO con una gran X, como indicando: "Peligro. No tocar". Parecía una satisfacción consumidora.

Comencé a ayunar, a orar, a estudiar la Biblia y a caminar con mi tapa-ojos puesto. Me di cuenta de que todos los programas de televisión estaban diseñados para despertar lujuria. Cada cartel publicitario que tenía a una mujer era una *puerta al infierno*. Los catálogos de Sears y de Roebuck para mí eran pornografía. La mayoría de las mujeres de la iglesia eran seductoras y peligrosas. Los escotes eran intentos para condenarme y los vestidos ajustados estaban diseñados para mojar mis pantalones. Todo eso era suficiente para hacer de un niño de catorce años un monje o un fornicario. El mundo estaba ardiendo en llamas y yo estaba en medio tratando de no quemarme.

## Adolescencia

Fui un joven normal, con una excepción: resistía mis impulsos e hice un compromiso para caminar en santidad. Muchos de mis amigos y colegas sucumbieron a sus pasiones corporales y pude observar el resultado de sus disparates. Estudié la Biblia y le pedí a Dios que me liberará de mi lujuria. No puedo decir que dejé de ser lujurioso durante mi adolescencia, pero siempre traté de resistir. La lujuria era mi enemigo.

En mi diligencia para caminar en santidad luché con la forma en que veía al mundo. ¿Por qué fuimos creados así? ¿Cuál es nuestro propósito? ¿Hay un camino hacia la victoria? La Palabra de Dios me iluminó y pude entender que el Señor tenía un gran plan para la raza humana, y el amor, el sexo y el matrimonio eran parte importante de éste. Para la época en que tenía dieciséis años había aprendido a manejar mis impulsos sexuales y mantener mi *equilibrio*. Nunca dejó de ser una batalla pero empecé a darme cuenta que yo era como los tres jóvenes hebreos en el horno de fuego: había llamas por todo mi alrededor tratando de consumirme pero yo podía caminar sin resultar quemado. Vi ese desafío como parte de mi entrenamiento y la victoria era una preparación para un mañana glorioso.

En el momento en que llegué a mis últimos años de adolescencia sabía que siempre podría obtener la victoria sobre mi carne. Me despertaba cada mañana para una batalla y aunque algunas veces fui abofeteado por mi propia carne, al final el diablo perdió la guerra. Gracias al poder santificador del Espíritu Santo, cuando me casé -a los 25 años- todavía era virgen y nunca había visto pornografía.

Por diecisiete años, desde el día en que vi a la hermosa niña en el vestido rosado, había anticipado el momento cuando finalmente tendría a una de esas preciosas criaturas femeninas a mi lado. Sabía que ese día mi vida empezaría verdaderamente. No tenía idea de qué esperar pero estaba listo para experimentarlo, o eso creía.

## Luna de Miel

Mi primer objetivo en el matrimonio era poder compensar todos esos años frustrados sexualmente, y entre más pronto mejor. Un amigo mío que se había casado dos años antes que yo se jactaba de haber "conocido" a su esposa cinco veces en la noche de bodas. Él era un muchacho debilucho, por lo tanto yo no tenía dudas de que vencería su marca; sin embargo, tres veces fue todo lo que pude lograr, y a duras penas. Rápidamente me di cuenta de que el concepto de matrimonio de un hombre soltero era un poco diferente a la realidad. Después de todo era medianoche cuando llegamos a nuestra habitación y nos tuvimos que levantar a las seis de la mañana para dirigirnos a la costa del Golfo de México, donde estaríamos de luna miel por unos días en una casita en la playa.

Fue un largo día viajando en auto. Llegamos a la costa bien entrada la noche. Habíamos traído todo el equipo de pesca tradicional y el especial para pescar cangrejos, así como todos los vegetales y demás alimentos para que ella preparara nuestra comida; de esa manera podríamos ahorrar mucho dinero y así quedarnos más días en la cabaña. Sacamos todo el equipaje del carro al llegar. Deb preparó una gran cena, después de la cual traté de romper mi récord. En esta ocasión solo pude hacerlo una vez y me quedé dormido. Me levanté a media noche y recordé que los cangrejos a esa hora recorren la playa, por lo tanto desperté a Deb con emoción y le dije: "Vamos a pescar cangrejos".

Mi nueva señora se quejaba porque no le estaba dando suficiente tiempo para encontrar sus zapatos deportivos, éstos todavía estaban empacados en alguna parte y yo tenía muchas ganas de ir, además la había visto muchas veces salir con sus pies descalzos.

Mientras corríamos por la playa ella se estaba quejando porque no tenía una linterna. Yo, que iba más adelante, la estaba usando para explorar el camino y perseguir cangrejos. La escuchaba decir que las conchas estaban lastimando sus pies. Por una o dos horas más corrí por la orilla de la playa y ella venía detrás casi arrastrándose y cargando el saco de cangrejos. Puse algunas pequeñas trampas redondas, esas que tienen una carnada, y conseguimos atrapar seis u ocho de esos bichos que pellizcan, no los suficientes para una comida.

Esa fue la primera vez en mi vida que iba a pescar cangrejos y me estaba divirtiendo. ¿Qué más podía pedir un chico como yo? Una casa en la playa, una esposa sexy y cientos de cangrejos... ¡eso era vida! Regresamos a la casa de la playa, allí alcanzamos a dormir un par de horas antes de que yo despertara con hambre y le hiciera el amor a una mujer medio dormida. Ella estaba dispuesta pero no muy activa.

Después de eso ella se levantó y preparó un delicioso desayuno. Gran cocinera. Su madre le había enseñado bien. Ella quería volver a dormir pero la convencí de regresar a la playa y buscar más cangrejos. A la mitad de la tarde teníamos un saco lleno de ellos y después volvimos a la cabaña. ¡Guau!, estaba agotado. Le dije que tomaría una pequeña siesta mientras ella preparaba la cena. No sé por cuánto tiempo dormí pero me desperté por sus gritos y saltos, y con cangrejos arrastrándose por toda la cabaña. La tontita había dejado el saco abierto mientras trataba de poner el primer cangrejo en la olla de agua hirviendo. Me senté en la cama y le ofrecí un consejo constructivo, pero ella tuvo un cambio de personalidad justo delante de mí, y no llevábamos ni siquiera 48 horas de casados. ¿Quién se hubiera imaginado que una mujer podría cambiar de una manera tan alocada? Traté de calmarla pero ella siguió firme en su posición y dejó que las papas fritas se quemaran en el aceite caliente mientras los cangrejos continuaban arrastrándose. Le grité: "No necesito cazar cangrejos, ¡me casé con uno!". De alguna manera ese comentario ha estado rondando nuestro matrimonio como un fantasma pero parecía apropiado para ese momento.

Ella regresó y terminó la comida, debo darle crédito por eso. Después de comer yo estaba listo para un poco más de sexo pero ella quería dormir. Había leído en un libro de matrimonios sobre cómo las mujeres siempre tienen excusas para no hacer el amor: mucho sueño, dolor de cabeza, etc. Sentí una gran satisfacción cuando pude hacerla cambiar por completo de opinión; en realidad no fue tan difícil. Me dejó somnoliento y quedé dormido de nuevo.

Estaba babeando cuando escuché un estruendo. Venía del baño. Cuando la vi parecía como muerta, tendida allí toda torcida en una posición extraña, mitad dentro y mitad fuera de la tina. La cortina y el tubo de la toalla estaban tirados en el piso junto a ella y el agua se derramada por todas partes. Pensar que mi esposa estaba muerta en nuestra luna de miel fue un momento escalofriante. Rápidamente cerré la llave del agua y me acerqué para cargarla en mis brazos. La sacudí de manera suave mientras revisaba si tenía alguna herida en la frente, la cual pronto se comenzó a hinchar y se puso azul. "¿Qué pasó cariño? ¿Estás enferma?".

Luego de abrir sus ojos le tomó un minuto concentrarse y luego su expresión cambió; era una mezcla de lástima y rabia, aunque su voz era como un profundo suspiro cuando susurró: "En realidad no sabes, ¿verdad?" ¡Vaya, sonó como si me estuviera culpando por algo! Debido a que estaba lastimada la dejé hablar y ella se hizo escuchar, ¡y de qué manera!

> "En realidad no sabes, ¿verdad?" ¡Vaya, sonó como si me estuviera culpando por algo!

Se sentó, alejándose de mí, y se volteó para poder verme directo a la cara. La 'idea general' de todo lo que dijo fue algo parecido a las siguientes líneas: "En los últimos dos días no he dormido más de dos horas sin ser interrumpida. Mis pies tienen más de

20 pequeños huecos porque no me diste cinco minutos más para desempacar mis zapatos. Mi hombro está lastimado por tratar de cargar 30 libras de cangrejos durante horas [no pesaban tanto]. Mi mano está quemada por tratar de meter un cangrejo peleador en una olla de agua hirviendo, algo que en realidad parecía una tortura para esa pobre criatura; y TODO el tiempo tú te la pasaste en 'estado de reposo'. Debido a la falta de sueño y sol mis ojos se sienten como si estuvieran llenos de arena. He comido poco. Soy una mujer por amor de Dios. Tan solo quiero dormir sin que me estés manoseando. Además, tengo partes de mi cuerpo que no sabía que existían y que ahora me están matando del dolor... y me preguntas ¿qué me pasa? Soy el vaso más frágil, ¿recuerdas?, está en la Biblia, capítulo 1 versículo 1... o en alguna parte".

Extrañas criaturas son las mujeres. Mi hermano nunca actuó así cuando viajábamos juntos para evangelizar. "Bueno, ella se adaptará", pensé. Ni siquiera voy a contarles lo que pasó el día siguiente cuando fuimos a pescar en alta mar y ella se mareó. Todo esto pasó solo tres días después de nuestro matrimonio. Yo tendría que perseguirla por aquel caluroso camino de asfalto por mucho más tiempo antes de que me diera cuenta que era yo el que necesitaba hacer los mayores ajustes.

## Admisión a Regañadientes

Está bien, soy el primero en admitir que no empecé como el esposo perfecto -en realidad el segundo en admitirlo- y sé que no he llegado allá todavía, pero he experimentado con el paso de los años que dos cónyuges imperfectos pueden tener un matrimonio perfecto. Mi esposa también está de acuerdo con esa idea, incluso lo dice públicamente.

Desde hace diez años ella me ha estado diciendo que debo transmitirles a otras personas esta sabiduría que he aprendido con tanto esfuerzo, sin embargo yo le sigo recordando que después de todo este tiempo todavía no entiendo a las mujeres. He llegado a conocer a una mujer, por dentro y por fuera, pero odiaría tener que empezar de nuevo ese proceso con otra persona. Me tomó casi dos años 'acondicionar' a mi esposa para que tolerara mi egoísmo, y otros diez tuvieron que pasar para que yo pudiera entender sus necesidades. Creo que hemos llegado al matrimonio perfecto; para mí lo es y no puedo imaginarme nada mejor. No solo somos amantes, somos los mejores y más confiables amigos.

Desde hace muchos años Deb y yo hemos enseñado y aconsejado a cientos de hombres y mujeres sobre cómo hacer que su matrimonio se convierta en algo precioso. Hemos visto hermosos frutos en la vida de muchas personas. Así que con Deb mirando sobre mi hombro y haciendo sugerencias, me siento frente al teclado con el compromiso de escribir algunos de los más importantes asuntos que hemos descubierto sobre cómo tener un matrimonio *celestial*.

Ahora, en mi vejez, sé que he experimentado lo mejor de la vida junto a ella. Su cabello gris y liso me revuelve el estómago, mucho más que aquellos rizos rojos de esa niña pecosa que vi en mi niñez. Mi corazón palpita más rápidamente que cuando corrí por aquel caluroso camino para alcanzar a la linda niña de vestido rosado con corazones rojos en su falda, y el amor que siento por mi esposa es mucho más profundo que cualquier cosa que hubiera imaginado. Aún experimento el asombro y el misterio de un amor que trasciende todas las demás relaciones y pasiones. Juntos hemos llegado a un lugar tranquilo, ruidoso y hermoso, y allí nos fundimos en uno, viviendo lo que Dios tenía destinado cuando hizo a la primera esposa y la trajo al primer esposo diciendo *y serán una sola carne. Fructificad y multiplicaos*. No podemos dar a luz más fruto pero seguimos 'practicando', y con 19 nietos -hasta ahora- nuestra multiplicación continúa.

Este libro está escrito para ayudarle a crear su propio matrimonio perfecto; algo que toda persona debe experimentar de este lado del cielo.

# CREADO PARA NECESITAR UNA AYUDA IDÓNEA

## Yo la Necesitaba

La razón por la que escogí a Deb para ser mi novia fue porque había desarrollado una necesidad por ella, la cual no era sexual inicialmente. Había tenido necesidades sexuales durante trece años y conocí muchas chicas con las que sentí que esos deseos podían satisfacerse.

Antes de conocerla, Deb ya estaba involucrada en ganar jóvenes para la fe en Cristo. Con el tiempo ella fue una más de las casi 40 personas que trabajaban juntos en un ministerio que compartía el Evangelio con hombres y mujeres de la Fuerza Naval e Infantes de Marina. Durante un periodo de cuatro años empecé a confiar cada vez más en ella como una amiga en el ministerio; nos hicimos muy cercanos. Ella me gustaba, me hacía reír, me retaba y era muy simpática pero yo conocía otras chicas que eran sorprendentemente hermosas. La escogí porque mi vida llegó hasta el punto donde yo la necesitaba. No solo a su cuerpo sino a ella: su espíritu, su mente, su coraje y su sabiduría. No estuvimos involucrados románticamente durante esos años, solo existía esa *necesidad básica*

> Adán necesitaba sexo pero esa es una pequeña necesidad comparada con la de tener un *alma gemela*.

que solo ella llegó a conocer; yo me di cuenta de que si me casaba con ella podría llegar a ser un hombre mucho más completo. No lo sabía en ese momento pero fui creado para necesitar una ayuda idónea y todo acerca de Deb parecía satisfacer mi necesidad. Ella me completó.

## Adán y su Ayuda

Adán -el primer hombre- al igual que yo, descubrió que necesitaba una mujer. Dios creó a Adán solo, sin Eva o alguna otra persona, y después le dio la tarea de nombrar a todos los animales. Observando cómo éstos se relacionaban el uno con el otro en parejas y grupos, Adán buscó a su equivalente pero no encontró a nadie. El libro de Génesis nos dice: "...más para Adán no se halló ayuda idónea para él" (Génesis 2:20). "No se halló" indica que él buscó pero no encontró a nadie entre los animales. Estaba en la naturaleza de Adán el necesitar a su equivalente aún no creada.

Dios dijo: "No es bueno que el hombre esté solo..." porque Adán se había dado cuenta de un hecho fundamental de su naturaleza: él fue, en efecto, creado para necesitar a alguien. Entonces el Creador dijo: "le haré ayuda idónea para él" (Génesis 2:18).

Adán necesitaba sexo pero esa es una pequeña necesidad comparada con la de tener un *alma gemela*. El sexo equivale a menos de 90 minutos en una semana. Esto deja 9.990 minutos para que los esposos compartan. Menos del 1% de nuestro tiempo involucra sexo. El buen sexo es fabuloso pero el matrimonio está construido sobre algo mucho mayor.

## ¿Qué es una Ayuda Idónea?

No se trata solo de la palabra ayuda, ya que no está sola, son dos palabras; un verbo -ayudar-, usado como un sustantivo, y un adjetivo calificativo -idónea-. Cuando la palabra *ayuda* es modificada con el término *idónea* se refiere a un tipo particular de ayuda, una que está diseñada para ajustarse a las necesidades de aquel que está siendo ayudado, es decir una *ayuda adecuada*. Así como dos piezas de un rompecabezas son *idóneas* en un *perfil exacto*, de la misma forma el hombre y la mujer son *idóneos* para la naturaleza del otro.

En este punto es necesario hacer un breve estudio bíblico sobre aquellas palabras que nos ayudan a definir el término *idónea*, todo con el fin de que usted pueda comprender más fácilmente lo que significa. (Es importante tener en cuenta que en inglés todos los versículos bíblicos que aparecen a continuación contienen la palabra *MEET*, la cual se traduce al español como *idónea*. Sin embargo en las versiones en español de la Biblia no siempre se traduce de esta manera). Lea estos ejemplos y note el contexto. Examinamos estos pasajes solo con el propósito de entender la palabra *idónea*.

**Éxodo 8: 25-26:** "Entonces Faraón llamó a Moisés y a Aarón, y les dijo: Andad, ofreced sacrificio a vuestro Dios en la tierra. Y Moisés respondió: No **conviene** que hagamos así...".

Sacrificar de la forma en que Faraón lo sugirió no era apropiado o adecuado.

**Deuteronomio 3:18:** "Y os mandé entonces, diciendo: Jehová vuestro Dios os ha dado esta tierra por heredad; pero iréis armados todos los **valientes** delante de vuestros hermanos los hijos de Israel".

Aquí se habla de aquellos que estaban preparados o eran adecuados para la guerra, soldados entrenados y aptos para realizar tareas específicas.

**Mateo 3:8:** "Haced, pues, frutos **dignos** de arrepentimiento...".

Jesús dijo que el verdadero arrepentimiento viene con obras dignas.

**Mateo 15:26:** "Respondiendo él, dijo: No está **bien** tomar el pan de los hijos, y echarlo a los perrillos".

No era adecuado o conveniente.

**Lucas 15:32:** "Mas era **necesario** hacer fiesta y regocijarnos, porque este tu hermano era muerto, y ha revivido; se había perdido, y es hallado".

Hacer fiesta era apropiado debido a las circunstancias.

**Colosenses 1:12:** "con gozo dando gracias al Padre que nos hizo **aptos** para participar de la herencia de los santos en luz".

La obra de la redención nos hace aptos para heredar la salvación.

**2 Timoteo 2:21:** "Así que, si alguno se limpia de estas cosas, será instrumento para honra, santificado, **útil** al Señor, y dispuesto para toda buena obra".

Un creyente santificado es idóneo para ser usado por Dios ya que el Señor mismo lo prepara para ese fin.

**2 Pedro 1:13:** "Pues tengo por **justo**, en tanto que estoy en este cuerpo, el despertaros con amonestación".

Era apropiado hacerlo.

Habiendo ganado un mejor entendimiento de la palabra *idóneo*, considere de nuevo el pasaje que estábamos estudiando: **Génesis 2:18:** "Y dijo Jehová Dios: No es bueno que el hombre esté solo; le haré ayuda idónea para él".

A Adán le hacía falta algo, así que Dios preparó una ayuda que fuera *idónea* para sus necesidades. Un guante para la mano derecha está hecho para *ajustarse* a una mano derecha; no se *ajusta* a la mano izquierda. Eva fue un *ajuste* perfecto para Adán. Ella fue creada para ser su mano derecha.

Lea el pasaje haciendo una pausa después de la palabra *ayuda*, y luego lea juntas las últimas tres palabras del versículo (*idónea para él)*. "...Le haré *ayuda - idónea para él*". Ella era una ayudante idónea para él. ¿Lo entiende? ¡Esto es muy fácil, e incluso no necesitamos del griego o del hebreo!

## El Hombre es Varón y Hembra

Note cómo Dios habla de Él mismo en el plural: "Entonces dijo Dios: **Hagamos** al hombre a **nuestra** imagen, conforme a **nuestra** semejanza..." (Génesis 1:26). El único Dios verdadero existe en una comunidad plural, de manera que la humanidad creada en esa imagen debe reflejar dicha pluralidad.

El texto dice: "Y creó Dios al hombre a su imagen, a imagen de Dios lo creó; **varón y hembra** los creó... y llamó el nombre de ellos Adán..." (Génesis 1:27 y 5:2).

Dios habría creado a las personas a Su propia imagen, pero una persona sola no era adecuada para retratarla. Él dividió sus atributos, colocando algunos en el hombre y otros en la mujer. El texto es claro: el hombre y la mujer juntos reflejan la imagen de Dios. El apóstol Pablo asegura: "Pero en el Señor, ni el varón es sin la mujer, ni la mujer sin el varón; porque así como la mujer procede del varón, también el varón nace de la mujer; pero todo procede de Dios" (1 Corintios 11:11-12).

> Dios habría creado a las personas a Su propia imagen, pero una persona sola no era adecuada para retratarla.

Lo que Dios estaba pintando era muy amplio para un solo lienzo, así que pintó la mitad de la imagen en un lienzo y la otra mitad en otro, esto con la intención de mostrarlos uno al lado del otro ("los dos serán uno").

Lo que Dios estaba escribiendo era muy extenso para ponerlo en un solo libro, así que lo hizo en dos volúmenes ("y llamó el nombre de ellos Adán").

Este es un punto que debe apreciarse con mucho detalle, ya que es el principio fundamental de todo este libro. Así que permítame abordarlo desde una perspectiva más literal. "Varón y hembra los creó; y los bendijo, y llamó **el nombre de ellos Adán**, el día en que fueron creados" (Génesis 5:2). Adán fue "varón y hembra". La raza humana está dividida en dos partes, una masculina y otra femenina; juntas son Adán, la creación de Dios.

Mirándolo de otra manera, Dios creó un único hombre sin capacidad de reproducirse, ya que no tenía útero, y éste estuvo completo con la adición de un ser con útero, es decir la mujer.

## El Programa de Dios

Es como si Dios hubiera creado 'la versión del HOMBRE 1.0' y después lo *liberó* en el jardín para la prueba *beta*. El HOMBRE trabajaba maravillosamente pero no fue creado como un programa independiente, parecía que a él le hacía falta un *algo particular* que completara su funcionamiento. Entonces Dios creó un *ajuste*, llamándolo MUJER, y lo *liberó* para apoyar al *programa original*. Al 'descargarlos' juntos tenemos un *software celestial*, el cual es capaz de comunicarse con Dios; esto nos hace *coherederos de la gracia de la vida*. El HOMBRE puede funcionar solo sin necesidad de 'la actualización', pero muy probablemente no se integrará bien a la sociedad. Él es un poco —intencionalmente— desequilibrado e impredecible. Yo sé que esto es cursi pero mi esposa cree que es tierno.

## 1 + 1 = 1

Adán fue creado completamente a la imagen y semejanza de Dios (Génesis 1:26). Su naturaleza iba de la mano de la naturaleza del Señor —mente, voluntad y emociones— y su cuerpo fue diseñado a la semejanza del Señor (podía ver, escuchar, tocar, probar y oler; es decir podía interactuar con el universo en las percepciones físicas), pero de la misma forma en la que el Padre celestial es apoyado por el Hijo, el Hijo es apoyado por el Espíritu Santo, y los tres son un solo Dios (1 Juan 5:7), así mismo Adán está diseñado a imagen de Dios para ser apoyado y completado por otro, es decir la mujer.

La meta de Dios es siempre hacer una composición de partes cooperativas e interdependientes (Juan 17:11, 21:23; Gálatas 3:28; Efesios 1:10, 2:13-18, 4:3-6; Romanos 12:4-5; 1 Corintios 10:17, 12:11-20). En el santo matrimonio el hombre —varón y hembra— puede expresar la imagen divina; por lo tanto: "El que halla esposa halla el bien, Y alcanza la benevolencia de Jehová" (Proverbios 18:22). Usted, caballero, no fue creado para estar solo, es insuficiente para la tarea. Usted fue hecho para ser una de las dos partes que funcionan como un todo.

## Dos son Mejor que Uno

El trabajo que Dios diseñó para la humanidad era muy exigente y complicado para ser realizado por un cuerpo y un alma, entonces Él creo un 'par complementario', confeccionando a cada uno para tareas específicas, equipándolos para poseer las habilidades y los temperamentos necesarios para desarrollar sus respectivas actividades, todo con el fin de lograr el bienestar de ambos y el beneficio de la familia.

> Dedique su vida a llevar a su esposa hacia un lugar de madurez y realización, de esta forma usted guardará su propia existencia y experimentará lo mejor del cielo.

El hombre no vive para sí mismo (Romanos 1:7), está diseñado para ser una criatura social, para cuidar, ayudar, alimentar, proteger y amar, incluso llegando al sacrificio propio. En ese proceso el hombre crece y se desarrolla. El construir para uno mismo es egoísmo; el construir para otro es humanidad en su más alto grado.

Usted, caballero, fue creado para ser parte de una unión conformada por dos seres. Solo al aceptar su naturaleza como miembro de un dúo usted descubrirá su propósito en la vida. El utilizar su *otra mitad* para propósitos egoístas no es lo que Dios pretende. Su esposa no está allí solo para rascarle la espalda; ese no es el camino a la realización. Este es un *viaje* espiritual, intelectual y emocional de dos almas convirtiéndose en una. Si usted rechaza esta realidad muy probablemente morirá como un viejo y solitario perdedor sin amor. Dedique su vida a llevar a su esposa hacia un lugar de madurez y realización, de esta forma usted guardará su propia existencia y experimentará lo mejor del cielo.

## Usted Necesita una Esposa

Si usted es un hombre solo, tiene una necesidad. Al igual que yo antes de casarme, usted no está completo. Siempre estará buscando, queriendo y esperando hasta ser uno con su *ayuda idónea*. De igual forma, si usted está casado pero no es uno con su esposa, aún sigue solo. Este tipo de soledad sin duda es peor que aquella que experimentó estando soltero y usted muy probablemente sigue teniendo muchas expectativas de realización; con el paso del tiempo su relación vacía se burla de usted y lo compara con un hombre sediento que gastó lo último que le quedaba en comprar un manantial, solo para descubrir que el agua era muy amarga para ser bebida.

Recuerde que fue Dios quien observó a Adán y dijo: "No es bueno que el hombre esté solo". No es bueno para un hombre intentar tener éxito en la vida sin una ayuda femenina diseñada para satisfacer sus necesidades. El hombre fue creado para que su alma tuviera la necesidad de la compañía de una mujer. Muchas esposas no saben cómo suplir las necesidades de sus maridos y muchos esposos no dejan que sus esposas desempeñen su función esencial de ayuda. O, por otro lado, tal vez hubo un punto en su matrimonio en el que su esposa fue una buena ayuda idónea pero usted hizo algo para que ella cambiara. Ella se convertirá, una vez más, en esa maravillosa ayuda idónea cuando su vida y sus palabras le demuestren que usted la necesita.

# 3

# Un matrimonio hecho en la tierra

## ¡Me Casé con la Mujer Equivocada!

*Sr. Pearl:*

*No era cristiano cuando me casé. Mi esposa y yo estábamos ebrios en ese momento y creo que ella se casó conmigo porque yo tenía el suficiente dinero para proveerle drogas. Después de cinco años de un matrimonio miserable ambos nos volvimos cristianos y ahora tenemos tres hijos. Hemos asistido a consejería y hemos leído varios libros, sin embargo aún estamos al borde del divorcio. Yo sé que no obtuve la mujer elegida por Dios para mí. ¿Cómo podría? Satanás estaba controlando mi vida. La verdad es que no la amo. Creí haberla amado en algún momento; si usted la conociera seguramente tampoco le parecería una persona agradable. Al permanecer juntos solo estamos hiriéndonos el uno al otro y también a nuestros niños. Le he dicho que no quiero tener más hijos con ella porque sería un crimen traerlos a esta relación. ¿Es demasiado tarde para mí? ¿La mujer con la que debí casarme aún está esperándome en algún lugar, o ella también se casó con el hombre equivocado? ¿Cómo me puedo salir de este desastre? Esta es una situación muy dolorosa.*

He escuchado esto muchas veces; es la salida número uno de los esposos que se están divorciando para 'intentar de nuevo' y encontrar una mejor pareja. Permítame ser claro: existe solo una ocasión en las Escrituras en la que Dios creó una mujer en particular para un hombre en particular, se trata de Eva, quien fue esencialmente *clonada* de una de las costillas de Adán. No existe un *mundo paralelo* o un *lugar ideal* que represente la voluntad de Dios para nosotros, lo que existe es este mundo actual en el cual nos encontramos, por lo tanto debemos luchar para hacer todo lo que el Señor ha determinado. Gústenos o no "tiempo y ocasión acontecen a todos" (Eclesiastés 9:11). El concepto de que Dios creó una única pareja para cada persona es idealista e incluso supersticioso.

Los matrimonios son 'hechos en el cielo' cuando Dios reconoce la unión de una pareja heterosexual, hombre y mujer, la cual a su vez se convierte en una sola carne. Sin embargo los milagros son una suspensión de las leyes naturales, y no está de más suponer que de vez en cuando Dios toma *nota especial* de las oraciones de uno de sus siervos y le da una compañera particular, para luego guiarlos sobrenaturalmente y cruzar sus caminos con el fin de establecer una unión pre-ordenada. No dudo que esto suceda en casos excepcionales. Tal y como Dios nombró a Juan el Bautista —incluso antes de su concepción— y lo llenó con el Espíritu Santo desde el vientre de su madre para hacer de él un instrumento que anunciara la venida de Cristo; de la misma forma Dios ha preparado y guiado a algunas parejas para formar una unión matrimonial. Pero esta no es la regla, es una excepción. Ciertamente Él nos dirigirá y nos guiará para tomar decisiones sabias en todas las cosas, incluyendo la selección de una esposa; sin embargo la mayoría de nosotros no estamos pre-ordenados desde la eternidad para casarnos con una persona en particular.

Adicionalmente cuando Dios hace una unión especial y milagrosa, preparando a dos personas el uno para el otro, eso de ninguna manera significa que ellos vayan a tener un matrimonio perfecto desde el principio. Dios pudo haber unido a dos personas de manera especial porque Él sabe que la esposa necesita santificación desesperadamente, así que prepara a un hombre para ella, el cual tenga la suficiente paciencia y gracia para ayudarla a crecer en santidad. Cuando Jesús escogió a Sus discípulos Él no escogió a hombres perfectos. Cuando Dios eligió a David para ser rey escogió a un hombre con fallas, las cuales le harían tomar algunas malas decisiones que resultarían en la muerte de muchas personas en Israel. Un matrimonio 'perfecto' solo puede ocurrir cuando dos personas perfectas se unen —lo cual evidentemente es imposible ya que no existen individuos así— o cuando dos personas imperfectas pasan muchos años tratando de integrar sus almas con el fin de formar una sola.

¿Qué hay de especial en usted para que Dios le provea una mujer 'perfecta'? ¿Seguirá siendo ella una mujer ideal después de tener que soportarlo a usted día tras día? Tal vez ella era una mujer maravillosa cuando se casaron pero sus malos tratos e insensibilidad hicieron que cambiara. ¿Alguna vez ha visto a un hombre comprarse una nueva herramienta, abusar de ella hasta que no funcione bien y después culpar al fabricante y tratar de cambiarla por una nueva?

## No se Salte este Párrafo

Como punto de aclaración, es importante recordar que Dios diseñó la naturaleza de las mujeres para ser ayudas idóneas, no una particular ayuda idónea para un hombre en particular. En otras palabras, la naturaleza de una mujer es ser una ayuda apta para las necesidades del hombre en general. Cada mujer, por naturaleza, está *equipada* para poder ser una ayuda idónea de cualquier hombre. No importan las circunstancias que los unieron como hombre y mujer, ella está lista para ser su ayuda. Usted debe descubrir el camino a la madurez para ambos. Eso, mi amigo, es la voluntad de Dios para usted.

## ¿Cuál es el problema de mi esposa?

Realmente pocos hombres se casan con la 'mujer adecuada'. Dos pecadores deciden firmar un contrato que los une en una sociedad por el resto de sus vidas. Ellos vivirán en la misma casa, compartirán todo y estarán al frente del otro para bien o para mal hasta que la muerte los separe; y no se les permite matarse entre sí. Tal acuerdo parece sentenciado desde el principio. Suena más como una receta para la psicosis y el desorden bipolar.

> Lo más difícil que usted hará en su camino con Cristo es llevar su matrimonio a un estado de bendición caracterizado por la santidad y la alegría.

Usted se casó con una pecadora. Ella pudo haber sido una cristiana dedicada antes de llegar al altar pero aún le faltaba mucho en su caminar con el Señor. Usted asumió una gran responsabilidad por la hija de alguien más. Puedo escuchar al padre de ella manejando a casa desde la iglesia diciendo: "Bueno, ella es ahora problema de él". Tal vez usted creyó que estaba obteniendo un *carro nuevo*, el cual nunca tendría necesidad de reparación, pero la verdad es que usted adquirió uno que ya había sido retirado del mercado. Ella vino de la *línea de ensamblaje* de Eva, la cual no es precisamente muy confiable; y considerando que usted no es un mecánico entrenado, sino más bien una criatura caída, ensimismada y carnal, hacer que el matrimonio funcione va a requerir mucho más de lo que usted creía.

Cuando usted contrajo matrimonio asumió el compromiso más grande que alguien puede hacer en la vida. Lo más difícil que usted hará en su camino con Cristo es llevar su matrimonio a un estado de bendición caracterizado por la santidad y la alegría. Esto puede ser posible. Soy testigo de muchos matrimonios exitosos pero ninguno de ellos se produjo automáticamente. Se necesita esfuerzo y compromiso de corazón. Este libro le ayudará en ese proceso.

## Conflicto y Triunfo

Si un hombre pudiera casarse e inmediatamente se mudara con su esposa al Jardín del Edén, un lugar sin problemas muerte o enfermedad, su matrimonio no sería más fácil de lo que es ahora, ya que todos los inconvenientes maritales tienen como raíz la búsqueda de la satisfacción personal que el pecado genera en nosotros. De hecho, yo creo que Dios quería que el matrimonio fuera el centro del desarrollo humano; es el contexto perfecto para la santificación de una raza caída; en cierto sentido es una *réplica* del mundo, ya que en él encontramos todos los elementos de la tentación y la prueba. Se trata de un *paquete de formación* del carácter personal, está diseñado para exigir, probar y perfeccionar el contenido de nuestras almas. Si un hombre tiene éxito en el matrimonio habrá tenido éxito en la vida. Por esa razón el Señor diseñó la vida conyugal "hasta que la muerte nos separe", ya que cuando Él rescata a un matrimonio en problemas es como si estuviera rescatando el *programa de santificación* que Él ha diseñado para nuestras vidas.

> El Señor desea que nuestros matrimonios estén caracterizados por la misericordia, la paciencia, la gracia, el sacrificio y el honor.

## ¿Por qué?

El Señor desea que nuestros matrimonios estén caracterizados por la misericordia, la paciencia, la gracia, el sacrificio y el honor. Pero todas estas cosas solo se pueden alcanzar en un ambiente donde el carácter sea puesto a prueba, un campo de batalla con opciones de hacer las cosas bien o mal, un lugar donde el egoísmo se enfrente en todo momento contra la bondad. En el matrimonio los hombres y las mujeres descubren sus fortalezas y debilidades, y además tienen la oportunidad de *ajustar* su carácter. Si un hombre no puede tener éxito en el matrimonio no está calificado para tener ninguna posición de autoridad en la iglesia. "Pues el que no sabe gobernar su propia casa, ¿cómo cuidará de la iglesia de Dios?" (1 Timoteo 3:5).

El matrimonio es el segundo desafío más grande de la vida; mantener la virginidad antes de llegar a él fue el primero. Estar casado es como participar en una carrera de sacos de tres piernas, usted no puede ganar dejando atrás a su compañera para cruzar la línea final solo. Cuando ella cae usted debe detenerse y recuperarla antes de continuar. Ganar es posible si aprenden a cooperar y a trabajar juntos; corriendo con ritmo, sintiendo cada paso del otro y sosteniéndose entre sí con más fuerza cuando alguno esté propenso a tropezar. Su fortaleza como hombre se convertirá en la fortaleza de ella y ambos serán una *muleta* para apoyarse mutuamente mientras mantienen los ojos puestos en el premio y en la gloria que se encuentra al frente. Hay muchos ganadores. Todo lo que deben hacer es cruzar la línea final juntos y seguir sonriendo con las piernas en el mismo saco. Usted no podrá ganar si otra persona se mete en el saco.

Al igual que al bailar, el hombre debe tomar el liderazgo sin olvidar que es el responsable de mantener a su pareja en *sintonía* con él. Un bailarín que culpa a su pareja nunca ganará el favor de aquellos que lo observan, y los corredores de carreras de saco de tres piernas nunca lograrán la victoria si no fortalecen al que es más débil; es responsabilidad del más fuerte motivarlo. "Vosotros, maridos, igualmente, vivid con ellas sabiamente, dando honor a la mujer como a **vaso más frágil**, y como a coherederas de la gracia de la vida, para que vuestras oraciones no tengan estorbo" (1 Pedro 3:7).

Es cierto, los matrimonios están hechos en la tierra, y para construirlos bien es necesario dar cada día pequeños pasos de amabilidad y amor. Al igual que el buen vino, se necesitan años para madurar un matrimonio y cada día de éste valdrá más la pena, el paso de los años lo comprobará. La dirección a la que usted se dirige ahora es el lugar donde estará cuando tenga 66 años, mi edad al momento de escribir este libro. Si usted está tomando el camino equivocado en su matrimonio dé la vuelta en este instante o acostúmbrese a sentarse solo en medio del campo de juegos con un saco vacío y ninguna pareja de baile que lo acompañe.

> Es cierto, los matrimonios están hechos en la tierra, y para construirlos bien es necesario dar cada día pequeños pasos de amabilidad y amor.

También si dos durmieren juntos, se calentarán mutuamente; más ¿cómo se calentará uno solo?
Eclesiastés 4:11

# ¿Cómo necesito a mi esposa?

## Déjeme Enumerar las Formas

Un hombre necesita a su esposa con todo su ser: cuerpo, alma y espíritu. Cada hombre sabe que su cuerpo necesita de su esposa pero muchos no saben que sus almas y espíritus también tienen una profunda necesidad que solo ella puede suplir.

Muchos hombres saben —por las quejas de sus esposas— que ellos no están supliendo las necesidades de su cónyuge; lo que no saben es que están descuidando su necesidad de ser necesitada. Mi amigo, su esposa necesita que usted la necesite en cuerpo, alma y espíritu; ella nunca va a estar contenta hasta que usted le permita suplir sus necesidades. Esto es algo que ella no puede cambiar. Dios la creó con una naturaleza que encuentra realización siendo su ayuda idónea. De la misma manera, usted nunca la valorará realmente hasta que le permita ayudarlo en alma y espíritu.

Los hombres que se quejan por la falta de respuesta sexual de sus esposas ignoran la realidad de que las mujeres se sienten usadas cuando solo las buscan para satisfacer las necesidades del cuerpo. Esto no significa que a las mujeres no les guste el sexo, ellas simplemente quieren que el sexo sea la expresión de algo más profundo que un *instinto animal*. Si usted permite que ella satisfaga las necesidades de su alma y espíritu sin duda ella estará dispuesta a satisfacer sus necesidades sexuales.

## Compañía

Yo necesito la compañía de mi esposa. Todo el mundo necesita un amigo, alguien con quien compartir experiencias y con quien viajar en el carro; no importa si no conversa mucho y solo está en silencio pero es importante tener a alguien allí para que llene un vacío interior y exterior. He tenido muchos amigos con quienes he compartido experiencias. A algunos de ellos les gusta pescar a otros cazar, a otros les gustan los carros y los tractores, y algunos prefieren la carpintería -al igual que yo- y todo lo que tiene que ver con ella, como las sierras de mesa, los moldeadores y las cepilladoras. A otros amigos les gusta hablar acerca de la Biblia y algunos disfrutan contando bromas y riéndose, pero solo hay una persona en el mundo de la que puedo decir "ella es mi mejor amiga", esa es mi esposa. Prefiero pasar tiempo con ella que con cualquier otra persona que yo conozca. Nunca me canso de su presencia.

Existen algunos lugares a donde yo voy a los cuales mi esposa preferiría que fuera con alguien más. Ella no quiere levantarse a las cuatro de la mañana y dirigirse al lago para pescar y pasar el resto del día bajo el ardiente sol. Pero sí le gusta ir a un corto paseo de pesca con un picnic una o dos veces al año. Todo depende de cómo la haga sentir. Si ella está celosa de los amigos que usted tiene eso es una señal de que no le está permitiendo a ella ser su compañera número uno. Cuando una esposa sabe que usted disfruta de su compañía, está mucho más dispuesta a permitirle ir a hacer esas cosas de hombres sin ella. Sin embargo, si ella alguna vez siente que usted está escogiendo a sus amigos porque la pasa mejor con ellos, entonces tenga la certeza que está fallando en suplir una de sus necesidades, y además no solo la está descuidando a ella sino que usted mismo ha descuidado su propio bienestar. Otro hombre no puede suplir verdaderamente sus necesidades de compañía; si usted cree que un amigo puede cumplir esa tarea eso demuestra su falta de conocimiento de las Escrituras.

## Necesito de su Compañerismo

¿Acaso *compañerismo* y *compañía* no son lo mismo? De nin- gún modo. Tengo comunión con personas que no son mis com- pañeros; no paso tiempo con ellos pero cuando nos reunimos ocasionalmente tenemos buena comunión. Asimismo he tenido amigos hombres como compañeros con quienes no tenía comu- nión. Compartimos una experiencia común, cazando o trabajan- do, pero no *toqué* sus almas y tampoco ellos la mía. No hubo comunión de espíritu entre nosotros. No sabía nada de ellos.

La palabra *comunión* implica comunidad y comunicación, invo- lucra el compartir transparentemente el espíritu. "Porque ¿quién de los hombres sabe las cosas del hombre, sino el espíritu del hombre que está en él?" (1 Corintios 2:11). Necesitamos los cuerpos, almas y espíritus de nuestras esposas, ya que es en el espíritu humano que la comunión tiene lugar. La comunión su- cede mientras caminamos en la luz de la honestidad y la verdad. No existe comunión caminando en la oscuridad. "Pero si anda- mos en luz, como él está en luz, tenemos comunión unos con otros..." (1 Juan 1:7). A menos que los dos cónyuges estén cami- nado a la luz de la verdad a ellos no les importará ser abiertos y transparentes entre sí. Un hombre con pecados secretos no pue- de tener comunión con su esposa. De la misma manera si alguno de los dos cónyuges critica constantemente lo que hace el otro, la comunión entre los dos estará quebrada. La comunión verda- dera trae consigo el fortalecimiento de la relación y motiva a la persona con la que estamos casados. En la comunión existe acep- tación y ausencia de crítica; por medio de ella se refresca el espí- ritu y se motiva el alma.

Un hombre que se cierra a sí mis- mo y no tiene co-

> Necesitamos tener comunión con nuestra esposa ya que ella produce un efecto santificador en nuestras vidas.

munión con su esposa está escondiendo su alma, ya sea porque ella lo hiere cuando él está dispuesto a abrir su corazón o porque él esconde pecados en el interior; no olvide lo que dice la Palabra de Dios: "... los hombres amaron más las tinieblas que la luz, porque sus obras eran malas" (Juan 3:19).

"...Y no viene a la luz, para que sus obras no sean reprendidas" (Juan 3:20). La vergüenza de un hombre culpable se hace más notoria en presencia de la luz.

"Más todas las cosas, cuando son puestas en evidencia por la luz, son hechas manifiestas; porque la luz es lo que manifiesta todo" (Efesios 5:13). La luz de la comunión manifiesta el estado de nuestro corazón.

Necesitamos la comunión de nuestra esposa ya que ella produce un efecto santificador en nuestras vidas. Ella se convierte en un espejo constante de nuestra alma. Cada vez que la miramos abiertamente nos vemos forzados a ir a la luz *para que sea manifiesto que nuestras obras son hechas en Dios* (Juan 3:21). La comunión con nuestras esposas garantiza que nunca podremos caminar a escondidas en la oscuridad. Un hombre que aprende a caminar en la oscuridad siempre tendrá cerrada la *cortina* de su alma y será tan superficial como una sombra en un día gris. Su esposa nunca sentirá que el corazón de él palpita con el de ella; sentirá su distanciamiento. Vivir con una esposa con la cual tengamos comunión es estar en un lugar seguro.

Usted necesita de la comunión de ella, pero ella necesita de la suya en la misma medida. Un hombre que no tenga comunión con su esposa experimentará un gran vacío pero una mujer que no tenga comunión con su esposo puede llegar a ser emocionalmente inestable. Muchas mujeres basan su autoestima en la compañía y comunión con sus esposos. Su esposa fue creada para *entregarse* en comunión al igual que usted fue creado para recibirla; permítale convertirse en su fuente de comunión.

## Necesita su Consuelo

A nosotros, los *hombres duros*, no nos gusta admitir que necesitamos ser consolados; yo solo reconozco esta verdad como una cuestión de principios. Ahora bien, debo aclarar algo, si mi esposa me dice: "¿Necesitas que te consuele?", yo le respondería: "¿Quién, yo? ¿Por qué debería necesitar consuelo?".

Una esposa tiene la capacidad de calmar la perturbada alma de un hombre tal como lo hace una buena noticia. Sentir su mano, ver su gran sonrisa y escuchar sus palabras tranquilizadoras puede darle descanso a un esposo agotado. Un hombre que no está en comunión con su esposa no tendrá un lugar para llevar sus cargas. Habría muchas más guerras y problemas en el mundo si no tuviéramos a nuestras esposas para consolarnos.

Soy consciente de que muchos de mis lectores están pensando: "Sí, claro, mi esposa solo me hace enojar. Ella no me consuela en lo más mínimo". Ese es mi punto. Usted ha fallado en llevar a su esposa al lugar en donde ella puede proveerle ese consuelo que su espíritu necesita. Observará un enorme cambio en ella si logra comunicarle que su deseo es que ambos estén en comunión. Si hay desconfianza y heridas en la relación, una palabra de ánimo o una buena acción de su parte no va a sanarla de tantos sentimientos negativos, pero muchos actos de paciencia y bondad eventualmente lograrán que ella abra su alma una vez más. Es su responsabilidad santificar a su esposa con sus palabras (Efesios 5:26).

Una mujer, por naturaleza, necesita ser la fuente de consuelo para sus hijos y su esposo. Si este rol no le es permitido ella estará significativamente frustrada como mujer. Ella es consolada cuando puede consolar. Permítale a ella ser la mujer que Dios desea.

## La Necesita como Confidente

Existen cosas privadas que todos nosotros necesitamos discutir de vez en cuando. Cuando estoy confundido, o no tengo la certeza de algo, necesito refrescar mis pensamientos en la presencia de alguien que no vaya a sacar conclusiones rápidas por mí y que no vaya a juzgar inmediatamente si mis ideas preliminares son acertadas o están equivocadas. Es muy valioso contar con una esposa que sea una buena oyente, debido a que puede ser de gran ayuda y siempre estará ahí cuando los pensamientos fluyan en nuestras mentes. La mayoría de lo que decimos o proponemos nunca va más allá de las palabras. Los planes y las ideas mueren al solo comentarlos. El vocalizar una idea es construir un modelo imaginario de ella y algunas veces al decirlas no se ven tan bien como uno se imaginaba.

La *lluvia de ideas* (brainstorming) es una técnica corporativa usada para proponer nuevos conceptos. Ésta también funciona entre un esposo y una esposa. Al *lanzar* ideas *locas*, lo primero que se le ocurra, las ideas fluyen como la lluvia, y aunque la mayoría de ellas no son buenas, ocasionalmente una idea despierta el interés de los participantes de esta 'técnica' y se pone en la mesa para futuros análisis. Todas las personas creativas necesitan un confidente, alguien que no se burle de sus ideas y además guarde el secreto y no lo cuente a los medios de comunicación o a algún conocido.

Muchas veces las esposas están *hambrientas* por compartir los pensamientos personales de sus esposos acerca del trabajo, la iglesia, las metas para el futuro, la crianza de los niños y cualquier otra cosa. Si su esposa ha dado muestras de ser una persona que no merece su confianza esto indica que ella está herida y está rogando por respeto y reconocimiento. Si ella se apresura a burlarse de usted, o a juzgarlo, o si lo hace sentir como un tonto es porque está en *modo de ataque*, tomando represalias por heridas anteriores debido a que está convencida que usted no tiene buena voluntad hacia ella. Si usted no depende de su esposa como su ayuda idónea -a pesar de que ella ha tocado inútilmente a su *puerta* miles de veces diciendo: "Aquí estoy, déjame ayudar" —y le da la espalda— esto causará en ella una profunda insatisfacción y además pondrá en su mente la idea de que usted le ha causado ese gran daño de manera intencional. Ese es el argumento de ella para actuar de forma agresiva. Es momento de absorber los golpes y abrazarla cuando ella esté exhausta. Comience a confiar en su esposa 'poquito a poquito' y de esa forma ella se *suavizará*.

## Necesita de su Intimidad

Incluso el hombre más *duro* e independiente necesita de intimidad. Puedo decir esto con certeza ya que nunca he conocido a un hombre más autosuficiente que yo. Fuimos creados para amar y ser amados y para cuidar profundamente. Comenzamos nuestra vida resguardados en el vientre de nuestras madres y después pasamos nuestro primer año en sus brazos. Durante la infancia continuamente buscamos consuelo en el regazo de nuestros padres o incluso de cualquier otra persona que nos de su aprobación. Aún puedo recordar cuando era niño y tomaba una siesta en la tarde con mi mamá. Vivíamos en una casa de una sola habitación y no teníamos aire acondicionado o un ventilador. La cama estaba ubicada al lado de la ventana y mi madre se acostaba a mi lado y me hacía cosquillas en la oreja o le daba vueltas a mi cabello. Esto nunca fallaba para hacerme dormir. Por mucho tiempo creí que ella también estaba durmiendo, pero eventualmente aprendí que se levantaba y regresaba a sus labores mientras yo dormía feliz y seguro. Los hombres no cambian con el tiempo, ellos continúan necesitando intimidad.

Caballero, usted necesita algo más que el sexo y su esposa requiere que usted busque una intimidad que no sea solamente de tipo sexual. Muchos hombres se irritan porque no experimentan suficiente intimidad sexual con sus esposas. Cuando la oportunidad se presente recuéstese en el sofá y coloque su cabeza en el regazo de ella; deje que su esposa juegue con su cabello o le haga cosquillas en la oreja. Recuéstese en la cama y rásquele la espalda y deje que ella haga lo mismo por usted. Hable calmadamente con ella y tengan tiempos de comunión. Algunos de ustedes, que creen haberse casado con un *pavo frío*, avivarán el fuego y despertarán una *fuerza bestial* en su interior que les permitirá un muy buen tiempo de intimidad sexual. Una mujer halagada es la mejor compañera que usted jamás podrá tener. Usted la necesita de la misma forma que ella lo necesita.

Si al acercase a su esposa usted resulta herido comience a suplir todas las necesidades que ella tenga; cuando usted lo haga, ella hará lo mismo por usted. Sin embargo, usted primero debe estar dispuesto a dar sin esperar nada a cambio. Al principio usted hará todo el sacrificio y ella será quien reciba los beneficios, pero con el tiempo todo se equilibrará hasta llegar al punto en que ambos estén intentando sobrepasar al otro en dar y bendecir. Es ahí cuando el matrimonio se vuelve una experiencia realmente buena.

## La Necesito para que me Equilibre Emocionalmente

Nuevamente es bueno recordarlo: a nosotros los hombres no nos gusta admitir que somos seres emocionales. Es muy evidente que las mujeres son 90% emociones y 10% razón. Nosotros en cambio nos enorgullecemos de ser lógicos y objetivos. No obstante usted debe reconocer que el mal genio, la irritabilidad y el mal humor también son emociones. Los hombres somos tan emocionales como las mujeres pero tenemos un orgullo masculino que no nos deja expresar públicamente debilidad o vulnerabilidad. No estoy sugiriendo que haya algo malo en usted por hacer eso, yo hago lo mismo; no me gusta ser vulnerable públicamente. Yo construyo fuertes muros y los protejo de cualquier *intruso resbaladizo*. Sin embargo los hombres podemos ser tan desequilibrados emocionalmente como las mujeres, solamente que nuestro desequilibrio debe ser masculino al igual que el desequilibrio de las mujeres es femenino. Así debe ser. No quiero ningún amigo hombre que actúe como una chica. He conocido pocos, muy pocos. Los conocí por poco tiempo, más del suficiente.

Los hombres sin las mujeres pueden convertirse en personas frías, duras e inflexibles. Mientras nos ajustamos a la presencia de una mujer en nuestras vidas los ásperos límites de nuestra alma son pulidos. Una mujer nos saca de nuestra rudeza y nos hace ser mucho más bondadosos que antes. Necesitamos que esas *criaturas femeninas* sean aquello para lo cual Dios las hizo. La naturaleza equilibrada del Señor se expresa en la combinación de las emociones masculinas y femeninas.

## La Necesita para que lo Motive

Nunca en mi vida he admitido, o incluso reconocido, un estado de desánimo; solo lo hice cinco años después de haberlo experimentado. Creo que un hombre desanimado demuestra debilidad; sin embargo en la Biblia leemos la historia del profeta Elías y del rey Saúl; ellos mostraron un gran desánimo en ciertos momentos de sus vidas. Incluso Juan el bautista se desanimó después de haber estado encerrado en un calabozo durante meses. Pedro y todos los apóstoles también se desanimaron después de la crucifixión del Señor Jesús.

Una buena esposa, con la cual tengamos intimidad y comunión, puede ayudarnos a mantenernos alejados del desánimo. Una esposa debe confiar en su esposo si éste demuestra buen ánimo a pesar de haber fallado en algo. Ella puede ser un *puente sobre aguas turbulentas* que ayuda a calmar la mente, pero para eso es necesario que el esposo *siembre* amor en ella todo el tiempo. Necesitamos una ayuda que nos permita mantener nuestra visión. Una esposa puede reconocer el desánimo mucho antes que cualquier otra persona -incluso lo hará antes que su esposo admita que está desanimado-, así que la necesitamos más que a nadie en esta importante área de nuestra vida.

Si su esposa no ha sido una motivación para usted, no la culpe, pregúntese a sí mismo por qué ella no tiene fe en usted. Las personas a las que nosotros motivamos tienden a corresponder de la misma forma. Permítame contarle un pequeño secreto: una esposa tiene más fe en un hombre que la incluye en el proceso de toma de decisiones. Cuando ella es excluida se siente a merced de un hombre falible que no desea su interés y bienestar de todo corazón. Esto es tan atemorizante para ella como lo sería para usted si su vida estuviera inexorablemente atada al destino de otro. Pero cuando ella es parte del proceso de toma de decisiones puede apreciar la complejidad de cada situación y así estará segura de que los dos han explorado todas las opciones y están tomando la mejor decisión considerando las circunstancias. Ella se volverá una motivadora cuando pueda creer en sus decisiones. Después de todo, si ella tiene participación en una decisión compartirá la culpa cuando las cosas no funcionen bien y aproximadamente la mitad de la vida no funciona bien, entonces ¿por qué aceptar toda la responsabilidad?

> Una esposa tiene más fe en un hombre que la incluye en el proceso de toma de decisiones.

Usted necesitará motivación de vez en cuando y Dios le dio ese regalo personificado en su esposa. Usted fue creado para necesitar a alguien que lo motive; ella es esa persona.

## La Necesita para que le Ponga desafíos

A veces los hombres caminamos arrastrando nuestros pies. Podemos volvernos *rancios* e indiferentes y perdemos de vista el verdadero objetivo de nuestras vidas. Si las cosas dependieran de nosotros tal vez terminaríamos en una posición en la cual sería muy difícil recuperarnos. Nos podemos convertir, como dicen las mamás, en alguien *chiflado* –que está mal de la cabeza- lo cual significa tener un corazón malo, un mala actitud y meternos dónde no deberíamos. En términos generales la palabra da la idea de hacer todas las cosas mal. Enfrentémoslo, si hacemos una encuesta sus resultados nos forzarán a admitir que la mayoría de los hombres están equivocados una buena parte del tiempo. Necesitamos un 'sistema de advertencia temprana', el cual tiene por nombre ESPOSA.

Ahora bien, una esposa puede estar tan *chiflada* como su esposo. Ella puede llevarlo en la dirección equivocada, tal y como lo hizo la esposa de Job, quién de hecho intentó desanimarlo. Pero solo porque su querida esposa pueda estar equivocada eso no significa que no pueda estar en lo cierto algunas veces; además, no olvide que necesitamos una ayuda que nos desafíe. Lo bonito de esto es que dos naturalezas muy diferentes -masculina y femenina- proveen una perspectiva más amplia del mismo asunto. Así que es común que las mujeres vean las cosas claramente en aquellas áreas en las que el hombre está limitado, y lo mismo ocurre en el sentido contrario. Allí donde la naturaleza de la mujer le impide ver claramente, el hombre tiene más probabilidades de estar dotado con las herramientas mentales y emocionales para tomar decisiones sabias. Si un hombre excluye a su esposa en el proceso de tomar decisiones se estará negando a sí mismo el beneficio de tener ideas más *informadas* y relevantes en áreas donde él es deficiente. De la misma forma, si un hombre deja el proceso de toma de decisiones a una esposa dominante es posible que eso le traiga paz temporal; sin embargo él debe tener la certeza de que ella no está innatamente equipada para tomar las decisiones correctas en muchas situaciones.

> Es terriblemente contraproducente para un matrimonio no confiar en el cónyuge.

Es terriblemente contraproducente para un matrimonio no confiar en el cónyuge. La solución a este problema es que el hombre y la mujer aprendan a ver las cosas desde la perspectiva del otro, antes de apresurarse a sacar conclusiones. Mi esposa y yo 'discutimos' algunas veces -en la clásica forma de *debate*- nuestras perspectivas, hasta que hemos dado nuestra opinión y nos entendemos. Es muy raro que no lleguemos a un consenso. Cuando fallamos en ponernos de acuerdo, yo, el hombre cabeza del hogar, hago renuentemente lo que considero que es mejor. Si tomo la decisión equivocada después de haber escuchado a mi esposa, ella es compasiva y me ayuda a *asimilar* mi error, sabiendo que mi actitud no era altanera, sin embargo me recuerda que debo ser más humilde la próxima vez. No estoy seguro si las cosas entre los dos funcionan verdaderamente de esa forma pero así debería ser.

Puedo escuchar a algunos bautistas Independientes decir: "El hombre es la cabeza del hogar y se supone que la mujer debe obedecer". ¿Hace cuánto tiempo han predicado esto? ¿Cómo funciona esto para ustedes? Sí, Dios le dijo a la mujer que se sometiera al hombre pero Él nunca le dijo que la dominara o la ignorara; tampoco el hecho de que ella le obedezca hace que todas sus decisiones sean acertadas. Si quieren algo más que una relación basada en la ley, es tiempo de actuar como si fuera su responsabilidad ganar el derecho a dirigir.

Recuerde que les estoy hablando a los hombres y que estas cosas nunca deben ser dichas en presencia de las mujeres. No debemos dejar que ellas sepan que nosotros podemos estar equivocados y que debemos escuchar más y exigir menos. Nosotros tenemos nuestro orgullo. Haga que ella lea "Creada para Ser su Ayuda Idónea" y obedecerá incluso cuando sepa que usted está equivocado y que sus decisiones hieren a la familia. Gracias a Dios por las mujeres piadosas.

La respuesta está en que usted y su esposa crezcan en madurez juntos. Si la familia es disfuncional es hora de que la tome de la mano y comiencen a confiar el uno en el otro. Si planea manejar la vieja camioneta en las vacaciones del siguiente año es mejor que empiece a trabajar en ello ahora. De la misma forma, sabiendo que va a necesitar ser desafiado y mantenerse en el buen camino, comience a *trabajar* en su esposa para que ella se convierta en su 'sistema de advertencia temprana'.

## "Vamos", dijo Ella

Recuerdo a mi esposa desempeñándose admirablemente en este aspecto. Cuando yo era mucho más joven, y los niños estaban pequeños, fui diagnosticado con encefalitis y estuve hospitalizado por 11 días, aunque no tengo recuerdos de los primeros nueve. Nadie sabía si yo viviría o moriría. Un tercio de las personas que son diagnosticadas con esta enfermedad muere; un tercio queda con daños cerebrales y el tercio restante sale ileso. Creímos que yo estaba en el último tercio pero mi esposa pronto descubrió que había perdido mucho de mi memoria a corto plazo. Fue un choque para mí cuando fui a comprar algunos materiales para los estantes de nuestra cocina y volví a casa para mostrarle a Deb. Ella se veía preocupada, levantó otra bolsa que contenía materiales y dijo: "ya habías comprado bisagras y perillas hace dos días". Era increíble que yo no lo pudiera recordar.

En ese tiempo estaba haciendo estantes para cocina como forma de ganarme la vida. Una vez iba saliendo a instalar un set y olvidé hacia dónde iba. Me aterraba salir de la casa. Me sentí confundido, inseguro y perdí mi confianza. Las personas comenzaron a llamarme la atención por mis olvidos. Comencé a decaer en mi negocio y no era capaz de levantarme y hacer las ventas necesarias.

Un día mi esposa dijo: "Vamos". Ella cabalgó conmigo por algunos barrios nuevos y nos detuvimos en casas que estaban en construcción; me envió al interior a hablar con los propietarios o constructores. Nuestro primer viaje resultó en dos trabajos. Fue necesario que ella me siguiera desafiando para que yo saliera adelante; sin embargo, después de varios años, parecía que yo había vuelto a la normalidad. Ella me cuenta que yo estuve malhumorado durante esa época y parecía como si estuviera resentido con cualquiera que pensara que algo malo pasaba conmigo. Aún sigo teniendo problemas para recordar nombres. Algunas veces olvido los nombres de personas que he conocido por años. Si ella no me hubiera desafiado ofreciéndome su ayuda yo hubiera podido hundirme en la depresión (aunque lo dudo).

Soy un ministro del Evangelio y a menudo hablo en público. Al inicio de mi ministerio hubo oportunidades en las que Deb me desafiaba respecto a qué tan apropiado había sido lo que yo dije en un sermón o en una reunión pública (aún lo hace de vez en cuando). Al principio me molestaba que ella me desafiara, ya que yo lo sentía como un rechazo, una crítica o incluso una condenación. Admitiré -pero solo esta vez- que sus desafíos solo me hacían ser más terco. No me importaba el problema; solo quería que ella pensara que yo era el mejor, el número uno, el *Sr. Infalible*. Hubiese sido más feliz si ella hubiera sido solo una ignorante sin discernimiento que no pudiera ver mis errores. ¿Por qué ella tenía que ser tan inteligente?

Cuando los esposos no tienen buena voluntad el uno hacia el otro los desafíos de una esposa se cumplirán con resistencia, ya que él creerá que ella lo está juzgando o 'intenta ser la jefe'. Usted debe llevar a su esposa al lugar en donde ella tenga la gracia y la sabiduría para desafiarlo sin obligarlo, y también debe reunir suficiente humildad para reconocer que usted, en efecto, necesita una ayuda idónea que le desafíe a hacer mejor las cosas.

> Y debe reunir suficiente humildad para reconocer que usted, en efecto, necesita una ayuda idónea que le desafíe a hacer mejor las cosas.

Cuando un esposo tiene una mala actitud que puede ocasionarle la pérdida de su trabajo o quedar mal ante la congregación, su esposa es su primera *línea de defensa*. Él necesita que ella sea sabia y sensible. Si ella va muy rápido en muchas cosas, él puede morderla como un perro que está siendo separado en una pelea. Si él tiene algún problema con alguien no debería parecer que ella toma el bando contrario. La diplomacia es necesaria y una pregunta cuidadosamente diseñada es la adecuada. "Cariño, si tu enfrentas al predicador, ¿cómo crees que responderán las otras personas?". "Amor, yo sé que algunas veces tu jefe es rudo pero si le dices algo y pierdes tu trabajo, ¿dónde podrás encontrar empleo en una economía como esta?"

Usted podría decirme que en realidad su esposa le dice algo como esto: "No seas estúpido. No tienes habilidades con valor comercial y si pierdes este trabajo me llevaré a los niños y me iré a vivir con mi mamá hasta que encuentres otro". Si esta es su situación entonces usted tiene un trabajo más grande por hacer en casa que en la oficina. Necesita estar afianzando a su esposa, hacerle saber que usted la ama, estar en comunión con ella; caminar en la luz y permitirle que conozca sus actitudes. Es asombroso ver que cuando una esposa sabe que su esposo va a considerar sus aportes ella es más discreta en su acercamiento. Pero si él ha dado pruebas de ser terco y orgulloso ella lo tratará con desprecio.

> Cuando una mujer encuentra que su alma es refrescada por su esposo, ella no le hablará de una forma que ocasione la perdida de esa comunión.

Cuando una mujer encuentra que su alma es refrescada por su esposo, ella no le hablará de una forma que ocasione la perdida de esa comunión. Cuando él la valora y ella lo valora dejan de herirse el uno al otro y se tratan con respeto y tolerancia. Usted necesita alguien en primera fila que lo desafíe; una esposa puede ser de gran ayuda para lograr ese propósito. Ellas solo necesitan saber que son valoradas por sus percepciones.

## La Necesita para Mantenerse Civilizado

Los hombres son básicamente animales incivilizados. Pregúntele a cualquier hombre que haya estado en la guerra por un año.

La mayoría no hablará de ello, pero lo saben. Pregúntele a alguien que haya estado en una penitenciaría estatal por diez años. La presencia de mujeres en la casa, especialmente una a quien valoremos, tiene el más asombroso efecto civilizador sobre los hombres. Ellas nos impiden ser muy crudos, hacen que construyamos casas y las decoremos, que cortemos el pasto y limpiemos nuestro desorden. Si el mundo no tuviera mujeres los hombres viviríamos en los más básicos albergues, no mantendríamos un empleo regular y andaríamos sin ley ni orden. Instituimos las leyes como una forma de proteger a nuestras esposas e hijos.

Dios le dio un instinto de conservación a las mujeres; esto es algo que le hace falta a los hombres. Gracias a las mujeres los hombres comen vegetales y no comen carne todo el tiempo. Las mujeres hacen que coloquemos una servilleta en nuestro regazo y que usemos otra para limpiarnos la boca. Con ellas aprendemos a decir: "Me permite" y "discúlpeme." En un mundo de solo hombres no habría servilletas, probablemente no habría mesas y nadie se disculparía por eructar o por soltar gases.

Una de las pocas veces que mi esposa ha estado ausente en la casa –visitando a nuestros nietos- me olvide de tomar una ducha y fui a la cama sucio. Me he dado cuenta de que puedo pasar hasta tres días sin bañarme. Pero tan pronto sé que ella vuelve a casa limpio mi cuerpo y todo lo que está a mi alrededor. ¿Qué sería de mí sin ella? Un hombre que no se bañe no tiene derecho a hacer el amor con su esposa. Una ducha es un prerrequisito absoluto. El acercarse a ella sucio es insultante y degradante. Esto demuestra falta de respeto. Las mujeres *responden* mucho mejor si usted está como KFC: *"Para chuparse los dedos".*

Obviamente Dios puso la parte civilizada de su naturaleza en el género femenino. Necesitamos que nuestras esposas nos ayuden a ser civilizados y a establecer un orden social. Ella es dada a nosotros como una ayuda idónea para manejar esa parte de nuestra existencia. Dije todo eso para hacer una declaración: La casa de un hombre puede ser su castillo pero ella es el señor de la propiedad. Sométase a los deseos de su esposa cuando se trate de la casa. Mi esposa es propietaria de la casa y de la cocina. Ella me dice qué hacer y qué no hacer en la casa, y yo le obedezco. Ella no puede hacerme lavar los platos pero sí puede decirme dónde puedo poner mis pies, quitarme los zapatos y dejar una toalla sucia. No pelee con su esposa por la casa; ésta es su nido. Nuestro trabajo es únicamente el de reunir las estacas, construir el nido, llevar la comida y poner nuestra *semilla* para juntos llenar con pequeños *bultos de alegría* el hogar. Nosotros los hombres necesitamos de esa dirección que nos aportan nuestras esposas. Así fueron creadas y nosotros debemos honrarlas en esto.

## Necesita su Moralidad y Conciencia

Es bien sabido que las mujeres son las *anclas* morales de cualquier sociedad. Cuando ellas se corrompen las familias perecen y la sociedad se desintegra.

Los hombres son menos introspectivos y mejores para ignorar sus conciencias de lo que son las mujeres. Las esposas y las madres son creadas con un instinto de conservación y de crianza el cual no depende de sus creencias religiosas. Ellas se sienten seguras en un ambiente moral, sintiendo la necesidad de una estructura y una sociedad ordenada con base en valores que las proteja a ellas y a sus hijos.

Perdóneme por esta comparación, pero así como los hombres son depredadores en el reino humano las mujeres son la presa. Sintiendo su vulnerabilidad, las mujeres apoyan una sociedad basada en la ley. Regularmente escuchamos acerca de una pandilla de hombres violando a una mujer, nunca escuchamos que se dé al contrario. Un hombre puede abandonar a sus hijos pero una mujer en sus cabales caminará cinco kilómetros si es necesario, para cuidar a sus polluelos.

Es posible que una mujer vea pornografía alguna vez, pero un hombre puede volverse adicto a ella con mucha facilidad e incluso llegar a abandonar toda nobleza por causa de su vicio. Las mujeres nunca inician o dirigen guerras pero los hombres crecen llenos de aburrimiento a menos que en su generación se genere una disputa que termine en un río de sangre.

Caballero, usted necesita la conciencia de su esposa. Ella es un como un *detector de humo* que espera silenciosamente en casa... bueno quizás no tan silenciosamente, pero ella está allí para activar la alarma cuando su conciencia es afectada por sus *travesías* moralmente descuidadas. Así que no le quite las baterías.

Los hombres esconden sus pecados de sus esposas mientras alardean de ellos valientemente frente a otros. ¿Por qué? Porque ella es un juez que no nos dejará mentirnos a nosotros mismos. Una buena mujer, al igual que un espejo limpio, hará que un hombre vea las cosas que lo avergüenzan. Algunos hombres sienten ira hacia sus esposas por esta misma razón. En vez de aceptar el juicio de la conciencia de su esposa ellos la evitan y se *refugian* en las redes sociales. Si un hombre tiene éxito en corromper a su mujer hasta el punto de hacer que ella se una a su depravación, él irá al infierno más rápido que un borracho en un Ferrari.

Existen dos problemas que pueden surgir del hecho de que una esposa sea el *estabilizador moral* de un hombre; el primero es que ella se vuelva inmoral y no pueda cumplir más su rol; el segundo es que se vuelva arrogante y crítica, denigrando a su cónyuge. Ciertamente el segundo problema no es tan grave como el primero pero éste hará que un esposo se quede haciendo horas extras en el trabajo o busque alguna forma de pasar menos tiempo en el hogar junto a su esposa.

Sé de muchos hombres que conocen la Biblia lo suficiente como para saber que el Señor ordena que sus esposas se sometan a ellos, pero ellos no parecen entender que esa posición también los hace responsables ante Él. La forma más baja de hipocresía se presenta cuando un esposo es inmoral y espera que su esposa cierre las *cortinas* de su conciencia para honrarlo como si fuera alguien honorable. Eso es ser un cretino. Un hombre así se convierte en un depredador exigiendo que su presa sea silenciosa mientras la devora, y todo en el nombre de Dios. ¡Ay de aquel hombre!

"Pagad a todos lo que debéis... al que honra, honra" (Romanos 13:7). Una buena esposa interpretará este pasaje entendiendo que ella debe honrar a su esposo porque Dios lo ha ordenado así; tal y como nosotros respetamos a un oficial de policía o a un juez, independientemente de su carácter. Un hombre piadoso interpretará este pasaje entendiendo que él debe ser digno de esa honra. No espere que su esposa pretenda que usted es honorable cuando en realidad no lo es. Muchos hombres no quieren que sus cónyuges sean su *ayuda idónea moral*; ellos solo desean que ella los ayude a cubrir su inmoralidad.

Si Dios nos diera lo que nos merecemos todos estaríamos en el infierno. Si las esposas nos dieran lo que nos merecemos estaríamos encadenados a la casa del perro, comeríamos las sobras de la comida y tendríamos que ir al baño en el jardín. La misericordia de Dios y el don gratuito de la justicia nos motivan a vivir siguiendo al Señor Jesús y agradeciendo en cada momento su gracia y su favor no merecido. De la misma manera, cuando una buena mujer honra a su marido él debe tener la humildad de buscar ser digno de su mayor y no merecida gracia.

**Una advertencia para las esposas:** Así es, soy consciente de que algunas de ustedes esposas fisgonas están leyendo este libro mientras sus esposos están en el trabajo, todo con el fin de poderles 'ayudar' a recordarlo. Mi advertencia para ustedes es que así como los esposos están propensos a leer "Creada para Ser su Ayuda Idónea" y después exigirles a ustedes que los obedezcan (algo por demás inapropiado), las esposas pueden leer mi exhortación mordaz hacia sus cónyuges y decidir no honrar al *perro* hasta que él haga sus trucos apropiadamente (de nuevo una respuesta inapropiada). Uno de ustedes debe hacer su tarea ante Dios sin importar lo que el otro esté haciendo, es la única forma de que su matrimonio tenga la oportunidad de mejorar en alguna forma. Un esposo puede hacer que su matrimonio sea mejor si ama y halaga a su cónyuge sin importar la respuesta que ella tenga, y una esposa puede hacer que su matrimonio sea mejor si honra a su *deshonroso* esposo. Un matrimonio que funciona totalmente mal es uno en el que ambas partes esperan hasta que la otra persona cumpla con su tarea. Así no deben ser las cosas. Esa es una guerra en la que todos pierden.

Recuerdo una lección que mi padre me enseñó cuando yo estaba aprendiendo a manejar. Le pregunté: "¿Qué debo hacer si otra persona mantiene sus luces en altas incluso después de haberle hecho una advertencia con las luces de mi carro? ¿Debería poner las mías también en alto y así enseñarle una lección? El respondió: "Un conductor ciego en el camino es suficiente; no es necesario tener a dos tontos enceguecidos".

## Necesita ser su Protector

Usted fue creado para proteger a su esposa. Así como las mujeres son creadas para criar los hijos, los hombres son creados para proteger. Un hombre satisface una de sus principales necesidades cuando una mujer lo busca para que la proteja. Asimismo una mujer satisface una gran necesidad cuando ella ve la disposición de su esposo para protegerla. A través de la historia hubo innumerables batallas y homicidios por causa de hombres que defendían el honor de sus esposas, madres o hermanas. Es cuestión de dignidad. Todo empieza con un: "Nadie dice eso acerca de mi madre", y después ¡pum!

Es poco probable que usted tenga que defender a su esposa de ataques violentos, sin embargo el instinto protector se expresa de otras maneras.

La costumbre de que un hombre camine por el lado del andén que queda a la orilla de la carretera se remonta a la Europa antigua, allí las personas arrojaban el agua sucia y los desechos por las ventanas de los pisos más altos y solo había toldos que proveían resguardo para aquel que caminaba cerca al edificio. De la misma forma carretas o caballos que pasaban por el camino podrían salpicar a aquel caminante que iba por el lado de la avenida, así que los hombres protegían a sus damiselas haciéndolas caminar por la parte interior.

> Los hombres maduran cuando se les dan responsabilidades familiares.

Las mujeres se sienten tan vulnerables en un mundo de hombres como un conejo en un campo de zorros. Las mujeres que dependen de la capacidad de su esposo para proveerle comida y refugio se sienten en riesgo cuando ellos no demuestran la habilidad de proveer; y los hombres maduran cuando se les dan responsabilidades familiares, o al menos deberían.

Un buen esposo no desea que su cónyuge esté fuera en la noche en situaciones comprometedoras o riesgosas, por ejemplo haciendo compras, sola. Un buen esposo no desea que su esposa se vista de forma provocadora, ya que sabe que otros hombres pueden codiciarla.

Algunos hombres son muy asfixiantes en su protección, volviéndose posesivos, esto hace que sus esposas se sientan controladas, lo opuesto a ser protegidas. Otros hombres son descuidados e indiferentes, haciendo que su cónyuge sienta que a él no le importa mucho lo que a ella le suceda. Existe un balance. La esposa necesita saber que él moriría por ella pero que no va a esclavizarla.

Hombres, necesitamos proteger a nuestra esposa, pero no podemos arrancarle su humanidad bajo la premisa de mantenerla a salvo. Se trata de los sentimientos que comuniquemos. ¿Hacemos que la dama de nuestra vida se sienta halagada y segura o hacemos que se sienta usada y controlada? Si lo está dudando, pregúntele. Al satisfacer sus propias necesidades no la prive de satisfacer las de ella.

## Necesita de su Sensibilidad

Necesito de su compasión, misericordia y gracia. La naturaleza del hombre se encuentra en la combinación de esposo/esposa. Dios creó a Adán "varón y hembra" (Génesis 1:27). Es como si un solo cuerpo y una sola alma no pudieran contener y expresar la plenitud de Dios, por esto el Creador dividió sus atributos-agrupando los de características similares- y colocó algunos en el hombre y otros en la mujer. Si hiciéramos una lista de rasgos humanos para leerlos ante una audiencia, pidiéndole a sus integrantes que respondan a qué género pertenece 'masculino' o 'femenino', sospecho que los resultados serían prácticamente los mismos.

Intentémoslo. Coloque una M (masculino) o una F (femenino) en frente de cada uno.

| | | |
|---|---|---|
| • Sensibilidad | • Imaginación |
| • Misericordia | • Análisis |
| • Valentía | • Creatividad |
| • Lógica | • Agresividad |
| • Intuición | • Amabilidad |
| • Justicia | • Gentileza |
| • Compasión | • Mansedumbre |
| • Perdón | • Llenarse de Fe |
| • Apresuramiento | • Discreción |

| • Llenarse de Gracia | • Honra/honor |
|---|---|
| • Ternura | • Crianza |
| • Precaución | |

Mi esposa y yo hicimos la lista anterior y estuvimos de acuerdo en un 90%. En aquellos puntos en los que no llegamos a un acuerdo convenimos en que son características que podrían estar en cualquier género dependiendo del carácter de la persona. Por ejemplo, la creatividad se puede encontrar en un género o en el otro, como también puede suceder con la fe. Pero hay casi un 100% de aceptación en que la sensibilidad está más en el *dominio* de la mujer, mientras que la justicia es una característica más prominente en el *dominio* del hombre. "Pero en el Señor, ni el varón es sin la mujer, ni la mujer sin el varón" (1 Corintios 11:11).

Caballero, usted no está completo si no tiene en su vida todas las diferentes ayudas que su esposa le puede dar. Su cónyuge es más que su juguete sexual, ella es la otra mitad de su humanidad. Un hombre que no está en equilibrio con su esposa está desequilibrado. Usted necesita una ayuda idónea, una ayuda adecuada para su naturaleza. Dios la creó a ella para ayudarlo, no solo para que sostuviera el otro extremo del tablero mientras usted lo clava a la pared; ella puede equilibrarlo en su temperamento y en su carácter. Si usted la deja atrás se estará dejando a sí mismo. Dios diseñó sabiamente al hombre y a la mujer para *maximizar* el desarrollo humano, elevándolo a un estado mayor. Usted debe seguir el programa de Dios o fracasará por completo.

> Su esposa es más que su juguete sexual, ella es la otra mitad de su humanidad

Yo sé por experiencia propia que mi esposa me ha completado como persona. Ella no me ha cambiado mucho, sin embargo continúa ayudándome al suplirme con aquello que me falta. En el proceso de confiar en ella yo he crecido en fe y humildad. Aún no soy tan sensible como ella pero su presencia provee un gran impulso que me ayuda a reconocer los momentos en que debo ser más sensible; esto me da la capacidad de hacer lo que se debe hacer incluso cuando yo no lo sienta así. ¡Vaya!, eso es ser *coherederos de la gracia de la vida* (1 Pedro 3:7).

Tengo la tendencia a tratar con una lógica dura y fría muchas situaciones. Puedo llegar a decir cosas como:

"Usted siembra, usted recoge".

"Esto es lo que hay, le gusta o se lo aguanta".

"Esto tiene sentido para mí, si no tiene sentido para usted entonces o es un ignorante o es un terco".

Puedo herir los sentimientos de las personas. Puedo ser insensible pero no por indiferencia o porque no me importe la gente. Simplemente no puedo entender por qué alguien se molesta cuando *voy al grano* y digo las cosas como son. Como hombre tengo problemas para caminar una milla en los zapatos de otro pero podría decirse que mi esposa comparte zapatos con cualquier persona sufrida e insegura. Ella parece saber por adelantado cómo se van a sentir los demás en cualquier circunstancia. Ella 'siente su dolor'.

Dios puso su sensibilidad en el género femenino, pero Él le dio a Adán una mujer para que ambos se convirtieran en una sola carne y para que él contara con ella como su ayuda.

En la mayoría de los casos las mujeres son las primeras en mostrar misericordia y ofrecer gracia. La única ocasión en que las damas son inmisericordes y dejan atrás la gracia es cuando existe competencia femenina. Una gata salvaje va a pelear si cree que otra está tratando de insinuársele a su viejo gato y no mostrará misericordia en su batalla verbal. Por lo demás las mujeres están llenas de gracia y de buena voluntad con respecto a los fracasos de otros.

No excluya a su esposa cuando ella tenga algún sentimiento sobre una situación en particular. Esto no significa que usted siempre deba acceder a todas sus sugerencias, sin embargo siempre deténgase y considere pacientemente sus percepciones. Si usted piensa que ella está tomando una posición muy *cerrada* acerca de algo, lo cual puede suceder, entonces explíquele

> Una mujer no pretende que usted siempre acepte sus puntos de vista pero ella merece ser escuchada, comprendida y respetada.

con paciencia lo que usted cree y tengan una buena conversación de *pros y contras*.

Una mujer no pretende que usted siempre acepte sus puntos de vista pero ella merece ser escuchada, comprendida y respetada. Si su esposa sabe que usted la entiende y que además le importa lo que piensa, ella va a renunciar a su propia voluntad para seguir la suya, poniendo su *voto de confianza* en su sabiduría. A medida que el tiempo pase y las decisiones que se tomen en su matrimonio sean producto de una *lluvia de ideas conjunta*, ustedes podrán ver con claridad dónde se encuentran sus puntos fuertes. Si las circunstancias demuestran que una esposa está en lo correcto el *humilde* hombre debe aprender a confiar más y más en los instintos de ella. De la misma forma, cuando la lógica y racionalidad de un hombre dan resultados la esposa debe aprender a ver las cosas desde la perspectiva del esposo y así confiará más en él. Cuando adquieran experiencia, con el paso de los años, ellos sabrán cuando es el momento preciso para escuchar al otro y seguir esa dirección. ¡Esto es hermoso y funciona maravillosamente! Sin embargo se requiere de tiempo y práctica para lograrlo. Bájese de su 'caballo' y deje que su esposa lo acompañe, ella estará 'cabalgando' detrás suyo; no olvide escuchar los susurros que ella le haga en el camino. Usted sigue teniendo las riendas pero recuerde que si hace un giro equivocado su esposa también lo hará, así que ella merece su aprecio.

## Necesita de su Consejo y sus Juicios

Los hombres testarudos e independientes a veces olvidan que "en la multitud de consejeros está la victoria" (Proverbios 24:6). "Porque ninguno de nosotros vive para sí, y ninguno muere para sí" (Romanos 14:7).

Caballero, usted necesita consejos. Después de haber hecho muchas cosas estúpidas a través de los años no confío en Michael Pearl como lo hacía cuando era joven y lo 'sabía' todo. Me he vuelto más tonto con los años. Las personas me conocen porque ahora digo muy a menudo 'no lo sé', algo que en mi juventud jamás hacía.

Debo admitir que al principio de nuestro matrimonio no quería los consejos de mi esposa. En ese momento yo sentía que ella me estaba minimizando con sus críticas, así que me molestaba cuando 'se salía de su lugar' e intentaba tomar el liderazgo. Por lo menos esa era la forma en que yo interpretaba sus sugerencias. Le diré la verdad, no sé lo que sucedía al principio. Quizás cuando todo comenzó ella ganó sabiduría por la forma en la que ofrecía sus aportes o tal vez yo me volví menos sensible a las sugerencias, pero lo cierto es que el resultado final fue que crecimos y maduramos hasta el punto que ahora yo puedo confiar en sus juicios y ella en los míos, y ambos sabemos que podemos equivocarnos y por lo tanto estamos abiertos a considerar otras posibilidades. Podemos desafiarnos el uno al otro sin sentirnos sofocados. Es una realidad de la naturaleza humana escuchar con preocupación e introspección a aquellos que respetamos; asimismo descartamos a aquellas personas que no creemos dignas de hacer a algún aporte a nuestra vida. Pobres esposas, su posición no es fácil.

La verdad es que la inseguridad y el miedo nos hacen enojar cuando percibimos la crítica. El hombre más pequeño tiene el enojo más grande.

Nuestra esposa nos puede irritar más de lo que cualquier otra persona puede hacerlo; esto se debe a que es muy importante para un hombre verse bien a los ojos de su cónyuge. Seguimos siendo como niños intentando impresionar a una chica y es perturbador para nosotros que ella piense que somos menos que perfectos. Todos queremos ser *alabados* y aprobados y obtenemos muy poco de eso por parte de nuestros amigos o en nuestros trabajos, así que esperamos que nuestra esposa nos provea toda la afirmación que necesitamos para mantener nuestra auto imagen.

¿Estoy diciendo todo esto? Espero que mi esposa no lo lea. Me siento vulnerable siendo así de honesto. Ahora bien, no pretenda que me meta en un círculo, me tome de las manos y empiece a decir 'lo siento' mientras canto alegremente. Un hombre aún tiene su dignidad, usted lo sabe. Ahora no me importa tener que hacer cambios, pero no voy a admitir tranquilamente que estaba equivocado hasta que hayan pasado al menos cinco años. Es mucho más fácil decir 'ESTABA equivocado' que decir 'ESTOY equivocado'. Mi sugerencia es que usted se apresure y haga algunos cambios antes de que tenga que admitir que ES un cretino inmaduro, egoísta e inseguro. Eso funcionó para mí.

Voy a ponerlo en el camino de la recuperación con una buena sugerencia: Pídale a su esposa asesoría y acepte sus juicios, incluso si usted siente que ella lo está atacando. Busque ser humilde y considerado. Sea paciente y pídale que le diga cuáles son sus preocupaciones. Haga una pausa, incline su cabeza, aprecie su sabiduría y después modifique sus acciones de cierta forma, con base en sus sugerencias. Si usted hace lo que ella le aconsejó y al final de cuentas las cosas salen mal, sea amable y gentil, no se deleite demostrándole que estaba equivocada. Por otro lado, si el consejo de su cónyuge resulta ser acertado halágela por ello y agradézcale por ayudarlo a corregir el error. Todo esto hará de ella una nueva mujer, se volverá 10 años más joven y sonreirá como un niño abriendo regalos de cumpleaños. Pero se lo advierto, ella se volverá *adicta* a la felicidad. Va a querer tener sexo más seguido e incluso ella será quien inicie el contacto. Si usted no está dispuesto a que esto ocurra probablemente deberá continuar con su actitud de 'sabelotodo', y así ella podrá mantener su frialdad y crítica hacia usted a medida que continua siendo infeliz.

Cuando escribo un artículo o un libro se lo entrego a mi esposa para que lo edite. Si ella cree que existe una parte que no es apropiada o que cierto punto de vista necesita ser revisado, lo discutimos hasta que entiendo su idea. En algunas ocasiones ella identifica una perspectiva sesgada o una mala actitud proveniente de mis escritos. (Hago una aclaración a mis lectores ya que me gustaría mitigar la expresión 'mala actitud', pues podría llevarlos a tenerme en baja estima; sin embargo hoy admitiré, solo para dejar claro este punto, que de tiempo en tiempo es posible que mis textos demuestren cierta *rudeza*. Considérelo retórico). He llegado a confiar en la voluntad que ella tiene para conmigo y además acepto que le gusto incluso cuando soy malo, tal y como lo hace una mamá. Ella no espera que yo sea perfecto; lo que le gusta es que sea honesto y abierto a su sabiduría. Sería un estúpido si no aprovechara su perspectiva santificada.

> Piense en esto: Un día, quizás pronto, voy a aparecer ante el Trono del juicio de Cristo para recibir o para perder el galardón de acuerdo a las cosas hechas en este cuerpo, ya sean buenas o malas.

Nunca hubiera desarrollado mi ministerio hasta donde ha llegado sin la ayuda de mi esposa. Ella es la funda en donde reposa el cuchillo y la piedra que lo mantiene afilado.

Piense en esto: Un día, quizás pronto, voy a aparecer ante el Tribunal de Cristo para recibir o para perder el galardón de acuerdo a las cosas hechas en este cuerpo, ya sean buenas o malas (2 Corintios 5:10, 1 Corintios 3:8, Mateo 10:42). En ese día estoy seguro que usted desearía volver al pasado y rehacer muchas cosas. Sin embargo, en este preciso instante, antes de estar de pie avergonzado delante de Cristo, mi esposa me está permitiendo tener esa oportunidad de rehacer y corregir áreas en las que soy insensible al Espíritu Santo. Ella está santificada en algunas áreas en las que yo no, y puede ver cosas que yo no puedo ver. Ella no solo está editando mis escritos, está editando mi vida para que el producto final sea mejor. Fui creado para necesitar su consejo y sus juicios.

En mi defensa debo decir que esto funciona para ambos lados. Yo también edito sus escritos y su vida. Al igual que cualquier mujer ella puede desplegar su *plumaje* y *rasguñar* lo más profundo de un alma tímida que necesita algo de comprensión. Usted debió haber visto su libro "Creada para Ser su Ayuda Idónea" antes que yo suavizara sus límites. Ella tiene un punto ciego ocasional. Debido a que yo confío en sus juicios ella también confía en los míos y juntos somos herederos de la gracia de la vida, santificándonos el uno al otro para así poder reducir la vergüenza que tendremos en el Tribunal de Cristo. Mi canción favorita es "Quiero dar un paseo en el cielo contigo en un día feliz". El cielo será mucho más dulce con mi mejor amiga a mi lado.

## La Necesita para que Apoye su Visión

Todo hombre tiene una visión, y las visiones son tenues y dudosas por naturaleza. Un hombre con una visión espera superar circunstancias difíciles haciendo lo que otros creen que es imposible. Una visión vacilará como un espejismo; algunas veces prometiendo agua fresca y otras viéndose como arenas movedizas. La mayoría de los hombres pierden la esperanza de cumplir sus sueños y se conforman con las series de televisión. Si usted tiene una visión necesita una ayuda apropiada para lograrla. No es necesario que ella crea en esa visión de la misma forma en que usted lo hace, pero ella debe creer en usted. Un hombre puede mantener viva su visión si su esposa elogia sus esfuerzos. La mayoría de nosotros apunta más allá de lo que jamás lograremos pero con nuestros anhelos hemos podido lograr mucho más de lo que nuestros profesores de la secundaria jamás soñaron. No es el fin el que hace a un hombre exitoso, son todos los días de júbilo por haberlo intentado. Una ayuda idónea que apoye nuestra visión hará de nuestra vida un viaje en el que el esfuerzo valga la pena.

> No es el fin el que hace a un hombre exitoso, son todos los días de júbilo por haberlo intentado.

Si su esposa denigra de su visión esto indica que ella no se siente realizada como persona. Atienda sus necesidades y ella estará tan contenta que le dirá que usted canta bien, que es talentoso y más inteligente que cualquier otra persona y que debe ser promovido en el trabajo.

Usted necesita que su esposa apoye su visión. Si usted no tiene visión sospecho que no está bien con su ayuda idónea. Una mujer motivadora le hace creer a un hombre que es más alto, más fuerte y más inteligente de lo que verdaderamente es. Y acoplado a la sabiduría de ella él será más inteligente. Usted no puede dejar a su esposa sentada en la mesa de la cocina quejándose y ser exitoso en la vida sin ella. Usted puede ser el director de la empresa en la que trabaja pero eso nada tiene que ver con una vida abundante. Si va a dedicar sus energías para edificarla a ella como persona va a tener más tiempo y fuerzas para alcanzar sus sueños.

## La Necesito para Que me Cubra en Oración

Es esencial que sigamos las instrucciones que las Escrituras nos dan en 1 Pedro 3:7: "Vosotros, maridos, igualmente, vivid con ellas sabiamente, dando honor a la mujer como a vaso más frágil, y como a coherederas de la gracia de la vida, **para que vuestras oraciones no tengan estorbo**".

La vida requiere todo el tiempo de la gracia de Dios, sin embargo existe una *gracia particular* que tiene un propósito único y solo se puede acceder a él por medio de dos llaves. La esposa tiene una llave y el esposo la otra. Ellos deben ir al *banco del cielo* y juntos insertar las dos llaves al mismo tiempo para lograr acceder a esta *gracia particular*. Sí, de acuerdo al pasaje, un esposo falla "dando honor" a su esposa -el vaso más frágil- entonces sus oraciones tendrán estorbo. Los esposos que ignoran las necesidades de sus esposas -fallando al momento de relacionarse con ellas como vasos más frágiles- y no viven con ellas "sabiamente" no podrán "alcanzar misericordia y hallar gracia para el oportuno socorro" (Hebreos 4:16).

> La esposa tiene una llave y el esposo la otra.

Caballero, esta puede ser la advertencia más importante de este libro: Al no relacionarse con su esposa, conociendo su posición como el vaso más frágil, su *línea* de oración con el cielo estará cortada, al igual que su conexión con su cónyuge. Eso significa que usted no será receptor de esta *gracia particular* y por lo tanto tendrá muchos problemas en su vida matrimonial.

**1 Timoteo 2:8:** Quiero, pues, que los hombres oren en todo lugar, levantando manos santas, sin ira ni contienda.

**Santiago 5:16:** Confesaos vuestras ofensas unos a otros, y orad unos por otros, para que seáis sanados. La oración eficaz del justo puede mucho.

**Colosenses 1:9:** Por lo cual también nosotros, desde el día que lo oímos, no cesamos de orar por vosotros, y de pedir que seáis llenos del conocimiento de su voluntad en toda sabiduría e inteligencia espiritual.

## Necesita a su Esposa para Satisfacer sus Deseos Sexuales

No soy un terapista sexual y no quiero serlo, así que no voy a decir todo lo que necesita ser dicho sobre este tema; sin embargo voy a analizar el sexo a través de una ventana llena de luz y esperanza. Leamos los siguientes pasajes de las Escrituras muy cuidadosamente:

**Hebreos 13:4:** *Honroso sea en todos el matrimonio, y el lecho sin mancilla; pero a los fornicarios y a los adúlteros los juzgará Dios.*

**Proverbios 5:19:** *Como cierva amada y graciosa gacela. Sus caricias te satisfagan en todo tiempo, Y en su amor recréate siempre.*

**Cantares 2: 4-6:** *Me llevó a la casa del banquete, y su bandera sobre mí fue amor. Sustentadme con pasas, confortadme con manzanas; porque estoy enferma de amor. Su izquierda esté debajo de mi cabeza, y su derecha me abrace.*

**Cantares 4: 10-11:** *¡Cuán hermosos son tus amores, hermana, esposa mía! ¡Cuánto mejores que el vino tus amores, y el olor de tus ungüentos que todas las especias aromáticas! Como panal de miel destilan tus labios, oh esposa; miel y leche hay debajo de tu lengua; y el olor de tus vestidos como el olor del Líbano.*

**Cantares 8:7:** *Las muchas aguas no podrán apagar el amor, ni lo ahogarán los ríos. Si diese el hombre todos los bienes de su casa por este amor, de cierto lo menospreciarían.*

**1 Corintios 7: 3-5:** *El marido cumpla con la mujer el deber conyugal, y asimismo la mujer con el marido. La mujer no tiene potestad sobre su propio cuerpo, sino el marido; ni tampoco tiene el marido potestad sobre su propio cuerpo, sino la mujer.*

*No os neguéis el uno al otro, a no ser por algún tiempo de mutuo consentimiento, para ocuparos sosegadamente en la oración; y volved a juntaros en uno, para que no os tiente Satanás a causa de vuestra incontinencia.*

## Asociaciones

A través de los años, a medida que he escuchado testimonios y he dado consejería bíblica a muchas familias, he podido ver que una de las razones por las cuales la mayoría de las esposas son frías con referencia al sexo es por la culpa y la vergüenza que sienten en su matrimonio. Nuestras primeras experiencias con algo asombroso, especialmente con el sexo, crean una asociación que perdura en nosotros el resto de la vida. Cuando las primeras experiencias sexuales están rodeadas de vergüenza todo lo relacionado con el sexo de ahí en adelante estará manchado de culpa. La naturaleza sensible de las mujeres las hace más susceptibles a las restricciones de la culpa. Si usted tuvo sexo con su esposa antes de casarse es posible que la frialdad que ella transmite actualmente esté relacionada con algún *residuo* de culpa que se encuentra en su corazón.

Hablando de tener relaciones sexuales a escondidas, Salomón reflexionó: "Las aguas hurtadas son dulces, y el pan comido en oculto es sabroso" (Proverbios 9:17). Es posible que usted haya sucumbido antes del matrimonio ante la hermosura de la mujer que hoy es su esposa -comiendo el pan hurtado en secreto y encontrándolo muy estimulante- pero eso quedó guardado en el corazón de ella llenándola de culpabilidad y vergüenza. El erotismo es anulado por la culpa y ella entonces hace lo que debía haber hecho antes del matrimonio, se congela sexualmente y cruza sus brazos en frente de su cuerpo, cerrándole el paso a la persona que ocasionó todo desde el principio.

Hace varios años escuché de un hombre que no podía excitar sexualmente a su esposa a menos que la llevara a algún estacionamiento; allí habían tenido su primer encuentro sexual y esta experiencia antes del matrimonio había definido ciertos *escenarios para la excitación* de los cuales ella no podía librarse.

Recientemente una mujer me escribió contándome que había conocido a su esposo por Internet, comunicándose con él a través de medios digitales. Finalmente se conocieron en persona y con el tiempo decidieron casarse. Después de varias semanas llenas de sexo muy gratificante ellos se enfriaron, especialmente él. Sin embargo un día hicieron un descubrimiento mientras se enviaban mensajes de texto de la casa al trabajo. Después de eso él va a una habitación de su vivienda y ella a otra y se envían y responden mensajes de texto hasta que los dos están excitados. No puedo evitar reírme a carcajadas, el mundo en verdad está más loco día a día.

Yo logro que mi esposa se excite al caminar en la habitación haciendo algunos rugidos. Ella me excita al... bueno, no lo sé; he estado excitado permanentemente desde hace 40 años y una semana. Llevamos de casados 40 años al momento de escribir este libro. La semana adicional sucedió justo antes del matrimonio. Me tomé la advertencia muy seriamente: "Pero si no tienen don de continencia, cásense, pues mejor es casarse que estarse quemando [con lujuria]" (1 Corintios 7:9). Cuando Deb y yo nos casamos los dos éramos vírgenes y la única asociación que tenemos con el sexo son los recuerdos que hemos construido juntos. Agradezco a Dios por eso. No obstante soy consciente de que algunos de ustedes no han sido tan bendecidos en esa área. Aun así existe una forma de destruir las absurdas asociaciones que están sofocando su vida sexual.

## Romance

Existe otra razón que genera la falta de entusiasmo de una mujer por el sexo. El "vaso más frágil" es, por naturaleza, mucho más sensible y no puede separar con facilidad el placer erótico de los sentimientos románticos. Un hombre no necesita ninguna asociación para excitarse y buscar satisfacción. Sin embargo la mayoría de las mujeres consideran el sexo como la realización de sus más profundos sentimientos de amor, protección y compromiso. Es posible que usted se case con una mujer virgen y que ella se vuelva tan fría como el hielo seco, si usted fracasa en atraerla emocionalmente.

Por otro lado es probable que usted se case con una chica pura en cuerpo y mente aunque usted tenga un historial de pervertido, ya sea debido a la pornografía o su inmoralidad del pasado. La chica inocente de corazón llega al matrimonio esperando un amor tierno, no obstante ella encuentra inmediatamente la cruda y retorcida pasión de un hombre que ve a su esposa como la prolongación de su masturbación o como una prostituta que debe complacerlo. Ella sufre un shock emocional y se siente sucia. Sus primeras experiencias con el sexo, a pesar de haber sido dentro del matrimonio, son sucias y sórdidas. Ella se refiere a usted como un animal y se cierra emocionalmente, desilusionada con el mundo tan aterrador de lujuria y lascivia en el que le ha tocado vivir. Si usted está en este grupo de hombres quiero decirle que no llegó al matrimonio con el propósito de cuidarla, simplemente se preocupó por legitimar su propia estimulación erótica.

Cuando dos personas inexpertas llegan juntas al matrimonio

> La Biblia se refiere a la relación sexual como la acción de "conocerse".

poco a poco descubren la variedad del erotismo a una velocidad que permite que su relación siga avanzando y expandiéndose en algo mucho más complejo y agradable. La Biblia se refiere a la relación sexual como la acción de "conocerse". "**Conoció** Adán a su mujer Eva, la cual concibió y dio a luz..." (Génesis 4:1). La inocente pareja llega a conocerse más y más el uno del otro a una velocidad que no es chocante. Cuando un hombre sexualmente experimentado lleva sus pasiones a la habitación de una inocente virgen se ve como alguien repugnante y puede asustarla al punto de hacerla desistir.

## La Aparición de 'los dos Minutos'

Otra situación con la cual estoy familiarizado y que hace que muchos matrimonios se disuelvan es cuando un esposo es demasiado apresurado e insensible con las necesidades de su cónyuge. Un esposo demasiado rápido con el *gatillo* realiza el *primer disparo* y el *viaje de cacería* se termina mucho antes que ella sepa que ha comenzado. Ella se queda sentada como un niño que perdió el transporte para ir a la fiesta. He conocido muchos hombres jóvenes, inocentes e ingenuos que llegan al matrimonio sin muchas expectativas excepto aquellas sugeridas por la naturaleza, razón por la cual no tienen ningún discernimiento respecto a las diferencias emocionales y físicas que existen entre hombres y mujeres.

Tómese el tiempo de cortejar a su esposa, de halagarla, de darle un placer progresivo, de esta forma ella escalará la montaña con usted; quizás lo vencerá en la cima y querrá hacerlo nuevamente una y otra vez.

## Limpiando mis Acciones

La cura para la mayoría de las situaciones descritas anteriormente es básicamente la misma; es necesario tomar algunas acciones espirituales adicionales ya que usted caballero tiene que cambiar su mentalidad con respecto al sexo. El hombre con corazón y mente corruptos debe arrepentirse ante Dios y ante su esposa. Si ellos fornicaron antes del matrimonio ambos deben arrepentirse y confesar sus pecados tanto al Señor como el uno al otro.

Anteriormente discutimos el poder de las asociaciones. Cuando una chica curiosea por todo lado y tiene relaciones sexuales con su novio antes del matrimonio, mintiéndoles a sus padres y ocultándoselo a sus amigos, ella verá a su esposo como un hombre sin autodisciplina y capaz de ser deshonesto en la búsqueda de placer. Ella estará convencida de que él no es un hombre con honor o integridad y pensará que no se rige por principios sino por pasiones. La convicción de ella es que él dirá o hará cualquier cosa para conseguir lo que quiere. Cuando tengan una pequeña pelea en la que el placer sea aplazado por unos cuantos días y él no golpee a la puerta intentando volver, ella comenzará a sospechar, preguntándose en qué lugar él estará obteniendo ese placer. Las sospechas y la desconfianza pueden generar una caída en espiral hacia un abismo de ira y resentimiento.

El hombre que haya corrompido su corazón y mente con pornografía e inmoralidad debe desarrollar una mente pura. Una esposa se dará cuenta de la pureza del corazón de su cónyuge y le responderá con su cuerpo. La recuperación de su integridad sexual no es fácil pero yo he visto miles de casos en los que sí ha sido posible. No se desanime, busque la ayuda de la Palabra de Dios.

## Ignorancia *Inocente*

Tengo un amigo que llegó al matrimonio en un estado de integridad. Tanto él como su esposa eran vírgenes y caminaban en obediencia al Señor. Después de haber estado casados por aproximadamente dos años el hombre buscó quien lo aconsejara debido a la falta de satisfacción sexual de su esposa. Ella estaba dispuesta a tener relaciones pero no las disfrutaba y nunca había podido tener un orgasmo. Él estaba desconcertado. Todos sus amigos daban testimonio de tener mujeres ardientes -vale la pena decir que es probable que algunos de ellos estuvieran mintiendo- sin embargo eso no hizo sentir mejor a este hombre. Mi hija y mi yerno empezaron a hablar con él y descubrieron que no estaba teniendo en cuenta las necesidades de su esposa; era apurado y *abrupto*. Ellos lo motivaron para que se tomara un tiempo durante el día para halagarla con gestos románticos y tocara su espalda y sus piernas para hacerla sentir especial. Luego le sugirieron algunas *técnicas* para estimularla lentamente y de manera romántica. No ahondaré en ningún detalle ya que otros, muy seguramente, han escrito al respecto. A esta pareja le tomó aproximadamente seis meses llegar al punto en que pudieran tener relaciones sexuales completamente satisfactorias, a lo que él se refiere como "lo mejor en la tierra". Ahora ella lo persigue si él no demuestra ningún interés sexual después de un par de días. No importa cuál era el inconveniente que ella tenía, lo importante es que la paciencia y perseverancia de su esposo lograron traerla de vuelta fuera de las

> Un hombre nunca estará satisfecho con el sexo hasta que sea un maestro en el arte de complacer a su esposa.

frígidas aguas de la indiferencia para llevarla al cálido brillo del sol de un amor de verano.

Un hombre nunca estará satisfecho con el sexo hasta que sea un maestro en el arte de complacer a su esposa; sin embargo en las relaciones sexuales existe mucho más que la simple necesidad de obtener placer. La relación sexual es una experiencia emocional restauradora y sanadora que lleva a dos almas a la unidad, siendo esta la perfecta representación de nuestra unión espiritual con Dios. Discutiremos este punto más adelante.

Si su esposa no lo está complaciendo sepa que usted tampoco la está complaciendo. Si usted se considera el 'hombre de la casa' tenga la suficiente valentía de seguir los pasos necesarios para llevarla a un lugar en que ella sienta que el sexo es algo mucho más profundo que solo placer.

## Ella Necesita que Usted la Necesite

Tal y como usted fue creado para **necesitar** una ayuda idónea su esposa fue creada para **ser** una ayuda idónea. Así es el diseño divino. ¿Ha olvidado llevarla a su lado a medida que cumple con el propósito de Dios? La mayoría de los hombres, incluso aque llos que son esposos, creen que pueden lograr todo sin ayuda, están convencidos de que pueden alcanzar algo importante en sus vidas sin tener a su esposa junto a ellos. La verdad es que están equivocados. Ella fue creada para ser su mano derecha. Ella necesita tener la posición más importante en su vida, cualquier cosa menos que eso la dejará derrotada o hará que sea rebelde. Ella va a salir al mundo con ansias de descubrir la satisfacción personal. Su relación será menos que satisfactoria hasta que usted organice su vida de tal manera que ella sepa que es indispensable para su éxito. Usted la necesita y ella lo está esperando para que usted sea quien le muestre el camino. Eso es inherente a la naturaleza femenina. No piense que ella se sentirá realizada haciendo otras cosas.

Usted no se casó con una ayuda entrenada y lista para el trabajo. La naturaleza de su esposa es la adecuada para sus necesidades, sin embargo ella llega a usted sin entrenamiento; es un prodigio en espera de instrucciones. Si usted siente que ella no se está *equipada* para ayudarle entonces tómese el tiempo y ejercite la paciencia necesaria para *equiparla*. La meta no es la eficiencia de producir algo, es la unión de dos almas en el trabajo de la vida.

> Su relación será menos que satisfactoria hasta que usted organice su vida de tal manera que su esposa sepa que ella es indispensable para su éxito.

Entonces dijo Dios: Hagamos al hombre a nuestra imagen, conforme a nuestra semejanza; (...) y creó Dios al hombre a su imagen, a imagen de Dios lo creó; varón y hembra los creó.

Génesis 1: 26-27

# A Su Imagen

## No Todos los Esposos son Creados Iguales

Después de investigar al respecto mi esposa y yo encontramos que no todos los esposos son creados iguales. Ellos tienen diferentes *matices*; existen esposos fáciles de convencer, otros son dictadores, algunos son cómodos, relajados y perezosos e incluso otros son un poco *revolucionarios* y están dispuestos a cambiar todo a su alrededor, desde el gobierno hasta el garaje. Todos ellos exigen algo diferente de sus ayudas idóneas (lo mismo ocurre con las esposas, todas son distintas y tienen debilidades y fortalezas diferentes), por lo tanto no existe una única respuesta que se ajuste a todos. Lo que es un remedio para un hombre es una maldición para otro. El agua es buena para apagar un incendio forestal pero es terrible cuando se usa para controlar una explosión que incluya gasolina. Un esposo dominante necesita que lo consientan pero un esposo consentido necesita que lo obedezcan. Algunas esposas necesitan que su esposo las motive a lograr metas personales pero otras necesitan que su cónyuge les diga que se queden en casa. El desequilibrio es la perdición de la felicidad en un matrimonio.

> El desequilibrio es la perdición de la felicidad en un matrimonio.

En algunos casos extraños una pareja de esposos y esposas forman una combinación complementaria. Por ejemplo, cuando una chica que carece de confianza y no tiene mucha habilidad al momento de tomar decisiones se casa con un hombre que por naturaleza es decisivo pero que carece de confianza. A él no le iría bien casado con una chica muy segura y agresiva, ya que esto podría disminuir su autoconfianza incluso un poco más. Por otro lado, estar casado con una mujer que dependa de él lo ayudará a estar a la altura de las circunstancias y a crecer como persona, y bajo su paciente guía ella ganará confianza y aprenderá a ser más independiente sin intimidar la capacidad de liderazgo que él tiene.

Un equilibrio natural es poco común. Así como los polos positivo y negativo tienen un magnetismo que forma una fuerte conexión, en contraste los matrimonios se conforman de dos polos iguales que se repelen el uno al otro, compitiendo por el mismo espacio. Un matrimonio que comienza con un balance natural es una de dos: o un *fenómeno de la naturaleza* o un milagro. La mayoría de nosotros debe aprender a ceder y a responder de maneras que no son las más naturales para uno.

Las fallas de los esposos son grandes y variadas, van de un extremo a otro. No obstante cuando un hombre 'casi perfecto' contrae matrimonio es posible que él descubra errores y pecados que jamás imaginó que pudiera cometer; todo esto se debe a que en el matrimonio nos volvemos responsables del temperamento, las debilidades y las fortalezas de otra persona. Una faceta del carácter de una persona puede ser dañina en un matrimonio mientras que para otro puede ser una fortaleza.

> En el matrimonio nos volvemos responsables del temperamento, las debilidades y las fortalezas de otra persona.

Por lo tanto, un llamado a un esposo errante para que vuelva a centrar su pensamiento puede ser interpretado por otro como una afirmación a su locura. La respuesta para un hombre es la licencia para otro; la medicina para un hombre puede ser el narcótico de otro. Algunos hombres son adictos a un régimen dictatorial mientras que otros se someten cobardemente a la voluntad de hierro de una mujer. El dictador necesita convertirse en un esposo servicial y el esposo servicial necesita darle órdenes a su obstinada esposa. ¿Cuáles son sus fortalezas y debilidades y cómo afectan éstas la relación con su esposa? ¿Ha puesto sus fortalezas bajo las restricciones de la sabiduría?

Al observar a los hombres es fácil notar que ellos básicamente tienen tres naturalezas diferentes. Unos pocos son dominantes. Otros son creativos y visionarios, expresándose como artistas, inventores, líderes religiosos y reformadores sociales. Sin embargo la mayoría de los hombres son estables, ellos no quieren tomar el liderazgo dominante ni alterar el *status quo*. Llamaremos a estos tres tipos: **Hombre Dominante, Hombre Visionario y Hombre Estable.** La forma en que usted se relaciona con la vida y con su esposa refleja cada una de estas tres naturalezas. Vamos a revisarlas y exploraremos, según cada caso, los mejores enfoques para alcanzar la armonía y la madurez espiritual en el matrimonio.

## Iguales pero Diferentes

Dios no creó a todos los hombres iguales. Dios no creó a todas las mariposas del mismo color o forma, Él no creó solo una clase de frutas; todas ellas tienen un tamaño, un contenido nutricional y un sabor diferentes. No todos los gatos son pequeños, no todas las serpientes tienen cascabel. De la misma manera el Señor creó al hombre de diferentes colores, formas, tamaños y con diferentes capacidades emocionales, intelectuales y psicológicas. Pero ¿cómo se relacionan estas diferencias con nuestro rol como esposos? Ese será el tema de esta sección del libro. Ahora vayamos al principio de nuestras Biblias para encontrar la respuesta.

## Creados a Su Imagen

**Génesis 1:26-27:** "Entonces dijo Dios: Hagamos al hombre a nuestra imagen, conforme a nuestra semejanza; y señoree en los peces del mar, en las aves de los cielos, en las bestias, en toda la tierra, y en todo animal que se arrastra sobre la tierra. Y creó Dios al hombre a su imagen, a imagen de Dios lo creó...".[1]

Ya que somos creados a la imagen de Dios podemos entendernos mejor a nosotros mismos al comprender la naturaleza de Dios. El Señor es uno (Deuteronomio 6:4), sin embargo Él se revela a nosotros en tres personas distintas: Padre, Hijo y Espíritu Santo.

**1 Juan 5:7:** *Porque tres son los que dan testimonio en el cielo: el Padre, el Verbo y el Espíritu Santo; y estos tres son uno.*

En nuestra búsqueda por descubrir la imagen que el Señor ha puesto en nosotros notamos diferencias en las tres personas de Dios. Cada persona de la Trinidad retiene la imagen completa de Él pero claramente se manifiesta en diferentes formas. Sus atributos son únicos pero sus ministerios son diferentes.

Note que en Génesis 1: 26 el Señor habla de sí mismo en plural: "**Hagamos** al hombre a **nuestra** imagen...". Las tres personas de la Trinidad comparten una imagen idéntica sin embargo la manifiestan de tres formas diferentes. Por lo tanto, debido a que el hombre es creado a *imagen* y *semejanza* de Dios, cada varón refleja un aspecto en particular de una de las personas de la Trinidad. Es por eso que los hombres pueden ser tan disímiles; uno

---

1   Algunos aseguran que la imagen de Dios en el hombre se perdió por causa de la caída, sin embargo muchos años después el Señor dijo: "El que derramare sangre de hombre, por el hombre su sangre será derramada; **porque a imagen de Dios es hecho el hombre**" (Génesis 9:6). El homicidio es un crimen porque ataca a un ser que porta la imagen de Dios. El Apóstol Pablo dice: "Porque el varón no debe cubrirse la cabeza, **pues él es imagen y gloria de Dios...**" (1 Corintios 11:7). Podemos concluir entonces que los pecadores caídos conservan la imagen de Dios aunque ésta esté desfigurada por el pecado.

expresa de manera más marcada la imagen del Padre, mientras que otro expresa la del Hijo y un tercero expresa la del Espíritu Santo.

El Padre Celestial es Rey y Señor, el comandante en jefe, cabeza de la jerarquía. "Pero luego que todas las cosas le estén sujetas, entonces también el Hijo mismo se sujetará al que le sujetó a él todas las cosas, para que Dios sea todo en todos" (1 Corintios 15:28). ¿El Hijo se sujeta al Padre? Esto pone al Padre en la cabeza, Rey de todo. Aquellos hombres creados a la imagen del Padre están equipados para dirigir y mandar. Ellos se distinguen por estar listos para hacerse cargo de las cosas y lograr que éstas sucedan.

El Señor Jesucristo, quien dio su vida por el rebaño y vive por siempre para interceder por nosotros, es el Sumo Sacerdote. Aquellos creados a Su imagen tienen naturaleza sacerdotal, son servidores estables y fieles.

La tercera persona de la Trinidad es el Espíritu Santo, Él llama a los hombres al arrepentimiento y les da convicción de pecado. Los hombres creados a Su imagen son de naturaleza profética (visionarios).

Entonces, ¿a qué persona de la Trinidad nos parecemos? ¿A Jesús el sacerdote, al rey Padre o tal vez al profético Espíritu Santo?

## Observación

Toda la creación está *configurada* con el número tres. Hay tres dimensiones; tres colores primarios de los cuales se derivan los demás colores; los protones y neutrones están formados por tres quarks cada uno; la tierra está compuesta por corteza, manto y núcleo; las plantas requieren nitrógeno, fósforo y potasio; el cuerpo está compuesto por huesos, sangre y tejido; la piel tiene tres capas y nuestros dedos están divididos en tres articulaciones; nuestro ojos tienen tres partes y el sistema digestivo también; hay tres cielos; la unidad familiar está compuesta de hombre, mujer y niños; somos cuerpo, alma y espíritu; el alma es intelecto, voluntad y sensibilidad; nuestro mundo está divido en mar, tierra y aire. En fin, la evidencia es infinita dondequiera que usted mire, por lo tanto es normal pensar que existen tres tipos de hombre creados a imagen de Dios. A medida que usted observe la evidencia estoy seguro que estará de acuerdo con este argumento y se reirá con asombro al verse reflejado en alguno de los tres *tipos*.

- ¿Fue creado a imagen de Dios Padre? ¿Es un líder natural? ¿Llega a la cima en los negocios y en entornos sociales? ¿Le gusta hacerse cargo? En este libro me referiré a su *tipo* como el **Sr. Dominante.**

- ¿Es su semejanza conforme a la del Señor Jesús? De ser así usted es el *tipo* sacerdotal que disfruta ayudar a los demás; es leal, estable, compasivo y comprensivo. La palabra que mejor lo describe es estable, por lo tanto me referiré a usted como el **Sr. Estable.**

- ¿Fue creado a imagen del Espíritu Santo? Entonces usted es un hombre de juicio y acción, no está contento con la forma en que son las cosas y está listo para mejorarlas. Es propenso a tener ideas locas y a buscar cambios radicales. Usted es del *tipo* profeta y es reconocido en la sociedad como un visionario, por ende lo llamaré el **Sr. Visionario.**

La razón por la que generalmente no llamamos a estos tres *tipos* de hombres 'Padre, Hijo y Espíritu Santo' (o 'Rey, Sacerdote y Profeta') es porque la humanidad caída está demasiado lejos de Dios como para ser digna de estos altos nombramientos. A pesar de que el hombre aún conserva (hasta cierto punto) la imagen de Dios esta se encuentra terriblemente deteriorada por causa del pecado. Por lo tanto es mejor definir al hombre en términos amorales que reflejen una expresión exterior de la imagen de

Dios en él, por eso usaremos los siguientes nombres: **Hombres Dominantes, Hombres Estables y Hombres Visionarios.**

| Padre | Rey | Hombre Dominante | Da un paso adelante para liderar |
|---|---|---|---|
| Hijo | Sacerdote | Hombre Estable | Confiable, compasivo, servicial |
| Espíritu Santo | Profeta | Hombre Visionario | Radical, hombre de juicio y visión |

A medida que exploremos las profundas diferencias que hay entre los tres *tipos* de hombres, considerando las fortalezas y debilidades de cada uno, usted podrá entender las *respuestas* de su esposa en la vida diaria y esto le permitirá dirigirla en su rol como ayuda idónea. Cada imagen tiene asombrosas fortalezas pero también debilidades, por lo tanto es muy importante que usted obtenga sabiduría y conocimiento en esta área, de esa forma podrá desarrollar sus dones y evitar sus puntos débiles. Esta parte del libro también le ayudará a comprender las reacciones de su esposa y le ayudará a reprimir su inclinación hacia los extremos.

Cuando usted conoce sus fortalezas y debilidades no se exigirá a sí mismo algo diferente a lo que sus capacidades le permitan. Todos los problemas tienen solución pero ésta varía para cada tipo de hombre. Voy a ayudarle a conocerse a sí mismo tal y como Dios lo creó. Esto va a ser divertido.

Hemos hablado de tres *tipos* de hombres como si éstos fueran exclusivos entre sí; sin embargo, aunque algunos pocos hombres sí manifiestan un solo *tipo* de carácter -excluyendo a los otros dos- la mayoría de ellos son predominantemente de un *tipo* pero mezclan un poco de otro. Nunca he conocido a un hombre que exprese por completo una imagen absoluta de Dios. ¿Puede señalar con precisión cuál imagen es la suya? Lo podrá hacer, pero primero debemos considerar la naturaleza de la mujer de su vida.

## Naturaleza Femenina

Eva fue creada de manera diferente a Adán; él fue tomado del polvo de la tierra y Dios sopló aliento de vida en él, ella fue tomada del costado de Adán y se convirtió en *hueso de sus huesos y carne de su carne*. Es casi como si las mujeres fueran *células T*, diseñadas para crecer en conformidad con la naturaleza de su esposo pero no para ser idénticas sino para complementarlo. En ese sentido no son tan limitadas como lo somos nosotros. No obstante las mujeres que no están casadas, o aquellas que no han desarrollado su rol como la ayuda idónea de sus esposos, manifestarán uno de los tres *tipos* de mujer de una forma más predominante y esto generará en ellas un desequilibrio. Lo mismo ocurre con una chica que espera hasta el final de sus veintes o más para casarse, ella tal vez

> La naturaleza femenina está diseñada para adaptarse por el bienestar de la relación. Su trabajo como hombre es hacerla apta para cumplir con su posición.

tenga problemas para ajustarse al *tipo* de su esposo debido a que ha sido independiente por mucho tiempo y se ha desarrollado en su propia dirección.

La naturaleza de la mujer la lleva a asistir a un hombre. Ella está diseñada para adaptarse por el bienestar de la relación. Una ayudadora no establece una agenda, la sigue. El hecho de aprender a entregar su vida para ayudar a otro a tener éxito no llega de manera natural, es un proceso de aprendizaje que no siempre sucede sin fricciones.

Su labor es hacerla apta para cumplir con su posición, el trabajo de ella es cumplir con su propia tarea, aunque no le parezca satisfactorio personalmente. Este libro está escrito para ayudarlo a usted a dirigirla con el fin de que ella se convierta en la ayuda idónea más apropiada. El matrimonio terrenal es una *foto* del gran misterio de Cristo y Su novia, la Iglesia. Por lo tanto lograr que su matrimonio sea conforme al modelo celestial tiene un significado eterno.

> Lograr que su matrimonio sea conforme al modelo celestial tiene un significado eterno.

## Ánimo

El matrimonio puede ser glorioso. El mío lo es y lo ha sido por muchos años. Solo conozco a dos parejas que afirman no haber tenido ni una sola pelea en más de diez años. Ellos comenzaron su matrimonio con sabiduría y tenían conocimiento de cómo hacer funcionar su vida juntos, además, por lo que pude observar, creo que sus fortalezas y debilidades los complementan de tal forma que no generan ningún conflicto entre ellos. La vasta mayoría de mis lectores no puede dar testimonio de un matrimonio sin fricciones pero le aseguro que un matrimonio hermoso también es posible si usted está al final de la cuerda y con el último *agarre* en sus manos. He visto a incontables parejas casadas, incluso a aquellas que ya se habían divorciado y habían perdido toda esperanza, encontrar de nuevo el camino al arrepentimiento y la restauración, y ahora, varios años después, testifican que su matrimonio está lleno de júbilo ininterrumpido.

La mayoría de las parejas no saben cómo relacionarse y entenderse el uno al otro. Dios nos dice en Oseas 4:6: "Mi pueblo fue destruido, porque le faltó conocimiento...". Debemos reconocer que los matrimonios son destruidos por falta de conocimiento. Dios dice: "Sabiduría ante todo; adquiere sabiduría; y sobre todas tus posesiones adquiere inteligencia" (Proverbios 4:7). Las Escrituras también afirman: "Y si alguno de vosotros tiene falta de sabiduría, pídala a Dios, el cual da a todos abundantemente..." (Santiago 1:5).

Porque si alguno no provee para los suyos, y mayormente para los de su casa, ha negado la fe, y es peor que un incrédulo.

1 Timoteo 5:8

# Sr. Visionario

## Visionario, Estable, Dominante

La tercera persona de la Trinidad, el Espíritu Santo, es un profeta. Vino al mundo con la misión de rectificar el camino torcido y llevar a los hombres al arrepentimiento. "*Y cuando él venga, convencerá al mundo de pecado, de justicia y de juicio*" (Juan 16:8). Algunos hombres son creados a imagen del Espíritu Santo, sin embargo esta imagen se ha estropeado debido al pecado. "*Todos se desviaron, a una se hicieron inútiles; no hay quien haga lo bueno, no hay ni siquiera uno. Sepulcro abierto es su garganta; Con su lengua engañan. Veneno de áspides hay debajo de sus labios*" (Romanos 3:12 y 13). A pesar de esto aún permanece un rasgo reconocible en ellos: el aspecto visionario de la tercera persona de la Trinidad, es decir una disposición para corregir las cosas equivocadas y traer cambios al mundo, ya sea de una manera sabia o imprudentemente.

Algunos hombres son agitadores y agentes de cambio, soñadores y hacedores; en ciertos casos rompen las reglas pero siempre sopesan el *status quo* con la visión que ellos tienen acerca de cómo hacer las cosas. Usted se dará cuenta de que es un visionario si logra que toda su familia se moleste por cuestiones externas, por ejemplo si un cristiano debe o no celebrar la navidad o si un creyente debe retirarse del sistema de seguridad social. Usted es radical en sus opiniones políticas y se considera a sí mismo como parte de la minoría que verdaderamente entiende las cosas. Tiene grandes ambiciones y sueños y desea hacer un gran impacto en nuestro mundo. Es posible que predique en las calles, que sea un diseñador de motocicletas o que compre muebles para vender. Tal vez sea un inventor o desee llegar a serlo.

Un verdadero visionario tiene 'visión de túnel', él se enfoca exclusivamente en un solo asunto. Los visionarios empacan rápidamente y se reubican sin tener idea alguna de lo que van a hacer para vivir en ese nuevo lugar. Generalmente son los que causan divisiones en la iglesia y suelen exigir pureza en la doctrina así como en la vestimenta y la conducta. Al igual que un profeta ellos les piden a las personas que resuelvan sus inconsistencias. Las suegras de yernos visionarios suelen tener bastantes problemas.

## Fortalezas del Visionario

Los artistas, músicos, escritores y la mayoría de los actores son visionarios. Comunicar sus ideas, dolor, amor, justicia y verdad es primordial para un hombre con una visión. El visionario es *la voz de aquel que clama en el desierto*, él se esfuerza por cambiar la manera de pensar y el comportamiento de la humanidad. A él le encanta la confrontación y odia el *status quo*. "¿Por qué dejarlo como está si se puede cambiar?", asegura.

> Los visionarios son los hombres que evitan que el mundo se estanque o se vuelva aburrido y complaciente.

Hoy en día los visionarios son prominentes en ambos lados del *espectro* político. Ellos se encuentran agrupados en lo que se denomina 'la extrema derecha' y 'la extrema izquierda'. Logran instigar a las personas para que se unan a manifestaciones o marchas. Su entusiasmo y firmes creencias son el *corazón* de cada movimiento político. Son los hombres que evitan que el mundo se estanque o se vuelva aburrido y complaciente.

La mayoría de los buenos vendedores son visionarios, ya que ejercen presión de manera estrecha y personal, haciendo que el cliente crea que realmente necesita hacer esa compra. Los visionarios no son tan efectivos para administrar bancos o firmas inversionistas, son demasiado impulsivos. A ellos les va mucho mejor como abogados, arquitectos y voceros de las minorías que son privadas de sus derechos. También son líderes que se oponen al aborto o incluso son diseñadores de robots.

A pesar de que los visionarios pueden ser fastidiosos por su 'visión de túnel' y su celo fanático, ellos son los que nos han salvado de la mediocridad. Ellos han visto el trabajo de hombres y mujeres y lo han transformado con innovación, creando mejores formas de hacer las cosas. Son los Galileo Galileis, los Benjamín Franklin, los Thomas Edison y los Alexander Graham Bell. Diseñaron los barcos que los hombres estables construyeron y luego los pusieron en marcha hacia lo desconocido para trazar el mapa de nuevos continentes. Ellos fueron los exploradores que descubrieron el petróleo y gastaron hasta el último centavo de sus familias en cavar un pozo y sacarlo de la tierra. Ellos vieron la luna y tuvieron la visión de llegar allí. Construyeron los telégrafos, los ferrocarriles y los transbordadores espaciales. Son los científicos que estudian los genes para buscar la cura de las enfermedades. También son los responsables de cada revolución que ha ocurrido en la historia de la humanidad, sea pacífica o violenta.

El visionario puede renunciar a un trabajo en *Silicon Valley* y mudarse a las montañas para criar ovejas. Él llevará a su familia de un proyecto a otro; algunas veces sus planes pueden ser tan inestables como una camioneta con las ruedas dañadas en una avenida mojada. Nadie lo entiende y él tampoco se entiende a sí mismo pero está en una misión y sabrá de qué se trata cuando llegue al lugar indicado. Se pueden esperar grandes cosas del visionario, ya que él las espera de sí mismo.

Una mujer casada con un visionario tendrá una aventura excitante, su relación estará llena de pasión. Nunca habrá un momento de aburrimiento, aunque sí existirán muchos 'días cuestionables'. Su motivación excede la de los hombres estables y dominantes. Todas las grandes empresas contratan hombres visionarios para abrir nuevos mercados y obtener ideas originales. Incluso algunos de ellos recibirán su pago solo por pensar, pues sus ideas valen millones o incluso billones.

## Debilidades del Visionario

Todos los tres *tipos* de hombres tienen fortalezas y debilidades. Una fortaleza en algún área implica una debilidad en otra. De hecho, una fortaleza en sí puede ser también una debilidad cuando asume un rol desproporcionado. Un visionario indisciplinado puede llegar a estar tan enfocado en un asunto secundario que perderá el sentido práctico de las cosas y no logrará avanzar hacia su meta. Solo la humildad y la sabiduría pueden controlar el exceso de alguna fortaleza. Un hombre puede tener una fortaleza que le ayude mucho siendo soltero, pero estando casado ésta puede ser muy destructiva en su matrimonio sino es manejada con sabiduría.

Raramente, por no decir nunca, se puede encontrar un hombre que tenga un equilibrio entre los tres *tipos*; por ende una meta realista es moderar las fortalezas que se tengan a medida que se fortalecen las debilidades. El visionario que carece de humildad es especialmente odioso, ya que se vuelve agresivo cuando alguien trata de cambiar algo en su agenda. Si es un hombre religioso describirá los problemas con imperativos morales, afirmando que "eso es lo que se debe hacer". Si es un liberal con tendencia izquierdista también presentará su agenda como una necesidad moral, pretendiendo cambiar las leyes -e incluso suprimiendo la libertad de otros- solo para imponer su perspectiva del mundo en la sociedad. Si es un cristiano él puede ser bastante radical en su doctrina, en su forma de vestir, en la música que escucha, en la versión de la Biblia que lee, entre otras cosas.

Muchos visionarios, lamentablemente, solo llenan sus vidas de metas y visiones pero carecen de sabia discreción. Ellos no saben cuándo descansar o cuándo hacer las cosas con moderación. Debido a su enfoque estrecho y obstinado algunas veces logran aquello que parece imposible, pero lo cierto es que ellos mismos son *imposibles*, ya que tratarlos no es nada fácil.

Para complicar las cosas los visionarios que son propensos a tener una *mentalidad espiritual*, están listos para proclamarse a sí mismos profetas y exigir que la iglesia los siga fuera de Egipto. Al igual que en la primera tentación de Satanás en el Jardín del Edén, los visionarios pueden ser culpables de añadirle algo a lo que Dios ha dicho debido a sus interpretaciones celosas. Ellos quieren conservar las fiestas judías, seguir leyes en cuanto a la comida, decir Yahvé en vez de Dios o Jehová y bautizar en el nombre de Jesús en lugar de hacerlo en el del Padre, el Hijo y el Espíritu santo. Ellos se convierten en proponentes fastidiosos de algunas doctrinas oscuras.

Los visionarios le dan demasiado peso al proyecto que los consume y no son capaces de descansar hasta que hayan logrado avances al respecto. Son conocidos por entrometerse en los asuntos de los demás y por convertir una conversación en un tema controversial, sabiendo que ellos tienen la solución. Pueden llegar a ser odiados en un debate y suelen tener mucho entusiasmo al momento de convencer a las personas de sus errores.

## Que se Levante el Sr. Culpable por Favor

La mayoría de los Bautistas Fundamentalistas Independientes son visionarios; por tal razón logran hacer más evangelismo que todas las demás iglesias juntas. Ellos golpean en su puerta, mientras que los demás 'se preocupan por usted'. Sin embargo ellos tienen algunos de los pastores más desagradables. Las esposas de los Bautistas Independientes deben ser más fuertes que Juan el Bautista cuando el Rey Herodes lo encarceló, ya que ellas están rodeadas de visionarios que se aplauden entre sí y dicen "Amén", incluso viendo un partido de fútbol.

Algunos visionarios están tan ocupados juzgando a otras personas -por cosas como no predi-

> ¿Y por qué miras la paja que está en el ojo de tu hermano, y no echas de ver la viga que está en tu propio ojo?
> Mateo 7:3

car en las calles- que ni siquiera se dan cuenta de que no están proveyendo para sus propias familias. Podríamos decir entonces que todos los visionarios necesitan considerar lo que el Señor dijo en Mateo 7:3-5: *"¿Y por qué miras la paja que está en el ojo de tu hermano, y no echas de ver la viga que está en tu propio ojo? ¿O cómo dirás a tu hermano: Déjame sacar la paja de tu ojo, y he aquí la viga en el ojo tuyo? ¡Hipócrita! saca primero la viga de tu propio ojo, y entonces verás bien para sacar la paja del ojo de tu hermano".*

Si los visionarios no son sabios pueden llegar a criticar a los hombres estables, los cuales también cumplen con lo que Dios les llamó a hacer. En algunos casos también pueden hablar despectivamente de los hombres dominantes que, a pesar de estar honrando a Dios, no son lo suficientemente celosos según su criterio. La moderación es algo que todos los visionarios necesitan practicar. "Vuestra gentileza sea conocida de todos los hombres..." (Filipenses 4:5). Si usted le permite a su ayuda idónea expresar lo que piensa, sin duda las palabras de ella serán una influencia moderadora y lo ayudarán a controlar su tendencia a actuar volátilmente; esto le permitirá ver el *cuadro* completo. Si usted es sabio dejará de confiar tanto en sus juicios y considerará más los de ella.

> Un visionario radical puede salvarse de callejones sin salida gracias a las palabras de precaución de su sabia ayuda idónea.

Por lo que he dicho hasta el momento pareciera que el Sr. Visionario es un gran peligro para el mundo, pero no es así. Los visionarios son miembros críticos de la sociedad. Son la visión y el catalizador para un crecimiento positivo. Estoy convencido de que sin los visionarios el continente americano seguiría sin ser descubierto, caminar aún sería el único medio de transporte y nuestras cuevas carecerían de imágenes. Debido a que tengo una parte de visionario, aunque mayormente soy un hombre dominante, puedo asegurarles que soy una persona normal. El visionario que hay en mí es el que me llevó a escribir este libro y el dominante es aquel que me hace creer que debo tomar el liderazgo en cuestiones importantes.

## La Ayuda Idónea del Visionario

Un visionario radical puede salvarse de callejones sin salida gracias a las palabras de precaución de su sabia ayuda idónea; no obstante es importante aclarar que esto solo ocurrirá si él no la ha *impregnado* de su manera radical de ver el mundo. Los visionarios son propensos a ver el mundo en blanco y negro y pueden criticar a cualquiera que esté a su alrededor. Incluso algunas esposas son influenciadas por esta actitud negativa y pierden la habilidad de ver con claridad. Un hombre visionario siempre busca que su cónyuge apruebe todas sus actitudes y sus acciones, cuando en realidad lo que él necesita es un detector de humo que le indique que está tomando una dirección equivocada que puede ocasionarle mucho daño a toda la familia. Si un hombre se queja todo el tiempo de su pastor, de su jefe, de los políticos e incluso de la iglesia, es posible que él aliente a su esposa a unírsele en su pesimismo. Ella no debe caer en dicha actitud. Un visionario inmaduro que cree en su propia infalibilidad se siente complacido ahogando sus dudas en la ciega afirmación de su esposa.

Si la esposa de un hombre visionario da cualquier muestra de pensar por sí misma él le mostrará su inconformidad con dicha actitud, especialmente si las conclusiones de ella difieren de la posición predispuesta por él. Un hombre visionario es aquel que se despierta por el sonido de la alarma del detector de humo y se levanta a apagarla para poder seguir durmiendo y soñando.

Si se ha identificado como un visionario usted necesita de una esposa que se sienta libre de expresar sus preocupaciones; no olvide escucharla atentamente. Puede debatir su punto de vista pero nunca menosprecie el valor de su opinión y tampoco la degrade por expresarse. Si usted rompe la comunión que tienen cuando ella está hablando la intimidará, llevándola a estar siempre de acuerdo con usted ciegamente; de esa forma se quedará sin un *sistema de prevención*. Una esposa que se siente junto a usted en la silla de adelante y grite: "¡Cuidado, peligro!", es de gran valor; no la menosprecie. Pero si usted es tan inseguro como para acelerar solo porque ella le advirtió algo entonces usted se merece el naufragio venidero, sin embargo ella y sus hijos no merecen tal calamidad.

## Ayudando a un Visionario

No todos los visionarios son propensos a juzgar de forma descabellada a las personas, sin embargo muchos sí lo son. Si de casualidad usted es uno de ellos y su esposa ha sido *impregnada* por su mala actitud y ahora menosprecia a las personas con sus palabras, entonces, mi hermano, usted es un buceador sin indicador de profundidad y oxígeno. Pero no se desespere, esta es la razón por la cual escribí este libro: ayudarlo a ayudarla a que lo ayude.

El primer paso para que un hombre visionario empiece a hacer los cambios requeridos es ejercitar la sabiduría, tanto en lo que dice como en la forma en que reacciona. Dígale a su esposa que lamenta ser tan negativo y crítico. Confiésele que usted sabe que su carácter lo ha llevado a direcciones no saludables. Posteriormente muestre compasión y tolerancia hacia otros. Usted necesita ser el modelo de la actitud que está esperando de su esposa. Su cónyuge se convirtió en lo que es actualmente todo con el fin de complacerlo, pero con el tiempo ella -si usted le da ejemplo- dejará el pesimismo que se ha arraigado en su alma. Cuando usted le exprese su preocupación por las fallas que tiene como visionario -haciéndole ver que usted tiene un *punto ciego* que necesita de un ojo agudo y de un corazón sensible- ella querrá ser su ayuda en esa área y estará a la altura; dejará de criticarlo y le advertirá con tacto.

En lo más profundo de su conciencia ella ha tenido dudas sobre ese *lado extravagante* -que para su esposa es feo y desagradable- que usted manifiesta y por lo tanto ella se sentirá aliviada de que su esposo haya 'visto la luz'. La primera vez que ella exprese alguna precaución y usted le preste atención a sus palabras, ella será transformada y se llenará de una sensación muy placentera, la cual solo se genera al ser una verdadera ayuda idónea, y no solo alguien que dice sí a todo. Ella aprenderá a ser moderada en sus palabras hacia otros, se llenará de felicidad y usted se salvará de la culpa. Usted siempre deberá enseñar, motivar y agradecer a su esposa por ser la ayuda que Dios le dio para su vida.

> Pídale a su esposa que haga de Filipenses 4:8 su versículo personal.

Cuando su esposa comprenda que lo que ella dice lo afecta, ella se moldeará a sus necesidades. Las mujeres están diseñadas para tener el deseo de bendecir a sus esposos. Pídale que ore por usted. Ella necesita saber que cuando usted se empieza a exaltar por algo o alguien; ella tiene el derecho e incluso la obligación de sugerir que usted probablemente no está viendo el *cuadro* completo de la situación. Cualquier mujer que vea que su esposo es serio hará un esfuerzo para frenar su lengua y se esforzará para desarrollar discreción. Pídale a su esposa que haga de Filipenses 4:8 su versículo personal: "*Por lo demás, hermanos, todo lo que es verdadero, todo lo honesto, todo lo justo, todo lo puro, todo lo amable, todo lo que es de buen nombre; si hay virtud alguna, si algo digno de alabanza, en esto pensad".*

No espere que su esposa responda un "sí" rotundo al calificar su matrimonio como un éxito. Lo más probable es que ninguno de los dos llegue a ser el esposo perfecto. Ella seguirá teniendo algunas fallas y ocasionalmente dirá cosas de forma ofensiva. Es allí donde la gracia y la sabiduría cierran las grietas. Aprenda a ser generoso de espíritu y paciente en sus reacciones.

## Visionarios Depresivos

Los visionarios tienen más probabilidad de tener cambios de ánimo –e incluso depresiones– que cualquiera de los otros dos *tipos* de hombres, esto se debe a que tienen grandes esperanzas y altas expectativas las cuales algunas veces son imposibles de realizar. Además ellos se juzgan a sí mismos bajo los mismos estándares con que juzgan a los demás; se auto-flagelan y se castigan por haber fallado. Yo pregunto, ¿quién lo hizo responsable a usted de corregir todos los errores y de lograr grandes cosas? No estoy diciendo que deba contentarse con menos que la realización de un sueño imposible, estoy diciendo que es bueno que sueñe y entregue todo su potencial para hacer realidad su anhelo. Disfrute este *viaje* pero no se culpe por las fallas que cometa en el camino. El hombre que escala alto cae de nuevo a tierra mucho más que el hombre que recoge de las ramas más bajas. Diviértase aspirando grandes cosas, solamente asegúrese de alimentar, vestir y ministrar a su familia a lo largo del camino. No se vea a sí mismo a través de los lentes de su grandeza imaginada.

> No se vea a sí mismo a través de los lentes de su grandeza imaginada.

Tener una esposa con una perspectiva positiva y alegre no tiene precio. Entender las peculiares tendencias de su propia naturaleza le permitirá reírse de usted mismo. La conclusión de todo esto es que usted necesita que su esposa esté a su lado desempeñando un rol de apoyo emocional. Su corazón necesita que ella crea en usted. Todo el mundo encuentra satisfacción en sentirse necesitado pero para su esposa eso significa todo. Es algo que le da valor y la hace sentir verdaderamente amada. Además ella no tendrá cambios de humor tan radicales cuando usted falle.

Si no tiene una relación productiva con su esposa entonces es probable que usted simplemente ande por ahí sentado quejándose mientras quiere cambiar el mundo sin hacer nada. ¡No la culpe a ella! Recuerde, los visionarios tienen la tendencia a culpar a otros. Hable con su esposa y busquen juntos cómo cambiar la dirección a la que se están dirigiendo. Luego tracen una ruta e intenten llegar hasta el final, si no alcanzan la cima no importa. La idea es que realicen el viaje juntos, no se trata solamente de alcanzar la cumbre.

## Carta de la Esposa de un Visionario

*Querida Sra. Pearl:*

*Muchas gracias por haber escrito su libro "Creada para Ser su Ayuda Idónea". Lo he leído completo dos veces ¡y me sigue llegando a lo más profundo! Algo que me ha bendecido mucho es la sección que habla sobre los diferentes tipos de hombres. No tenía ni idea que había tal distinción pero saber esa verdad me ayudó mucho a entender a mi esposo. Él es 100% un visionario certificado. Es un hombre increíble, tiene por lo menos una idea diaria para formar un negocio. Estoy segura de que si tuviéramos el capital para invertir seríamos ricos. Pero no es así. Básicamente estamos en la quiebra y a mi esposo no parece importarle. Creo que está desanimado. Estamos viviendo en una hermosa casa sin tener que pagar renta hasta que podamos pagarles a nuestros buenos amigos que quisieron ayudarnos debido a que tenemos hijos pequeños. Hasta el momento no les hemos pagado ni un centavo. Me siento tan culpable de usar su amistad de esa forma que ni siquiera puedo mirarlos a los ojos. No hemos pagado la factura del agua en meses, usamos cupones de comida y en el invierno pasado no tuvimos calefacción por no pagar los recibos. Mi madre, que es viuda, nos ha ayudado en el pasado pero realmente me siento culpable de que ella nos tenga que dar de lo poco que tiene. Los recibos del carro también están en mora, muy pronto nos lo quitarán.*

*Mi esposo tiene una tienda propia. Él siempre cree que lo que está haciendo tendrá éxito repentinamente, sin embargo han pasado meses y años y nada ha pasado, ya que nadie ha mostrado interés en lo que él vende. Yo quiero que sea exitoso, no quiero destruir su visión, pero estoy esperando un bebé nuevamente y me pregunto si tendremos energía eléctrica para cuando nazca. Prácticamente nos congelamos el invierno pasado. Apreciaría muchísimo cualquier consejo o palabra de ánimo que pueda darme.*

*Por favor ore por nosotros,*

*Cathy.*

## El no tan Querido Sr. Visionario

Usted tiene una gran debilidad y está permitiendo que lo controle tal y como lo hace una adicción. Si permite que sus sueños dirijan su sentido común, usted, cabeza de hogar, estará caminando sobre nubes mientras pisotea a su familia. Su desaliento y desánimo son el resultado de convertirse en un esclavo de sus impulsos para lograr el éxito en áreas que han probado ser improductivas.

Una vez, cuando yo era joven, le pregunté a un inversionista dónde podría invertir 40.000 dólares que tenía en ese momento. Él respondió sabiamente diciéndome que nunca invirtiera el dinero que tenía para el sustento de mi familia o el mantenimiento de mi estilo de vida. Me dijo: "Si no te puedes dar el lujo de perderlo entonces no lo inviertas".

Usted, Sr. Visionario, está invirtiendo tiempo y energía en cosas que no valen la pena, pues no le están generando utilidad. Está botando su vida, la de su esposa y la de sus hijos por el drenaje de la vana creencia de que aquello que no ha funcionado en varios años se va a convertir en una empresa rentable. Deje de invertir las cosas que no puede darse el lujo de perder. Su tarea principal no es cumplir sus sueños sino proveer para su hogar. Si tiene que trabajar en una línea de ensamblaje clasificando tornillos y tuercas para mantener a su familia, entonces tráguese su orgullo y guarde su visión en un archivador hasta que su familia esté segura. Puede utilizar los fines de semana o un momento cada noche para tratar de alcanzar su visión, pero es moralmente inaceptable que involucre todas sus energías, y las de esposa, en sus sueños fallidos. Si cree que ella debería quedarse callada frente a su mala actitud, usted, caballero, es un tonto de pies a cabeza.

## Su Versículo Guía

**1 Timoteo 5: 8** *"Porque si alguno no provee para los suyos, y mayormente para los de su casa, ha negado la fe, y es peor que un incrédulo"*.

## Nada más que la VERDAD

Ningún hombre –a menos que tenga una discapacidad– debería vivir de la generosidad de sus amigos, parientes, esposa o de sus suegros. Si no puede hacer nada –Dios no lo quiera– que corte el pasto, lave las ventanas o que consiga algún trabajo que no requiera un esfuerzo que él no pueda realizar, pero que no sea un vago y mucho menos ponga a su esposa en una posición donde su familia sienta pesar por los niños y tenga que ayudar 'voluntariamente'.

Cualquiera de los tres tipos de hombre puede ser perezoso o irresponsable, no obstante, el visionario es el más propenso a soñar y maquinar sin hacer nada. Esto, sin embargo, no le da a usted el derecho de justificar su actitud. Dios les ha brindado a los creyentes la habilidad de superar el *instinto animal* y hacer lo que se debe. Como hombre usted tiene la responsabilidad de actuar sabia y responsablemente en lugar de seguir sus instintos.

Cualquiera puede hacer lo que siente o lo que le dictan sus impulsos naturales, no obstante, un hombre piadoso debe hacer lo que le corresponde, es decir proveer para su familia sin importar cuán aburrido o insatisfactorio sea su trabajo.

> Un hombre piadoso debe hacer lo que le corresponde, es decir proveer para su familia sin importar cuán aburrido o insatisfactorio sea su trabajo.

"Todo trabajo es doloroso", dijo un filósofo francés. La madurez llega a nuestras vidas al aprender a soportar el dolor que genera trabajar. El trabajo remunerado puede ser doloroso de muchas formas: esfuerzo físico excesivo, soportar frío o calor, estrés mental o —el más doloroso de todos— realizar una labor aburrida; una que no produce satisfacción personal, un trabajo repetitivo, monótono, tonto y adormecedor mentalmente. Eso es peor que un dolor de cabeza. Por ende, un hombre egoísta e inmaduro se volvería un holgazán antes de tener que pasar por el dolor de un trabajo aburrido. Soñar e imaginar que se está por encima de las labores serviles de las masas se siente bien. Tener una idea brillante que le garantice el éxito como empresario es algo muy bueno, sin embargo, un hombre de familia tiene una labor que debe cumplir sin importar su satisfacción personal. La esperanza de logros futuros no puede reemplazar la dignidad ni las responsabilidades del presente.

## Un Maniquí Silenciado por el Diablo

Escuché alguna vez a un hombre visionario decir: "No puedo permanecer en un trabajo por mucho tiempo; me contratan para darle mi testimonio a los demás. Creo que el diablo no quiere que trabaje". Mi respuesta ante esto es: "Bueno, pues que mal que el diablo esté ganando. ¿Dónde está su armadura para resistir los dardos de fuego?". Este hombre vive sin pagar renta en la casa de un amigo y le gusta definir su situación diciendo que 'sufre por Cristo'.

Existen otros hombres que no pueden tolerar la corrupción moral en su sitio de trabajo y por lo tanto renuncian, después pasan meses buscando inútilmente otro empleo mientras dependen del gobierno y 'confían en Dios' para la provisión de sus necesidades. El Señor ha dejado bastante claro en las Escrituras que cuando un hombre no trabaja tampoco debe permitírsele comer. Un hombre de Dios honra lo que Él dice y por lo tanto trabajará para sostener a su familia. Si usted está siendo sostenido por alguien más, sin devolverle lo mismo o incluso más, entonces usted es un aprovechado, y los aprovechados son perdedores que dependen de otros que sí soportan el dolor del trabajo.

Las mujeres fueron creadas como el vaso más frágil para depender de sus esposos y así obtener el sustento diario. No espere que una mujer lo entienda y lo aprecie si usted no pone pan sobre la mesa. Usted también debe mantener la casa amoblada apropiadamente y debe estar al día en el pago de las cuentas. Su esposa no lo respetará si usted la está forzando a depender de alguien más para el sustento diario. Mi esposa le diría a ella que lo respete pese a eso, y en parte tiene razón, pero eso solo haría que ella se convirtiera en una 'súper-cristiana' mientras que usted se convertiría en un 'súper-canalla'.

# David, el Ocioso

Junto a mi esposa hemos recibido cientos de cartas de mujeres cuyos esposos viven en pecado debido a su ociosidad. Por otra parte, algunos buenos hombres son movidos por su propia lujuria cuando se la pasan 'por ahí' todo el día. Consideremos al Rey David, un hombre conforme al corazón de Dios, quien decidió "quedarse" en casa cuando debería estar comprometido en batalla con su ejército.

## 2 Samuel 11:1-3:

*"Aconteció al año siguiente, en el tiempo que salen los reyes a la guerra, que David envió a Joab, y con él a sus siervos y a todo Israel, y destruyeron a los amonitas, y sitiaron a Rabá; pero David se quedó en Jerusalén.*

Y sucedió un día, al caer la tarde, que se levantó David de su lecho y se paseaba sobre el terrado de la casa real; y vio desde el terrado a una mujer que se estaba bañando, la cual era muy hermosa.

*Envió David a preguntar por aquella mujer, y le dijeron: Aquella es Betsabé hija de Eliam, mujer de Urías heteo".*

Este texto incluye todos los elementos que llevaron a David a pecar. Note los puntos sobresalientes:

- Era la época en que los reyes salían a la guerra. David estaba descuidando su trabajo.

- David se quedó en la cama hasta muy entrada la mañana. Seguramente se acostó muy tarde el día anterior.

- Se levantó y paseó por la azotea, observando el panorama.

- Se volteó hacia su *pantalla gigante* y vio a una hermosa mujer dándose un baño.

- Él quiso saber más sobre ella, así que se puso a averiguar.

El resto de la historia se encuentra en 2 Samuel 11 y es personificada cada día por aquellos hombres cuyo primer error es el mismo que cometió David. Quedarse en la casa durmiendo en vez de estar afuera trabajando sin duda lo llevará a usted a pecar y su maldad se verá reflejada en la vida

> La pereza es el taller del diablo.

de sus hijos. No olvidemos que el Señor juzgó el pecado de David y el niño que Betsabé dio a luz murió.

"La pereza es el taller del diablo". Esta no es una cita bíblica pero sí es un principio que encontramos en las páginas de las Escrituras. David no fue ocioso toda su vida pero si bajó la guardia en un momento determinado. Eso fue suficiente para que él pecara y tuviera que arrepentirse por el resto de sus días; fue un precio muy alto que fue pagado una y otra vez con sangre y con la degradación de su familia. Varios de los Salmos de David reflejan esa penitencia permanente.

## Salmo 51:1-3

*"Ten piedad de mí, oh Dios, conforme a tu misericordia; Conforme a la multitud de tus piedades borra mis rebeliones. Lávame más y más de mi maldad, Y límpiame de mi pecado.*

*Porque yo reconozco mis rebeliones, Y mi pecado está siempre delante de mí".*

## Altas Expectativas

La ociosidad no es exclusiva de los visionarios. Cualquier hombre puede desanimarse, perder su visión y permanecer en su casa sin hacer nada. No obstante, el visionario es más volátil y propenso a tener altibajos en su estado de ánimo. Él tiene muchos anhelos y espera grandes cosas de sí mismo, aunque es necesario decir que la mayoría de los hombres visionarios nunca logra algo notable, ya que el mundo no ofrece tantas oportunidades. Usted debe aprender a disfrutar las pequeñas cosas; reparar la cortadora de césped o arreglar la puerta de la alacena son dos buenos ejemplos.

Un visionario, al igual que los demás tipos de hombres, debe aprender que la vida no gira en torno a la grandeza propia. Lo más grande que jamás tendremos es vivir en comunión con Dios y con nuestra familia, y gozar del trabajo que Él nos concedió (ver Eclesiastés 5:19). Podemos centrarnos demasiado en nosotros mismos y de esa forma olvidar la bendición diaria de tener una esposa, hijos y un hogar al cual debemos cuidar.

Tengo una buena *porción* de un visionario en mí y Deb podría contarle que he tenido muchas ideas 'brillantes' a lo largo de los años. En mi imaginación he hecho cosas notables pero el 99% de todos mis sueños no se han cumplido. He dicho miles de veces: "En otras circunstancias yo haría esto... si pudiera vivir mil años lo haría". No debemos permitir que nuestro orgullo nos condene por no alcanzar metas gloriosas. Requiere todo un día de trabajo solamente el hecho de mantener la mesa llena y pagar por un lugar en donde ponerla. Alcance las estrellas en su tiempo libre pero no olvide las cosas que están a su alcance. Ame a su ayuda idónea y a sus hijos; no olvide que ellos necesitan un papá honorable que invierta tiempo en verlos crecer. Cada uno de ellos es mucho más valioso que todo el dinero del mundo.

## Su Lema

Provea para su familia primero, luego persiga sus sueños tanto como se lo permita el tiempo y el dinero.

## Exhortaciones para los Visionarios

- No permita que sus impulsos alejen a su esposa. Demuestre firmeza de juicio supliendo primeramente las necesidades de su familia y luego, cuando comparta su osada visión con su compañera, ella tendrá la *energía emocional* suficiente para que sueñen juntos. De esa manera usted estará emocionalmente libre para hacer algo extraordinario. Hable con otros sobre lo grandiosa que es ella como mujer. Una esposa puede tolerar muchas de sus tonterías si usted la hace sentir segura y apreciada.

- Si usted es un visionario probablemente disfrute hablar sobre asuntos radicales. A menudo discute ideas, planes y sueños. Usted va a emprender cientos de proyectos que tal vez nunca termine, y aquellos que logre completar probablemente no le importen a nadie más sino a usted. Salomón dijo: "*Miré todas las obras que se hacen debajo del sol; y he aquí, todo ello es vanidad y aflicción de espíritu*" (Eclesiastés 1:14).

- Si pasa toda su existencia soñando y maquinando pero falla en darle significado a la vida de su esposa, habrá fracasado como hombre. Con el paso del tiempo un visionario que se acerque a las Escrituras se volverá más práctico. El mundo necesita a este tipo de hombres porque ellos son quienes descubren injusticias y destruyen dragones. Son motivadores por excelencia. Saben cómo hacer casi todo —o piensan que lo saben— y están listos para aconsejar a otros. A su tiempo, si mantienen su integridad, serán exitosos en varias cosas.

- Usted es un hombre con una misión. Como visionario será subjetivo y tendrá muy en cuenta sentimientos, actitudes y percepciones espirituales. Pasará su vida mirando a través del telescopio o del microscopio y le asombrará pensar que aquello que usted ve no es de gran interés para los demás. Al mirar a través del microscopio podrá observar aquellas cosas que los demás no pueden ver —las pequeñas cosas que nadie considera importantes— y desde su perspectiva se verán muy grandes. No será comprendido y lo culparán por su falta de practicidad. Usted no es equilibrado; ningún hombre lo es. Por lo tanto, conocerse a sí mismo es lo que le permitirá ser paciente con otros y precavido consigo mismo.

> Conocerse a sí mismo es lo que le permitirá ser paciente con otros y precavido consigo mismo.

* Necesita encontrar el equilibrio y algunas veces esto solo es posible al chocarse con la dura realidad. Los profetas de Dios en el Antiguo Testamento probablemente fueron, en su mayoría, hombres visionarios. ¿Recuerda las pruebas de Elías, Jeremías y Ezequiel? Un hombre sabio puede reconocer que tiene un gran vacío en su forma de pensar y que necesita que su esposa le ayude a evitar que sus pies se eleven muy por encima del suelo. Necesita tener un amigo muy equilibrado y estable que no tema reírse de sus ideas y después le haga sugerencias con sentido común. Todos los visionarios necesitan estar abiertos a la sabiduría de un buen amigo, especialmente respecto a temas de relaciones, finanzas y salud.

* Como visionario usted será el iniciador, el hombre clave, el que abre el camino y la voz que convoca a otros a la misión. Con su entusiasmo y fe iniciará y sostendrá las cosas hasta que el hombre dominante llegue a organizar las tropas con acciones prácticas.

* Como visionario usted espera que otros crean con su mismo fervor. Cuando ellos no comprenden o se resisten a su visión usted estará dispuesto a presionar aún más y es posible que se amargue con su propia culpa. Por lo tanto, es importante que mantenga una buena actitud hacia los demás y que siempre esté dispuesto a dejarse enseñar. Un visionario amargado puede ser tan peligroso como una

herramienta fuera de control. Mantenga su espíritu libre de criticar y juzgar a otros. Conténtese con seguir su visión, no importa si nadie más lo apoya. Respete el derecho que otras personas tienen de ignorarlo o de pensar diferente a usted.

> De los tres tipos de hombre, el visionario es el que logra despertar de una forma más natural lo que ella necesita: ser necesitada.

- Enséñele a su esposa el pasaje de 1 Pedro 3:1-2, el cual habla sobre la conducta casta y respetuosa. Recuérdele ser positiva en sus conversaciones para que ella no estimule su ira. Pídale que lo ayude no hablando negativamente de los demás. Deténgala a la mitad de la charla si está fomentando críticas sobre otros y recuérdele constantemente la tendencia que usted tiene a ensimismarse. Pídale que ore con usted y por usted.

- Como visionario necesita que su esposa sea paciente y esté llena de gozo. Un hombre sabio conoce qué debe hacer para que su cónyuge siempre tenga una sonrisa en sus labios.

- Como visionario usted puede ser un líder similar a un hombre dominante. Si lo que usted hace tiene sentido, entonces su pasión atraerá a otros a seguir su causa. Sin embargo, debido a su *visión de túnel*, su liderazgo tendrá un enfoque más estrecho. Un hombre sabio conoce sus fortalezas y debilidades mucho mejor que un visionario.

- De los tres tipos de hombre, el visionario es el que logra despertar de una forma más natural lo que ella necesita: ser necesitada. Debido a esto su esposa muchas veces soporta sus *métodos excéntricos* a la hora de hacer las cosas. En el día a día ella puede ver que los aportes que hace a su vida son invaluables. Usted necesita un amigo, un compañero que escuche su más reciente ocurrencia y aprecie lo que está en su corazón. De todos los tipos de hombres que existen el visionario es el que más necesita una ayuda idónea.

## Las 5 Acciones de un Visionario

- Escuchar

- Amar

- Reír

- Trabajar

- Dejar

*Escuchar.* Esté dispuesto a detener sus sueños el tiempo que sea necesario para escuchar las preocupaciones de su esposa. Si le cuesta trabajo hacerlo busque consejo de alguien sensato. En este caso la sabiduría de un hombre estable puede ayudarle mucho.

*Amar.* Ámela y apréciela tanto en público como en privado. Su esposa pasa por una gran cantidad de situaciones difíciles por su causa, por lo tanto, ella necesita saber que usted realmente reconoce su sacrificio.

*Reír.* Mire hacia atrás y ríase de las ideas y sueños locos que alguna vez consideró como 'brillantes proyectos'. Cuando su querida esposa lo escuche usted tendrá claridad de sus propias ideas del pasado. Ella podrá respirar tranquila sabiendo que usted está madurando en su forma de pensar.

*Trabajar.* Trabaje en un empleo remunerado incluso cuando sienta que debe soñar muy alto. La vida no consiste solamente en la satisfacción de sus anhelos, sino en cumplir con sus responsabilidades. Debe conquistar sus debilidades y hacer lo que sea necesario para proveer para su familia.

***Dejar:*** Considere seriamente mudarse lejos de sus suegros –y también de sus padres–, al menos los primeros años de su matrimonio o hasta que usted y su esposa se hayan convertido verdaderamente en un solo corazón y una sola mente. Ella no necesita a nadie que le señale cuan locas son las ideas que a usted se le ocurren, pues lo verá con sus propios ojos. Si ella no tiene a sus padres –ni a sus suegros– reforzándole sus miedos tendrá una mejor oportunidad de desarrollarse como la ayuda idónea que usted necesita.

## Beneficios Adicionales

El Sr. Visionario no es alguien aburrido. Muy pocos leerían un blog escrito por el Sr. Estable; algunos podrían leer uno escrito por el Sr. Dominante. Sin embargo, cuando el Sr. Visionario tiene un blog todo el mundo disfruta leerlo, ya que éste será muy *curioso.* Use sus fortalezas y dones con precaución, no olvide que es fácil ganar mala fama por creer que siempre se está en lo correcto.

## Lista de Deseos de las Mujeres

- "Desearía que él no malinterpretara mis motivos. Quiero lo mejor para él pero él toma mis sugerencias como un insulto personal".

- "Desearía que él fuera más positivo. Su actitud depresiva deja derrotada a la familia".

- "Desearía que él fuera más consistente en las cosas que me dice. Primero me dice que está bien hacer algo y luego se molesta cuando ocurre alguna situación después de haber hecho lo que él me dijo que podía hacer".

- "Desearía que él notara cuando hago las cosas bien. Me esfuerzo mucho para agradarlo pero a él siempre se le olvida decir: 'gracias'".

- "Desearía que él dejara de mirar a otras mujeres más jóvenes. Me hace sentir vieja y fea".

- "Desearía que él fuera paciente, más comprensivo y menos crítico".

- "Desearía que me hiciera sentir más importante y valiosa que sus amigos, familiares y hobbies".

- "Desearía que él fuera más considerado cuando estoy enferma o adolorida. Pareciera que se molesta cuando estoy enferma porque no puedo ser su sirvienta".

- "Desearía que él pudiera disciplinar a nuestros hijos en lugar de gritarlos".

- "Desearía que pudiéramos hacer cosas divertidas juntos".

- "Desearía que él dejara de enojarse por las pequeñas cosas".

- "Desearía que me diera tiempo para pensar antes de que piense por mí en voz alta. Cuando pide mi opinión, me gustaría que en realidad la considerara".

Vuestra gentileza sea conocida de todos los hombres. El Señor está cerca.

Filipenses 4:5

# SR. ESTABLE

## Visionario, Estable, Dominante

Dios Hijo es tan estable como una roca eterna. Es protector, proveedor y fiel en su ministerio como sacerdote. Él creó a muchos hombres a Su imagen sacerdotal. Ellos son la columna vertebral de la sociedad, el terreno neutral que mantiene al mundo avanzando en un curso estable. Ellos no son dados a los extremos. Los llamamos '**hombres estables**'. Todo el mundo se siente cómodo junto al Sr. Estable. Al sur de los Estados Unidos se les dice 'chicos buenos'. En el norte les dicen 'contribuyentes', refiriéndose a los obreros, campesinos, mecánicos, personas de mantenimiento y a la interminable lista de trabajadores de cuello blanco que llenan los cubículos.

> Los hombres estables son la columna vertebral de la sociedad.

El hombre estable no salta y cambia de ocupación después de afirmarse en un empleo por un tiempo prolongado; él no es consumido por *ideas revolucionarias*. Es constante y confiable, se ocupa de sus propios asuntos y no asume riesgos con sus finanzas. Es de aquellos que empiezan a ahorrar y mantienen su cuenta incrementándose de por vida, o trabajan en la misma empresa por cuarenta años preparándose para su jubilación y beneficios médicos. Evita la controversia, no es un tornado o un huracán como el visionario; es como una marea constante y predecible. Y así como la marea va con la corriente, él está con las mayorías. Construirá una fábrica y manejará la línea de ensamblaje que utiliza los robots diseñados por el Sr. Visionario. Con el paso del tiempo él sabrá más respecto a estos robots que aquel que los diseñó, aportando sugerencias prácticas que mejorarán la próxima generación de dichas máquinas.

El hombre estable no organiza movimientos políticos, no hace discursos en reuniones de la alcaldía, no se enfrentará con un ladrón de bancos ni intentará rescatar rehenes a menos que sea liderado por el hombre dominante. Jamás liderará una revolución en contra del gobierno o de la iglesia. Él ignorará sutilmente la hipocresía de otros y peleará desinteresadamente las guerras iniciadas por el Sr. Visionario y lideradas por el Sr. Dominante. Construye rascacielos y autopistas, cosecha el trigo y el maíz, asiste a la iglesia y levanta una familia pacíficamente. Él es de aquellos que compran una casa y viven en la misma dirección por el resto de su vida. Su familia puede pensar que es un viejo abu-

> El hombre estable tiene la mayor probabilidad de permanecer casado con la misma mujer toda la vida.

rrido y chapado a la antigua, pero lo aman grandemente.

Las mujeres jóvenes generalmente no se emocionan con un hombre estable, pero a medida que el tiempo pasa llegan a apreciar la paz y seguridad que él provee. Por esta razón el hombre estable tiene la mayor probabilidad de permanecer casado con la misma mujer toda la vida. Las divorciadas usualmente dejan a un visionario radical o a un hombre dominante autoritario con el fin de buscar al Sr. Estable, el cual raramente está disponible, excepto cuando una mujer tonta lo deja en busca de emoción y más romances. El hombre estable está contento con la mujer de su juventud. Sin embargo, muy a menudo se presentan casos donde ella no está tan contenta con él, pues desea ver más espontaneidad, espiritualidad y dinamismo en su esposo, lo que la lleva a criticarlo.

El desarrollo de un hombre estable se caracteriza por un crecimiento lento y constante. Si él es pobre aceptará su pobreza y aprenderá a servir a otros con lo poco que tiene, o desmayará sin esperanza alguna y vivirá sin visión. Por el contrario, el visionario puede tener gran éxito en un momento y luego perder todo rápidamente, solo para levantarse y pelear de nuevo. Él puede amargarse y culpar a otros por sus fallas, mientras que el hombre estable es prudente y no busca culpar a otros.

Al sur de los Estados Unidos gran parte de los hombres estables son llamados 'Bubba'. Ellos son muy agradables y le caen bien a todos. Dejarían de trabajar para hablar con usted por una hora, sin demostrar ningún tipo de apuro o ansiedad. No obstante, si usted interrumpe a un visionario durante su trabajo tendrá que hablar con su espalda pues él 'tiene cosas importantes que hacer'. En cambio, si usted interrumpe a un hombre dominante él lo pondrá a trabajar, no sin antes explicarle exactamente cómo se hace la labor que le ha solicitado.

## Aspectos Positivos y Negativos del Hombre Estable

Ser un hombre estable tiene aspectos tanto positivos como negativos. Mirando las cosas de manera positiva, es necesario decir que usted es un buen esposo. Jamás presionará a su cónyuge ni le hará exigencias irracionales. Usted no espera que ella sea su sierva, como generalmente hace el hombre dominante, y a diferencia del Sr. Visionario usted nunca hará que ella lidie con sus *incendios* emocionales. Raramente hará que su esposa se sienta afanada, presionada o forzada. Las mujeres casadas con hombres visionarios lo miran a usted con admiración pues lo ven como un hombre equilibrado. La esposa del hombre dominante se asombra con el tiempo libre que su esposa parece tener. Usted parece demasiado estable.

En la parte negativa es necesario decir que ese mismo equilibrio que le brinda muchas ventajas hace que algunas mujeres lo encuentren aburrido y predecible. Un hombre estable, al igual que una roca, tiene muy poco movimiento. Él raramente busca la gloria y los halagos, ya que no desea estar al frente de ningún proyecto. Hay muy poco misterio, intriga y drama en él. Es lento para cambiar y para tomar decisiones. Su espiritualidad se revela de formas prácticas más que con expresiones externas. Debido a que no es un líder puede parecer poco interesante y comprometido, comparado con un hombre visionario o uno dominante. El hombre estable, lento para tomar decisiones, puede esperar tanto que pierde el bote, mientras que otros escogen una cabina con vista al mar.

## Mareas Oceánicas

Las mujeres —como el océano— son propensas a las mareas, las tormentas, los cambios y las convulsiones; ellas son impredecibles y sus estados de ánimo cambian inesperadamente. Al igual que ocurre con las mareas del océano, la acción gravitacional de la luna es la que establece el ciclo menstrual de la mujer, esto hace que sus hormonas enloquezcan. Cuando sus hormonas están en desequilibrio su vida también lo estará. Se requiere de varias carreras en química y otras ciencias para decir que se entiende a las mujeres durante ese tiempo, y cualquiera que afirme hacerlo está mintiendo.

Al principio de nuestro matrimonio me llamó la atención ver que cuando mi esposa tenía berrinches era durante su ciclo menstrual. Así que siendo tan listo como soy simplemente le expliqué, con un poco de lógica, que ella realmente no estaba molesta conmigo, sino que eran sus hormonas. Fue en ese momento cuando realmente las mujeres se volvieron un completo misterio para mí. Pensé que se sentiría aliviada al escuchar que yo no era tan malo como ella me estaba haciendo ver, y que todo lo que ocurría era solo una falla física incontrolable que se presentaba en las mujeres a causa de la caída; usted sabe, un castigo para el hombre por haber escuchado a su mujer y desobedecer. ¡Vaya!,

Sr. Estable

ella se puso histérica y negó que eso tuviera algo que ver con sus hormonas. Sin embargo, para mí estaba muy claro: una vez al mes ella tenía una descarga de mal temperamento y esa era la razón. Yo simplemente quise llamar su atención sobre el hecho de que las últimas tres *explosiones* ocurrieron exactamente con un mes de diferencia, más o menos en el tercer día de su ciclo. Ella solo se enojó más y continuó diciéndome todas mis fallas. En ese momento noté que la memoria de las mujeres es mucho mejor que la de los hombres. Ellas pueden recordar las cosas más pequeñas, como cuando usted olvidó hacer la limpieza hace 22 días, o cuando dijo que iba a arreglar la puerta hace 19 días, o como el domingo anterior cuando usted hizo un comentario insensible en la iglesia. Ninguna de esas cosas le había molestado a ella hasta ahora. Alguien incluso podría decir que el diablo se llevó su paciencia y la incitó a criticarlo a usted.

Eventualmente aprendí la lección: debíamos tener hijos –muchos– y hacer que ella permaneciera ocupada criándolos hasta que llegara a la menopausia, aunque había escuchado que ésta hace que las mujeres se *enloquezcan* aún más. Ese no fue el caso de mi esposa; ella se convirtió en una *máquina* de sudor. Cada vez que me le acerco ella empieza a sudar; ¡por lo menos sé que mi presencia la pone caliente! De cual-

> El conocimiento es muy importante en una relación. Para 'conocer' verdaderamente en el sentido bíblico usted debe ser completamente abierto y honesto en el matrimonio, tener la libertad de hablar y soñar sin criticar.

quier forma, usted jovencito puede llevar un calendario de los ciclos menstruales de su esposa, y más o menos dos días antes de que éste empiece llévela a cenar, arregle algo en la casa y pídale perdón por cualquier cosa que se le ocurra.

Si mi madura sabiduría no ha arrojado mucha luz en el gran misterio de las mujeres trate de comprender lo siguiente: ellas solo pueden soportar cierta cantidad de *aguas calmadas* antes de crear una tormenta con las propias. Parecería que el mayor error del hombre estable es proveerle a su esposa muchos días de calma, de *aguas mansas*. Cuando usted requiere de toda una semana para tomar una simple decisión, sin siquiera hablar de lo que está pasando por su cabeza, logrará que su esposa se enloquezca. El hecho de que el hombre estable no hable del chico raro de la iglesia y que no se moleste porque su *errático* hermano va a dejar a su esposa, es algo que sobresalta a la esposa del hombre estable. Ella cree que usted tiene más cosas en común con las piedras que con un ser humano.

## Drama, Drama

Generalmente a las mujeres les gusta ser provocadas cada cierto tiempo. Los hombres visionarios y dominantes suplen toda la tensión que una mujer puede soportar, pero el estable provee solo un equilibrio aburrido. Si usted es del tipo estable y precavido y su esposa tiene un poco de romántica impaciente dentro de ella –lo cual ocurre en la mayoría de las mujeres–, entonces es posible que ella no vea tan claramente, como lo hacen los demás, lo valioso que es usted. Ella puede irritarse por la precaución con la que usted asume la autoridad. A las mujeres les gusta llenar un vacío, y lo hacen a toda prisa. Sin embargo, la prisa no se encuentra en el *kit de herramientas* del hombre estable. Cuando usted parece dudar al tomar una decisión hace que ella se agite. Una mujer dominante que ve la falta de decisiones rápidas en su esposo estable, comienza a llamarlo 'endeble'. La estabilidad de este hombre hace que sea el último en cambiar y reaccionar. Él pocas veces está al frente formando las tropas. El hombre estable simplemente es demasiado práctico para comprender la *agresiva* necesidad de su esposa por la emoción y la acción inmediata. Este es el gran problema.

Sr. Estable, tenga la seguridad de que su esposa lo va a *empujar* para que se decida y asuma una posición en la iglesia o en un problema de negocios. Ella se quejará al ver que los demás parecen usarlo. La mayoría del tiempo ella desearía que usted le dijera valientemente qué hacer, y así ella no tendría que cargar todo el peso de la toma de decisiones. Este *tire y afloje* la deja desgastada. Estas esposas consideran equivalente la sabia cautela de sus esposos –y su ausencia de pasión– con la falta de espiritualidad. Mi querido hermano, usted está en problemas, y esto no solo ocurre durante la luna llena.

Para complicar aún más las cosas es posible que usted esté casado con el tipo de mujer que mi esposa llama 'emprendedora'. Otras personas se refieren a ellas como *mandonas*. Los hombres estables parecen estar atraídos por las mujeres dominantes. Creo que en el cortejo el Sr. Estable no es agresivo, y por lo tanto cuando una chica hermosa trata continuamente de llamar su atención él queda impresionado. El visionario la reprendería y al dominante ni siquiera le gustaría, ya que él es atraído por mujeres gentiles y tranquilas que muestran un deseo natural de servicio. Por su parte, el Sr. Estable disfruta el *agresivo* interés que ella demuestra por él. Ahora bien, todo esto que he mencionado es característico del cortejo y este libro habla mayormente sobre el matrimonio, por lo tanto ¿qué pasa después de que un hombre se casa con una mujer 'emprendedora'? La respuesta es sencilla: ella seguirá siendo *mandona* y usted continuará estando interesado en verla en acción. Ahora ella ya ha ganado a su hombre y no tiene ningún reto por delante, pero eso no significa que estará lista para sentar cabeza. Los problemas se avecinan.

En el *tire y afloje* entre esposo y esposa el hombre dominante logra que ella suelte el extremo de su cuerda y se una a él. El visionario, por su parte, engancha el extremo de su cuerda a un tractor, pero el Sr. Estable simplemente amarra la cuerda a su cadera y se sienta sobre ella. Algunas mujeres prefieren discutir con el hombre dominante o *luchar* contra el tractor en vez de *batallar* contra un hombre estable, el cual da la impresión de ser un objeto estacionario indiferente.

## Creando una Arpía

Siento pena por las mujeres emprendedoras que están casadas con un hombre estable. Ellas son como un niño pequeño visitando el zoológico pero privado de libertad porque está atado a su cochecito. Considere esto: cuando una mujer está casada con un hombre dominante autoritario, la gente se maravilla al ver que ella está dispuesta a servirle sin quejarse, de manera que ella terminará pareciendo una maravillosa mujer con gran paciencia y sacrificio. Una mujer casada con un visionario impulsivo que permite que su familia pase por momentos de dificultad, hará que todos se conmuevan. "¿Cómo puede tolerar sus ideas peculiares con tanta paz y alegría?", podrían decir. Ella, por lo tanto, terminará siendo toda una santa, incluso hasta una mártir. Pero si la esposa de un hombre gentil y amable se llena de ansiedad y demanda acción, lucirá como prepotente y mandona. Él siempre parecerá ser la víctima y ella la victimaria. Un hombre dominante canalizaría las energías e ideas de su esposa hacia su propio fin. Un visionario le daría una causa junto con el dolor de cabeza que él implica. Pero el hombre estable no hace nada al respecto hasta que ella finalmente grita: "¡Levántate y haz algo!".

> Su esposa necesita una visión y un propósito. Ella necesita emplear sus dones y talentos para ayudarlo a ser exitoso.

Aunque usted la ayuda, la ama, la protege y provee para todas sus necesidades, ella aún continua pareciendo infeliz y desagradecida. ¿Cómo se puede satisfacer a este tipo de mujer? Ella entiende muy bien que los demás piensan que es una arpía y esto la hace sentir peor. Las esposas no funcionan bien bajo condenación. Nadie puede. Pobre mujer, es mejor que sea maltratada por su esposo a que la mitad de la iglesia piense que ella es una mandona.

La decepción y la ingratitud pueden hacer de una mujer una carga más pesada que cualquier cantidad de trabajo. Ellas culpan a sus esposos por sus problemas. Se sienten descontentas y debido a eso tienen decaídas e incluso son víctimas de *desequilibrios hormonales*, enfermedades físicas o problemas emocionales. ¿Su esposa tiende a enfermarse muy a menudo? He visto a muchas mujeres enfermas alegrarse y luego recuperar su salud cuando sus esposos estables les dan un trabajo desafiante.

## Respuesta Incorrecta

Si usted es un hombre estable/sacerdotal su respuesta natural a la infelicidad de su esposa es exactamente lo opuesto a lo que ella necesita. Usted estará confundido con la infelicidad de su cónyuge y tratará de ser más servicial con ella, pero esto solo empeorará las cosas ya que su esposa reducirá aún más el respeto que tenía por su masculinidad. Usted es propenso a ceder —y esa es su debilidad— pero lo que ella realmente necesita es que usted tome decisiones simples cada día, sin aplazar las cosas, y se aferre a ellas sin importar quién lo presione. Sin embargo, no olvide que usted debe escoger bien sus batallas y asegurarse de estar en lo correcto, sin estar actuando con egoísmo o malicia. Ella debería ser capaz de ver eventualmente que usted fue sabio y asumió la postura correcta. De la misma forma en que las mujeres odian aspirar la casa, ellas aman la autoridad. La justicia sin autoridad muestra debilidad y la autoridad sin justicia es tiranía, pero la autoridad por sí sola es suficiente para llenar a una mujer de paz y seguridad.

Bienvenido al matrimonio y a tratar de entender la naturaleza femenina. Sería más fácil desactivar una mina terrestre de la Primera Guerra Mundial. Sin embargo, usted puede estar seguro de que ella está tan confundida tratando de entender qué lo motiva, como usted tratando de entender qué la inquieta a ella.

La mujer que está acostada a su lado cada noche no sabe lo que está pasando por su cabeza. Ella quiere ver, escuchar, sentir y saber lo que usted está pensando; ella quiere ser su ayuda idónea, no solamente su esposa. En su condición de Sr. Estable usted no camina todo el día con sus ideas anotadas en la frente. Para una mujer el solo hecho de saber qué está pensando su esposo –y qué hay en su corazón– es muuuuy romántico. Su esposa tiene un gran deseo de compartir lo que usted sueña y siente. Ella sería mucho más paciente con su renuencia a tomar decisiones si tan solo supiera que usted sopesó cuidadosamente las variables.

A menos que usted se haga cargo de la situación estará proveyendo el contexto para que su esposa luzca y actúe como una arpía. Usted está poniendo más tentación en su esposa de lo que ella puede o está dispuesta a resistir. Es su trabajo santificar y purificar a su cónyuge de toda impureza. Si usted se convierte en el hombre que ella necesita ella será la mujer que usted quiere.

## Sanación

*Querido Mike:*

*Estoy escribiendo en respuesta a su solicitud de información para su nuevo libro. Algo maravilloso sucedió hace algunos años; después de casi 2 décadas de estar casados mi esposo me dio como regalo un tiempo de oración a solas con él de manera regular. Esto comenzó a revolucionar nuestra relación. Ahora al momento de orar decimos cosas que nunca habían salido a la luz entre nosotros. Oramos por asuntos difíciles, heridas del pasado, esperanzas, sueños, etc. Fuimos capaces de cubrir temas que no habíamos podido abordar por varias razones... principalmente porque éramos muy sensibles y además uno de los dos –o ambos– estaba a la defensiva. Este tiempo juntos en oración se ha convertido en un refugio, el cual yo espero ansiosamente para poder hablar de asuntos importantes, problemas con los niños y conflictos internos. Finalmente estaba empezando a conocerlo. Es el mejor regalo que él jamás me ha dado. Me dijo que había luchado consigo mismo para hacerlo porque al inicio fue algo muy incómodo para él. Ambos hemos cosechado increíbles beneficios, ¡todo debido a que él tomó la iniciativa y la decisión de liderar! Yo solo deseo ser una gran ayuda idónea para este maravilloso Sr. Estable. Ahora él espera con ansias nuestro tiempo de oración tanto como yo.*

*Louise.*

## El Conocimiento es la Clave

Un hombre evade niveles de intimidad muy profundos cuando tiene algo que esconder; posiblemente vergüenza por algún pecado escondido en su corazón o temor de ser conocido como realmente es. Otros hombres simplemente no tienen confianza y sienten que si las personas los conocen como realmente son entonces serán rechazados. Algunos han sido heridos por personas que amaban y han desarrollado una posición defensiva, permaneciendo lejos del 'alcance emocional' para no ser heridos o rechazados nuevamente. Aquello que la gente no sabe no lo puede criticar. No me gusta que mi esposa me lea mi 'lista de quehaceres' porque no quiero que me recuerde lo que necesito hacer.

> El conocimiento es clave en una relación.

La Biblia dice: "**Conoció** Adán a su mujer Eva, la cual concibió..." (Génesis 4:1). La copulación es identificada con un conocimiento íntimo. Los hombres desean sexo, las mujeres desean intimidad –aunque hay excepciones–. ¿Cuál es la diferencia? Muchos hombres y algunas mujeres buscan sexo sin intimidad y

> Un buen matrimonio es un santuario.

nunca están satisfechos con experimentarlo, solo son adictos a la búsqueda.

El conocimiento es clave en una relación. Para *conocer* verdaderamente en el sentido bíblico es necesario ser completamente abierto y honesto en el matrimonio; tener la libertad de hablar y soñar sin ser criticado. Un buen matrimonio es un santuario donde nunca se burlarán de usted, a menos que usted haga un chiste tonto. Usted nunca será avergonzado o ridiculizado y los errores pasados nunca se traerán de nuevo a colación. Ninguno de los cónyuges usará su conocimiento íntimo para herir al otro. Este tipo de matrimonio es un lugar seguro, un jardín de descanso y paz, una bebida refrescante de frutas, un lugar de sanación y seguridad. Si usted no habla con su esposa —me refiero a compartirle lo que hay en su corazón— la está privando de usted mismo.

El hombre estable puede tener pequeñas charlas con conocidos durante todo el día, pero a menudo se le dificulta compartir lo que hay en su alma con su esposa. Él tiene amigos cercanos con los que disfruta pasar el tiempo y discutir temas variados, sin embargo, abrir su corazón a su esposa no es algo natural en él. Cuando esto ocurre, la pobre y solitaria mujer nunca siente que conoce a su esposo o que él la conoce a ella. Emocionalmente ella se encuentra en el limbo.

Comunicarse con su esposa es fácil tanto para el Sr. Dominante como para el Sr. Visionario, por supuesto, con algunas excepciones. Pero usted, Sr. Estable, se siente muy incómodo enseñándole algo a su cónyuge u orando con ella. Si quiere ser un Sr. Estable sabio, con un buen matrimonio, debe hacer el esfuerzo de enseñarle a su esposa, no importa si es algo tan sencillo como leer un libro o escuchar una predicación juntos. Orar juntos mientras están acostados en la cama será de gran ayuda para que su esposa se sienta más tranquila y segura. Una vez que empiecen con ciertos hábitos no les será difícil continuar. Hágalo, significará mucho para su esposa.

## Comprendiendo sus Roles

Si el *Sr. Estable Tortuga* saliera de su caparazón, ¿qué podría hacer para motivar a su esposa? Lo primero –y lo más importante– sería abordar las preocupaciones que ella tiene respecto a que usted no posee una mentalidad espiritual y está cerrado a ella. Yo he leído las preocupaciones de este tipo de esposas en miles de cartas:

> "*Él no es el líder espiritual. Yo oro y oro para que él se levante y haga lo que Dios le designó hacer como cabeza del hogar. Él ni siquiera ora con la familia en las comidas*".

Para ser una persona íntegra algunas veces debemos salir de nuestra zona de confort y actuar de formas que no van de acuerdo a nuestra personalidad.

Usted puede arreglar este problema. Lidere a su familia en oración. Por lo menos una vez al día exprese su gratitud por las bendiciones de Dios sobre su esposa y sus hijos, ya sea en una oración familiar o simplemente con un comentario. Establezca un tiempo diario donde usted y su mujer se sienten juntos a leer las Escrituras. Deje claro en la 'lista de tareas' que van a leer toda la Biblia. Escriba en el calendario los capítulos que van a leer cada día. Vaya despacio, poco a poco. Si a usted no le gusta leer entonces dígale a ella que lea en voz alta porque usted disfruta el sonido de su voz. Discutan los textos. Ella necesita saber que usted es consciente de lo que Dios dice acerca de su rol como cabeza del hogar, y también necesita conocer lo que el Señor dice sobre las responsabilidades que ella tiene como esposa. Compartir lo que hay en su corazón es lo que va a cambiar la manera en que ella hace las cosas.

Es muy importante que el Sr. Estable y su ayuda idónea lean ciertos pasajes juntos. 1 Pedro capítulo 3 habla sobre una esposa sumisa. Tito 2 describe la posición del hombre y de su esposa delante de Dios. Efesios 5 a menudo es usado en consejería matrimonial, al igual que Colosenses capítulo 3. Estos textos no son para que usted los use con el fin de darle un sermón a su cónyuge. Yo no le recomendaría al Sr. Dominante, o al Sr. Visionario, que le leyera estos versículos a su esposa, a menos de que pase por dichos capítulos como parte de su plan habitual de lectura.

Sr. Estable, no olvide este consejo: si usted se abre al dialogo con su esposa ella se va a relajar al saber que usted no está dormido al volante. Después, con el tiempo, ella podrá empezar a confiar en su liderazgo espiritual.

## La Gran Necesidad de su Esposa

La gran mayoría de cartas que llegan a nuestra oficina son de mujeres que critican a sus esposos perezosos, tranquilos, poco trabajadores y lentos. Ellas afirman que esto se debe a sus hábitos 'carnales'. Estas mujeres no son rebeldes, sencillamente tienen una lucha interna debido a la inutilidad que sienten en su matrimonio. En tiempos pasados, cuando las personas eran menos acaudaladas que en nuestros días, estas mujeres estarían ocupadas tratando de sobrevivir. La esposa del Sr. Estable estaría trayendo agua, ordeñando vacas, plantando un jardín y preservando la comida para el invierno. Ella sería una

> Su esposa necesita una visión, un propósito; ella necesita emplear sus dones y talentos para ayudarle a ser exitoso.

ayuda magnífica. Sin embargo, en la actualidad las mujeres casadas con hombres estables son solo adornos, y eso es un trabajo muy aburrido e ingrato.

Su esposa necesita una visión, un propósito; ella necesita emplear sus dones y talentos para ayudarle a ser exitoso. Usted, como un hombre Estable/Sacerdote, necesita ayudar a su esposa a florecer con éxito. Hágale saber que usted necesita que ella muestre iniciativa. Si ella creció con un padre dominante o visionario la idea de lograr algo aparte de usted puede parecerle poco femenina. Ella necesitará más que solo una palabra de ánimo; es posible que ella requiera una directiva clara. ¿Le gustaría que ella aprendiera contabilidad, fotografía, medicina naturista o alguna otra carrera? ¿En qué cosas ha mostrado ella interés? Pídale que estudie Proverbios 31:10-31 y que escoja las palabras claves que describen a una mujer virtuosa. Dígale que piense sobre qué le gustaría aprender. Ella necesita tener la seguridad de que usted no verá sus logros como una competencia; asegúrele que éstos serán solo un complemento. No olvide recordarle que usted desea que ella use sus habilidades y destrezas para añadir algo a la vida de pareja. Hágale saber que sus logros lo llenarán de orgullo. Si ella está incómoda con esa situación enséñele cómo administrar el dinero y cómo invertirlo para producir ganancias y pagar los recibos.

No solo apoye a su esposa para que siga un *hobby* cualquiera; invierta en la idea de negocio que ella tenga, algo que ayude a cubrir los gastos de la familia. Es muy importante que ella tenga éxito en algo que valga la pena y que traiga un ingreso adicional, siempre y cuando esto no entorpezca sus responsabilidades como esposa. Ella necesita saber que el éxito de ella es de ELLA.

Anímela a adoptar pasatiempos que involucren a los niños, a fin de que pueda enseñarles a estar ocupados y ser productivos. Al final del día hable con ella acerca de lo que logró y regocíjese por tener una compañera valiosa. Todas las mujeres pueden crecer mucho con una oportunidad de este tipo pero solo unas pocas pueden alcanzar logros verdaderamente importantes sin la motivación de sus esposos. Una mujer emprendedora creerá que está en el cielo al hacer estas cosas. Ella no *dramatizará*, no importa contra qué esté luchando. Cada día será único y especial en su vida.

Mi ayuda idónea ha dirigido a muchas esposas emprendedoras en actividades como la lucha contra el aborto y también las ha incentivado a establecer ministerios contra la esclavitud sexual infantil. Esta terrible *plaga* está creciendo a tasas alarmantes en los Estados Unidos y el resto del mundo. No lo olvide, su esposa puede hacer la diferencia en nuestra sociedad al mismo tiempo que crece como persona.

## Su rol como Hombre Estable/Sacerdotal

Los hombres de naturaleza estable/sacerdotal son muy importantes dentro de la iglesia, ya que ellos ayudan a mantener la estabilidad debido a que son compasivos, firmes y leales. Su paciencia en la toma de decisiones pone freno a conflictos potenciales. Ellos ayudan a mantener el equilibrio cuando un impetuoso visionario se sale de la *línea*. Los hombres estable/sacerdotal no suelen ser imprudentes o necios, aunque lamentablemente algunas veces tolerarán la necedad —o incluso el error— y no mostrarán su desacuerdo con ella. Un visionario no es tan buen anciano en una congregación como lo es un hombre estable. El tipo visionario /profeta tiene un mejor papel como evangelista y reformador. El hombre dominante, al igual que el estable, es adecuado para pertenecer al grupo de ancianos. No obstante, una pluralidad de ancianos debería tener varones de los tres tipos, siendo el hombre estable el que debe predominar.

Usualmente los hijos del Sr. Estable crecen con un gran respeto hacia su papá. Si la madre ha tenido malas actitudes hacia él esto se verá reflejado en el futuro, ya que los hijos adultos muy probablemente actúen con resentimiento hacia ella. Es responsabilidad del hombre asegurar que esto no pase. Los niños necesitan crecer amando a su mamá para que no tengan problemas emocionales en la edad adulta. Cuando usted y su esposa caminan juntos como un equipo sus hijos los van a admirar como personas exitosas. Esto generará un terreno fértil para las semillas que usted quiera plantar en sus pequeñas almas.

Las personas son fácilmente atraídas por un hombre dominante. Algo parecido ocurre con el visionario, pues lo encuentran emocionante. Sin embargo, el hombre estable suele pasar desapercibido. Él es como el dolor que usted no sabe que tiene, mientras que el visionario es una 'sensación crónica', ya sea buena o mala.

El hombre estable muy pocas veces es un paladín. Probablemente las personas lo necesiten pero no es tan *llamativo* como para ganarse el centro de atención. Él nunca va a presumir de sus habilidades y usualmente no es muy bueno en promover lo que sabe hacer. Un visionario le vendería a usted un sombrero hecho a mano antes de siquiera haber comprado los materiales para hacerlo. El hombre dominante organizaría a los demás para hacer los sombreros y el estable tomaría el trabajo, vendería el producto por debajo del precio y olvidaría ponerle la etiqueta.

Cuando un hombre estable es empleado de un hombre visionario o uno dominante no se promueve a sí mismo y no le va muy bien en la administración, ya que no se siente cómodo diciéndoles a los demás qué hacer. Es posible que su empleador no conozca su verdadero valor hasta después de su retiro.

Muchos hombres estables logran convertirse en excelentes empleados en sus campos de trabajo e incluso logran tener sus propios negocios. Cuando ellos contratan a sus primeros trabajadores encuentran difícil dirigirlos y aún más despedirlos. Sin embargo, con el tiempo el hombre estable madura y asume un mejor rol de dirección, aunque al principio le es complicado emocionalmente.

Por lo general los hombres estables no llegan a ser tan reconocidos como los dominantes o los visionarios. Ellos evitan ser el centro de atención. No son ruidosos, tampoco irritantes ni particularmente magníficos. Si llegan a ser notados públicamente será debido a sus grandes logros o porque son confiables gracias a sus rasgos muy visibles de honestidad y firmeza. A pesar de no destacarse de una forma extraordinaria ellos llegan a ser muy queridos por las personas, al punto que cuando mueren la asistencia a sus funerales es muy numerosa.

## El Pecado más Condenatorio del Sr. Estable

Algunos hombres estables que carecen de visión, y por lo tanto de motivación, comen en exceso, duermen demasiado, ven muchísimas películas y juegan videojuegos cuestionables en vez de estar con sus familias. Muchos hombres estables son conocidos por pasar todo su tiempo frente al *Play Station*. Básicamente ellos se toman la vida mucho más fácil de lo que deberían. A través de los videojuegos, o de cualquier otro entretenimiento, el tranquilo hombre estable puede perder su verdadera misión: cuidar y amar a su esposa y a sus hijos. El hombre estable suele sentarse en su silla y desde allí condenar sin hacer nada, mientras que los falsos maestros continúan enseñando mentiras, sus esposas desarrollan una fuerte amistad con una mujer dominante y sus hijos pasan más y más tiempo alejados de la Palabra de Dios.

> Asegúrese de ser amigo de Dios.

Si esta caracterización se ajusta a usted en alguna medida, entonces es comprensible que su esposa sea un poco mandona y exigente. Ella ve como su familia está en peligro de morir y mientras tanto usted está sentado como un sapo sobre un tronco tratando de decidir si va a saltar o si mejor regresa a la cama para dormir un poco más. La verdad es que usted prefiere mantener su actitud tranquila y pausada en vez de sufrir un 'trauma emocional' al defender a su país, comunidad o incluso a su propia familia.

En las Escrituras Dios nos dice a quién favorece y por qué. Abraham fue un hombre muy bendecido por Dios; él era activo y siempre les enseñaba el temor del Señor a sus hijos. "*Porque yo sé que mandará a sus hijos y a su casa después de sí, que guarden el camino de Jehová, haciendo justicia y juicio, para que haga venir Jehová sobre Abraham lo que ha hablado acerca de él"* (Génesis 18:19).

Abraham fue llamado 'el amigo de Dios'. Como hombre estable usted tiene más amigos que los otros dos tipos de hombre, pero, primero que todo, asegúrese de ser amigo de Dios.

Para ser una persona íntegra algunas veces debemos salir de nuestra zona de confort y actuar de formas que no son naturales a nosotros. El hombre dominante debe ir más despacio y mostrar su lado sacerdotal cuando es llamado a hacerlo. El visionario debe dejar de lado sus impulsos para poder hacer grandes cosas y trabajar como un hombre estable. El hombre estable debe despertarse a sí mismo para dirigir a su familia y para adoptar una visión de algo mayor que ser simplemente pacífico y tranquilo. Habrá muchos momentos en su vida donde sentirá la necesidad de volver a la comodidad de antes; sin embargo, es necesario que recuerde que no hacer nada o demorarse en actuar es un pecado sumamente grave.

## Su Versículo Guía

**Apocalipsis 3:15-16:** *"Yo conozco tus obras, que ni eres frío ni caliente. ¡Ojalá fueses frío o caliente! Pero por cuanto eres tibio, y no frío ni caliente, te vomitaré de mi boca"*.

## Mamás Dominantes y Papás *Flojos*

Hemos recibido muchas cartas de jovencitas cuyos planes de matrimonio se han desmoronado por las decisiones tomadas por sus madres dominantes. La historia se repite una y otra vez. Es casi como si hubiese un *tipo* de madres predestinadas a repetir este patrón de respuesta solo con el fin de cumplir algún retorcido y oscuro destino; mientras tanto sus esposos estables andan holgazaneando en la *tierra de los sueños*. Este es la clásica historia que sirve como base para escribir trágicas narraciones protagonizadas por solteronas cuyas oportunidades de matrimonio fueron destruidas por sus madres; todo esto ocurría ante los ojos de sus padres dominados quienes estaban sentados en silencio.

Los eventos se desenvuelven así: hay un hombre estable muy tranquilo quien no dice mucho y siempre le ha permitido a su esposa tomar el liderazgo en asuntos familiares, mayormente porque él quiere mantener la paz en lugar de escucharla a ella imponer su opinión. La hija es una obediente y feliz señorita que tiene la gran esperanza de tener un hermoso matrimonio. A sus vidas llega un joven atraído por la hija. La madre inmediatamente está de acuerdo con esto ya que el muchacho tiene altos estándares morales y es disciplinado, además se ha preparado para su futuro. Como si fuera poco el joven también tiene una personalidad *emocionante*. A diferencia de su marido, él es dominante y tiene la visión de lograr grandes cosas. Mamá estaría orgullosa de tenerlo como yerno y papá sigue la corriente aceptando al muchacho y sintiéndose feliz por saber que su hija tendrá un buen esposo.

Sin embargo, cuando recibí la carta de esta joven las cosas se *alborotaron*. Después de varios meses donde las familias se conocieron y los muchachos comenzaron a planear la boda, mamá descubre que su emocionante prospecto de yerno no es como su sumiso esposo. Él es voluntarioso, actúa como si fuera un rey o profeta, es terco y dogmático. Mamá lo caracteriza como "no muy amable" y "no enseñable". Este joven ha reconocido la actitud altiva de su suegra y se ha hecho cargo de la situación. Es posible que él haya dejado claro que después de que se casen tomará decisiones sobre dónde van a vivir, a qué iglesia asistirán y demás cosas importantes de la vida. A mamá no le gusta su personalidad, él actúa como alguien que quiere ser la cabeza del hogar en aspectos en los cuales ella no está de acuerdo. Por ende, luego de fracasar en persuadirlo para cambiar ciertos comportamientos, ella cancela o pospone la boda, todo con el fin de usar ese tiempo para 'poner al chico en línea', sosteniendo la *carnada* en frente de él.

No obstante, aquel chico es demasiado maduro como para soportar a esta *vieja cansona*. Todo esto termina por romperle el corazón a la muchacha y ella culpa a su padre estable por no asumir una postura en contra de su madre dominante. A pesar de esta acusación su padre mantiene la cabeza agachada, asegurándose de no recibir ningún regaño; su esposa es quien tiende la cama y lo deja dormir allí, así que él no quiere quitarle su parte de la manta. El joven, siendo un rey (hombre dominante) o un profeta (visionario), no está *programado* para proveer para una mujer mandona y tiene demasiado orgullo como para arrastrarse. Él sabe que hay muchos peces en el mar y, por lo tanto, termina yéndose a *pescar* en la corriente, siendo cuidadoso de no 'cometer el mismo error' de involucrarse con uno de esos *cortejos* de familia en donde la mamá es quien preside la corte.

Las cartas más trágicas que he recibido son aquellas que son enviadas por mujeres en su tercera década de vida; ellas han perdido toda esperanza de casarse. Tuvieron una oportunidad de matrimonio ocho años atrás y mamá 'no sintió la mano del Señor' y papá sigue sentado en la misma silla viendo series de acción en *Netflix*. ¡Oiga, Sr. Estable!, póngase los pantalones y dígale a su esposa que pare esta locura. Es posible que ella empiece a verlo *excitante*, ya sabe, para variar un poco.

Si usted no toma cartas en el asunto tendrá que cuidar a su hija solterona hasta el día en que muera. ¡Gracias mamá, eso fue algo realmente grandioso! Yo sé, yo sé, estoy siendo arrogante, pero después de escuchar a 500 mujeres solteras culpar a sus madres mandonas y a sus padres negligentes por su situación, me he ganado el derecho.

Recuerde, su responsabilidad como esposo es santificar y purificar a su cónyuge a través de sus palabras, y no apoyarla y condenarla con su silencio. Como sacerdote su amor ha sido manifestado a su esposa cuidándola y alegrándola, así como el Señor lo hace con la iglesia. Ella sabrá que usted la ama por su disposición a dejar a un lado su ansiedad al momento de tomar el liderazgo en cuestiones importantes. El amor no solo permite, lidera en la dirección correcta.

## Las 5 Acciones del Hombre Estable

- Contar

- Actuar

- Enseñar

- Hablar

- Elegir objetivos

*Contar:* cuéntele a su esposa lo que está pasando por su mente, día y noche.

*Actuar:* tome acción, incluso si no le interesa cómo van a resultar las cosas. Esté pendiente de todo lo que está pasando en su familia y actúe como un gerente.

*Enseñar:* enséñele a su esposa a ser productiva y útil en su labor como ayuda idónea.

*Hablar:* hable con ella como si fuera un colega o un compañero de trabajo. Explíquele sus metas y demuéstrele que es una gran ayuda al momento de lograr que sus sueños se hagan realidad. Hable con ella sobre lo que usted ha logrado y cuéntele cuáles son sus objetivos como cabeza de la familia.

*Elegir:* elija objetivos claves en su vida. El significado en el diccionario de la palabra 'objetivo' es "meta que se pretende alcanzar". Enfóquese en una meta y alcáncela.

## Su Deber

Sálgase de su zona de confort y asuma el liderazgo de su familia; no olvide que la vida de varias personas está siendo afectada por sus acciones o por la falta de las mismas.

### Puntos Sugeridos Para Reflexionar

- De los tres *tipos* de hombre usted, Sr. Estable, es el más querido de todos.

- Al ser un varón Estable/Sacerdotal usted trae confort a aquellos que necesitan tranquilidad. Parece saber lo que cada persona necesita en tiempos de dolor. Su presencia tranquila y callada trae paz.

- Usted no es líder y no va a prosperar si es llevado a la posición del hombre dominante. Por lo tanto, busque aquellas áreas que son más consistentes con su naturaleza y esté listo a dirigir si la situación lo requiere. Usted no está destinado a liderar fuera de la familia, pero si puede apoyar. No permita que su esposa lo obligue a estar en una posición dominante. Conozca sus fortalezas y trabaje en sus debilidades pero no escoja un rumbo contrario a su naturaleza.

- Como hombre Estable/Sacerdotal una de sus cualidades principales es no enfocarse en las cosas de una forma muy general, ni tampoco mirarlas a través de un microscopio buscando detalles; usted respeta ambas perspectivas. Usted es el *pegamento* que logra que el visionario y el dominante sean capaces de funcionar como un equipo, ya que sin su equilibrio habría tensión entre ellos.

- Si lidera a su esposa juntos traerán equilibrio a muchas personas; serán esenciales para cualquier organización, iglesia o comunidad. Cuando sea necesario deberá salir de su zona de confort y dirigir a su esposa para evitar que

141

ella se convierta en un problema para los demás. Usted, mi querido hermano, debe bajarse de su silla reclinable y poner su casa en orden.

## Crisis Emocionales de las Mujeres

*Sr. Pearl:*

*Quisiera contribuir a su libro para hombres con la siguiente frase: **lo que un hombre debe hacer y lo que no.***

*Estoy segura que usted ha notado que las mujeres somos criaturas muy emocionales. Algunas veces las hormonas alocadas o las emociones muy altas, como el nacimiento de un bebé o la llegada de nuestro periodo, sacan lo mejor o incluso lo peor de nosotras —esto no debería ser así pero somos humanas y algunas veces dichos comportamientos no se pueden evitar—. Cuando ocurran dichas situaciones mi deseo para todos los hombres casados es que comprendan los siguientes puntos:*

- Su esposa está teniendo un 'momento', por lo tanto, no la tome en serio.

- Retírese de la habitación por media hora, esto puede ayudar.

- Cómprele chocolates y asegúrese de darle un abrazo.

- Luego supere aquel 'momento' y deje que ella también lo supere.

*Esto no es una 'ley', solo son algunos datos interesantes sobre cómo tratar a una mujer emocional.*

*Con esperanza en Cristo,*

*Amy.*

## Otras Sugerencias de las Damas

- Un hombre necesita entender en qué momento su esposa está teniendo un *ataque emocional*. Es necesario que Él crea que ella está actuando como debería. Abrácela y sujétala entre sus brazos diciéndole cuánto la ama.

- Creo que todos los hombres deberían entender que las mujeres tienen momentos en los cuales no están emocionalmente *equipadas*. En esas situaciones es posible que ella grite o exija cosas que normalmente no haría. Cuando eso ocurra su esposo no debe decirle qué está bien o qué está mal, él solo debe darle tiempo para que ordene sus pensamientos.

- Algunas veces una mujer puede sentirse realmente alterada por su emociones; ese no es un buen momento para tratar de calmarla ya que es algo que las hace sentir peor. Lo mejor es dejar que se desahogue, llorando y sacando lo que tiene en su corazón. No se moleste con ella por eso.

- Cuando su esposa esté molesta y *alborotada*, cuando ella llore o tenga un humor cambiante, demuéstrele su amor dándole un abrazo.

- No le diga a su esposa que ella se siente emocionalmente vulnerable debido al periodo, eso solo empeora las cosas.

Ni seáis llamados maestros; porque uno es vuestro Maestro, el Cristo.

El que es el mayor de vosotros, sea vuestro siervo.

Porque el que se enaltece será humillado, y el que se humilla será enaltecido.

Mateo 23:10-12

# EL HOMBRE DOMINANTE

## Visionario, Estable, Dominante

Dios el Padre es Rey, Soberano del universo, el comandante de las fuerzas celestiales, el YO SOY. Es el Omnipotente y gobierna a toda Su creación.

Debido a que Dios creó a los seres humanos a Su imagen, con Su pluralidad de semejanza, algunos hombres expresan con más naturalidad la imagen del Padre. Aquellos que representan la imagen del Padre son los líderes dominantes entre nosotros. Ellos tienen una forma específica de llegar hasta la cima para organizar a otros hombres dentro de un grupo funcional. Por obvias razones nosotros dudamos en llamarlos 'reyes', de la misma forma en que dudamos en llamar a los visionarios 'profetas' o a los hombres estables 'sacerdotes'. Teniendo en cuenta que en este grupo existen *reyes benevolentes* y *dictadores tiránicos*, decidimos referirnos a ellos con un nombre más genérico: hombre dominante. Como fue mencionado anteriormente, esta clasificación se ajusta al carácter bueno, malo y feo que tienen este tipo de varones.

Los hombres dominantes pueden ser reconocidos fácilmente. Ellos tienen lo que conocemos como 'gravitas' o 'autoridad'. Cuando entran a un recinto y hablan todo el mundo se detiene a escucharlos. Cuando hacen una sugerencia suena como una orden.

La historia de los inventos y la innovación es el rastro dejado por los hombres visionarios, es decir aquellos que fueron creados a imagen del Espíritu Santo. La historia de la medicina, de los orfanatos y de la agricultura es el rastro dejado por los hombres estables, aquellos de tipo sacerdotales que fueron creados a la imagen del Hijo de Dios, el sacerdote de Dios, el compasivo sanador y pastor de las ovejas pérdidas. No obstante, las guerras y la historia del auge y la caída de los imperios es el rastro sangriento de los hombres dominantes; ellos son reyes que van en búsqueda de nuevos dominios. Capitanes de embarcaciones, presidentes, reyes y zares son solo algunas de las posiciones ocupadas por los hombres dominantes. A ellos les debemos nuestras libertades o nuestra esclavitud, nuestras victorias y nuestras derrotas, nuestras civilizaciones y nuestras organizaciones locales. Ellos fueron los Hitlers, los Moisés y los Macabeos. Patton y Rommel fueron por excelencia hombres dominantes, como también lo fue Stalin. Los extremos morales expresados en los hombres dominantes revelan que la imagen de Dios está desfigurada en todos nosotros por causa del pecado.

Debido a que nuestro mundo necesita solo algunos líderes parece que Dios hubiera limitado el número de hombres dominantes. Ellos se caracterizan por la falta de interés en pequeñas conversaciones o en quejas insignificantes. No son tan rápidos para culpar a otros por sus actitudes pero están listos para despedir a los ineptos. Cuando se presentan ideas *conflictivas* los hombres dominantes son capaces de ver todo el contexto y resumirlo de forma satisfactoria. A las personas les gusta la claridad. A los ojos de las personas 'promedio' el hombre dominante parece ser más sabio de lo normal, y en cierta forma lo es. El hombre dominante no se enfoca en las situaciones minúsculas o en el lado

> Cuando se presentan ideas *conflictivas* los hombres dominantes son capaces de ver todo el contexto y resumirlo de forma satisfactoria.

emocional de un problema; su objetividad surge de su naturaleza de supervisor. Él considera los problemas a la luz de todos los interesados.

Esa es la naturaleza de un comandante. Una guerra no podría tener a un hombre estable a cargo; él sacrificaría la misión e incluso la victoria final con tal de salvar a sus hombres. Él pondría sus reglas compasivas por encima de su cabeza. Un conflicto bélico tampoco podría tener a un hombre visionario como líder; si éste sintiera que es 'un buen día para morir' y pudiera 'transmitírselo al enemigo', se arriesgaría sacrificándolos a todos solo para hacer una *magnífica* declaración. Sin embargo, el hombre dominante considera todo el panorama y evalúa el costo de las cosas a la luz de alcanzar el objetivo.

## Lucas 14: 31-32

*"¿O qué rey, al marchar a la guerra contra otro rey, no se sienta primero y considera si puede hacer frente con diez mil al que viene contra él con veinte mil?*

*Y si no puede, cuando el otro está todavía lejos, le envía una embajada y le pide condiciones de paz".*

Cuando las tropas se enfrenten con las armas el hombre estable será quien enfrente la batalla hombro a hombro, dirigiéndose hacia el peligro para proteger a su familia y a su nación. Los visionarios inician las guerras, los hombres dominantes las dirigen y los estables las pelean. Recuerde, existen hombres dominantes en ambos lados de cualquier guerra. La flotilla japonesa que bombardeó Pearl Harbor estaba liderada por un hombre dominante. Esto nos recuerda que no existe ninguna virtud en el *tipo* de hombre que somos, sino en la forma en que usamos los dones que el Señor nos ha dado.

Los hombres dominantes llenan los pulpitos debido a su tenden
cia a abrirse camino para llegar al frente; además las personas
casi siempre confunden una personalidad imponente por una de
poder y autoridad espiritual. La verdad es que encontrar a un
hombre dominante calificado para ser pastor es algo raro; él nunca se enfoca en lo individual. El hombre estable/sacerdotal está
mejor equipado para cumplir el rol bíblico de pastor. Los visionarios harán bien liderando servicios de evangelismo o reuniones
campestres –son excelentes evangelistas– pero como pastores
son muy radicales para poder mantener una congregación junta;
cambian de dirección y prueban nuevas ideas muy seguido. Aunque son efectivos para inspirar a la congregación a salir de su
indiferencia o letargo, usted no querrá darles todas las riendas ya
que ellos harán correr al caballo hasta que desfallezca. Por su
parte, el hombre estable/sacerdotal *llorará con aquellos que llo-
ran y se regocijará con aquellos que se regocijan.* Esa es la
principal característi-
ca de un pastor. Sin
embargo, los hom-
bres estables usual-

> El hombre dominante se identifica fácilmente por su rapidez para dar un paso adelante y tomar el liderato.

mente no son escogidos para ser pastores debido a que ellos no
buscan tal posición y no son tan dinámicos como los otros dos
*tipos* de hombre.

## Allí donde el Sr. Dominante dirige, otros lo Siguen

El hombre dominante se identifica fácilmente por su rapidez
para dar un paso adelante y tomar el liderato. El hombre estable
puede estar atento para actuar pero duda, se siente abrumado y
es demasiado tímido para tomar la responsabilidad de estar al
frente de un proyecto. Los visionarios tienen la visión para lograr
algo, sin embargo, algunas veces fallan al ganar la confianza de
otros para que se unan a sus esfuerzos. El hombre estable se
asegura de ver primero hacia qué dirección está soplando el vien-

to antes de hacer un movimiento y luego se mueve cautelosamente. En épocas de crisis, cuando las medidas audaces son requeridas, alguien debe ser la cabeza que le da órdenes a los brazos y sincroniza los pies. El hombre dominante no lo piensa dos veces, él reúne las tropas, le dice al visionario que desarrolle una nueva arma y organiza al hombre estable para que la construya. Cuando el hombre dominante, en consejo con otros, decide que es tiempo de seguir adelante con la batalla, él dirige al visionario para hacer sonar la trompeta y el vasto número de hombres estables se levantan para ganar la batalla.

> Ser un hombre dominante lleva consigo el peso de tomar decisiones que tienen profundas consecuencias en la vida de otros.

Ser un hombre dominante lleva consigo el peso de tomar decisiones que tienen profundas consecuencias en la vida de otros. Es soportar una gran carga emocional con la esperanza de que lo usted ha decidido es lo mejor y lo correcto. Es tomar decisiones sin tener el lujo de la retrospectiva. Es pasar toda la vida cargado de responsabilidad. Aunque a usted le guste o no, Dios lo ha puesto para liderar.

Asombrosamente, tal y como el hombre dominante es por naturaleza un líder, la mayoría de las personas son por naturaleza seguidoras; ellos esperan ser dirigidos para lograr algún beneficio. Eso es bastante aterrador. Muy pocas personas tienen la suficiente confianza para actuar por su propia cuenta y no están dispuestos a aceptar la responsabilidad de tomar decisiones que afecten a otros. Sin embargo, el hombre dominante ve todo lo que está ocurriendo y se siente obligado a actuar. Es por este propósito que Dios creó hombres con la semejanza de rey. No es un camino fácil; Santiago dijo al respecto: "Hermanos míos, no os hagáis maestros muchos de vosotros, sabiendo que recibiremos mayor condenación" (Santiago 3:1). Aquellos que gobiernan tienen un inmenso compromiso y esta advertencia de las Escrituras les recuerda que manejen con mucho cuidado sus responsabilidades. Si cometen un error éste afectará a todas las personas que están bajo su mando.

> El hombre dominante ve todo lo que está ocurriendo y se siente obligado a actuar. Es por este propósito que Dios creó hombres con la semejanza de rey.

## Los Buenos Hombres Dominantes Son Servidores

A comienzos del verano de 2011 Alabama fue golpeada por varios tornados devastadores. En cuestión de horas muchos miembros de las familias y amigos de las personas afectadas se habían presentado con suministros para ayudar. Las víctimas estaban aturdidas en los alrededores y sin claridad de lo que tenían que hacer; las organizaciones gubernamentales aún no habían llegado, ni el FEMA (la Agencia Federal para el Manejo de Desastres –por sus siglas en inglés–), ni la Cruz Roja, ni la Guardia Nacional, ni siquiera las autoridades locales.

> Un hombre dominante dirigirá a otros o, por el contrario, tomará decisiones que lo encaminen en la búsqueda de sus propios deseos egoístas.

Existía una peculiar falta de liderazgo entre muchos voluntarios locales. Todos eran hombres estables de buen corazón esperando poder servir, pero ninguno sabía por dónde comenzar, ninguno estaba tomando el liderato. Así que uno de los hombres jóvenes de nuestro grupo tomó el control; comenzó a dirigir a algunas personas y le dio responsabilidades a cada uno. Los lugareños fueron atraídos por la autoridad del muchacho y le preguntaban qué podían hacer, como si él estuviera usando un uniforme y tuviera un suministro ilimitado de bienes, cosa que no era cierta.

Cuando los socorristas llegaron, donando un cargamento de comida, alguien de nuestro grupo dio un paso al frente y tomó el control. Ellos reunieron un equipo para distribuir los bienes.

> El hombre dominante ve todo lo que está ocurriendo y se esfuerza por ayudar al mayor número de personas, incluso si eso requiere pedirle a su propia familia que se sacrifique junto a él.

Una de las damas mayores que viajó con nuestro equipo llegó a casa muy feliz y sorprendida porque muchas personas la buscaron para preguntarle qué podían o no hacer. Ella es una mujer emprendedora, así que se sentía en el lugar adecuado como jefe en la sección de preparación y distribución de comida. Debido a la abrumadora destrucción que produjo el tornado las víctimas, e incluso los voluntarios, no pudieron decidir qué hacer hasta que alguien los organizó y comenzó a darles instrucciones. Durante la recuperación del trágico evento el liderazgo fue casi tan importante como los suministros enviados desde lugares del país. El hombre dominante no tenía el deseo de dirigir o de estar en la cima. Él quiso servir y entendió que su gran servicio era hacer uso de los recursos humanos disponibles.

## El Servidor o el Egoísta

Un hombre dominante dirigirá a otros o, por el contrario, tomará decisiones que lo encaminen en la búsqueda de sus propios deseos egoístas. Durante la tragedia de Alabama también se presentaron hombres dominantes caracterizados por el egoísmo, los cuales buscaron el beneficio propio al aprovecharse de la desesperación de las víctimas. Las guerras, las negociaciones, las disputas en la iglesia y las tragedias manifiestan el carácter de todas las personas, especialmente del hombre Dominante. Nos demuestran si él es benevolente o ególatra.

Un hombre dominante debe luchar consigo mismo para no tomar ventaja de su posición. Ellos a menudo no se dan cuenta de lo que hacen a causa de su egoísmo; se ven a sí mismos como personas fuertes pero no ven sus defectos. Ellos deberían leer muy a menudo 2 Corintios 4:5: "Porque no nos predicamos a nosotros mismos, sino a Jesucristo como Señor, y a nosotros como vuestros siervos por amor de Jesús".

> Un hombre dominante no invierte su tiempo en un lugar en el cual no pueda hacer la diferencia.

El hombre dominante que teme a Dios ve todo lo que está ocurriendo y se esfuerza por ayudar al mayor número de personas, incluso si eso requiere pedirle a su propia familia que se sacrifique junto a él. Sin embargo, si no es un hombre de integridad usará los recursos de otros para alcanzar sus propios intereses.

Si un hombre dominante es egoísta con su esposa es probable que también lo sea con las demás personas que lo rodean. Con el tiempo él terminará siendo un hombre insensible. Cada hombre es indivisible; no se puede ser alguien en la casa y otro en el trabajo. Él es quien es en todas las áreas de la vida y nada de lo que hace se escapa a su benevolencia o a su egoísmo, sin importar de que se trate.

Un hombre dominante no invierte su tiempo en un lugar en el cual no pueda hacer la diferencia. Él solo se sentirá cómodo cuando es necesitado para hacer cambios en las cosas. La habitación de un hospital, consolar a una mujer llorando o el cuidado de la casa no hacen parte de la descripción de su trabajo. A él no le gustan los comités a menos que estos funcionen bajo su mando. No compartirá el poder, pero si lo delegará cuando vea que sus propósitos se pueden cumplir.

## La Ayuda Idónea de un Hombre Dominante

Si usted es un hombre dominante lo más probable es que espere a que su esposa dependa de usted completamente. Si su esposa decide no someterse tal y como usted lo desea es probable que ella le proporcione un duro golpe a su orgullo; sin embargo, su necesidad de tener un 'subordinado' cercano permanecerá intacta. Los reyes necesitan consejeros y jefes de estado para que ellos puedan hacer su voluntad. El tipo Dominante/Rey asume que aquellos que están dentro de su 'jurisdicción', especialmente su esposa, estén allí para asistirlo en su mandato. ¿Qué otro propósito en la vida podrían tener ellos... o podría tener ELLA?

¿Usted ha pensado alguna vez de esta manera? Yo lo he hecho, pero no me siento culpable de sentir ese impulso sino del uso que hago de él en algunas ocasiones. Primeramente soy un hombre dominante y después soy un visionario, así que esta es una clasificación que conozco bien —tanto las fortalezas como las debilidades— y por lo tanto usted puede esperar que mi parcialidad hacia los hombres dominantes se haga evidente en mis escritos. No puedo evitarlo, tan solo pregúnteselo a la segunda al mando: mi esposa. A los 66 años de edad ya he cometido todos los errores y he visto todas las cosas constructivas que un hombre dominante puede hacer si usa sus habilidades de liderazgo para organizar a otros en la búsqueda de metas valiosas. Al trabajar juntos logramos mucho más que la suma total de nuestros esfuerzos individuales. Sin un líder fuerte las personas no se unen o se enfocan en algo en particular.

¿Cómo afecta a mi relación matrimonial el hecho de ser un hombre dominante? Un hombre dominante no quiere que su esposa esté involucrada en ningún proyecto que le impida atender inmediatamente sus propios intereses. Para él sus planes son lo más importante del mundo; todo lo demás es una pérdida de tiempo. A él le gusta que su esposa esté ocupada siendo productiva, pero cuando él la busca espera que ella deje todo lo que esté haciendo y vaya corriendo a su lado. Él la necesita

> El hombre dominante puede ser, de los tres *tipos* de varones, el de más principios y quien le demuestra más lealtad a su esposa.

y quiere que lo ayude; ella será valiosa para él y la exaltará a un lugar de prominencia, ubicándola a su lado en el *trono*.

El hombre dominante puede ser, de los tres *tipos* de varones, el que tiene más principios y le demuestra más lealtad a su esposa. Él hará todo lo que pueda para hacerla sentir como una reina en privado y en público, sin embargo, lo hace en sus propios términos. No espere que se conforme con las costumbres y comodidades que regulan a otros; él traza su propio *camino romántico*. No obstante, si su esposa se resiste a su autoridad y rechaza sus propuestas él es propenso a seguir adelante sin ella como si nada estuviese mal. No regresará para rogar o disculparse y hacer un 'tercer intento'. Si este hombre es una persona intolerante e inmadura es posible que se vuelva muy cruel con su esposa no sumisa.

El dominante es el *tipo* de hombre que tiene la mayor probabilidad de cerrarle la puerta a su esposa y dejarla atrás, si es que ella no comparte su visión de las cosas. El exigirá casi todo el tiempo que lo respeten, lo honren e incluso que lo homenajeen, ya sea que lo merezca o no. Cuando su esposa –quien pudo haber sido criada por un padre estable– no sigue sus directrices, él se alejará con mucha frecuencia y la dejará antes de que ella tenga la oportunidad de darse cuenta de que su matrimonio está casi perdido. Esto, por supuesto, demuestra la cobardía de ciertos hombres que prefieren huir y no confrontar los problemas.

Cuando un hombre cierra la puerta no solo está dejando por fuera a su esposa, también cierra la puerta a través de la cual las bendiciones de Dios iban a ser entregadas. Él está relegando el resto de su vida a un segundo lugar o incluso un nivel inferior.

## La Gran Debilidad del Hombre Dominante

La gran debilidad del hombre dominante es la confianza que tiene en sus instintos. Él confía en sus propios juicios por encima de cualquier cosa. A menudo es acusado de ser orgulloso e incluso arrogante. Esto no es ninguna novedad ya que sabemos el orgullo ataca mucho a las personas que están liderando.

Un hombre dominante que recién comienza a caminar en la fe no debe recibir un lugar de liderazgo en la iglesia (ver 1 Timoteo 3:6). El hecho de que él haya sido creado como un líder natural no le da inmediatamente las habilidades necesarias para liderar. Eso sería lo mismo que decir que alguien está listo para ser padre solo por el hecho de ser un hombre. La voluntad de liderar no es lo mismo que la sabiduría para hacerlo. La habilidad que alguien tiene para persuadir a otros para que lo sigan no significa que esa persona sepa cómo guiar en la dirección correcta.

> La voluntad de liderar no es lo mismo que la sabiduría para hacerlo.

Por lo tanto, la gran debilidad de un hombre dominante es asumir tercamente su propia superioridad.

Esto es evidenciado en el matrimonio por la presunción de que la esposa debe apoyar alegremente al hombre estable sin cuestionar la sabiduría de sus acciones. Frecuentemente este hombre es sorprendido por sus propios fracasos y no acepta con facilidad sus errores. Muy pocas veces se disculpa. De los tres tipos de hombre, el dominante se encuentra más propenso a pensar que se las puede arreglar sin una esposa. Él sería feliz si TAN SOLO pudiera tener relaciones sexuales tres veces a la semana, además de una cocinera personal que limpiará la casa y estuviera todo el tiempo interesada en sus cosas.

## Esperanza de Mando

No se desespere Sr. Dominante, usted puede tener una vida matrimonial asombrosa; lo sé porque yo también formo parte de este tipo de hombres y puedo testificar que mi matrimonio ha sido sumamente rico y gratificante. Debo además mencionar algo más importante que esto: ha sido rico y gratificante para mi esposa.

Es posible que usted no se sienta cómodo al compartir sus sentimientos con otra persona, incluso con su

> Más que algo físico o emocional, el matrimonio es el acto de unir dos almas gemelas.

esposa. Dominar es una cuestión solitaria. Para que una esposa pueda 'elevar su nivel' de autorización y así pueda ser admitida en el interior del 'santuario de estrategia y poder' de un hombre dominante, se requiere tiempo. Todo esto cambia a media que un hombre comienza a amar realmente a su esposa y ella aprende a valorar las fortalezas y virtudes de su esposo y lo acepta en sus propios términos.

> La habilidad que alguien tiene para persuadir a otros para que lo sigan no significa que esa persona sepa cómo guiar en la dirección correcta.

A medida que el tiempo pasa el hombre dominante se volverá más vulnerable a su esposa que los otros dos tipos de varones. Debido a su autoimpuesta lejanía él derramará toda su intimidad personal en la única persona en toda la tierra en quien se atreve a confiar. Esta acción de convertirse en una sola carne y un solo corazón es la esencia del matrimonio; no se trata de algo físico o emocional sino de unir dos almas gemelas. Vale la pena hacer cualquier sacrificio para lograr esa meta en su vida matrimonial. El matrimonio según el propósito de Dios necesita de mucha entrega, especialmente para un hombre dominante.

## Exhortación para el Hombre Dominante

Aunque usted sea un hombre dominante y crea que no necesita de ningún consejo –especialmente de un viejo con una larga barba como yo quien no puede pronunciar palabras con el acento apropiado—, voy a decirle lo que necesita hacer. Caballero, si no le gusta, escoja sus armas y elija el lugar y la hora. Este pueblo no es lo suficientemente grande para los dos (discúlpeme por favor. Yo también soy un hombre dominante, pero soy mayor y tengo establecidos mis métodos. A veces tengo estas *explosiones*).

Les he hecho una exhortación a los hombres visionarios y estables para diversificar sus 'expresiones de imagen'. El hombre perfecto es un balance adecuado de los tres tipos, tal y como lo fue Jesús en su humanidad. Algunas páginas atrás mencioné que una fortaleza se puede convertir en una gran debilidad si no la usamos con sabiduría. Yo estoy satisfecho con quien soy, sin embargo, soy consciente de mis flagrantes deficiencias estables/ sacerdotales. Debo cuidarme de la arrogancia y enfocar mis esfuerzos en expresar ese lado humano que no es natural para mí, pero que es extremadamente valioso para las personas que tengo a mi alrededor. Debo salir de mi zona de confort y actuar como un sacerdote de vez en cuando. Debo bajarme a la zanja y tomar una pala con el hombre estable aun a pesar de que mi verdadero deseo es reunir un grupo de personas y dirigir el trabajo para que sea terminado en un tiempo record. Así que, Sr. Dominante, la cuestión más carnal que usted puede hacer es esconderse de forma presumida detrás de su imagen y esperar a que su esposa y todos los demás estén bajo su *hechizo*. A muchos hombres malhumorados y egoístas les gusta creer que su malhumor es la expresión de un hombre dominante, cuando no es nada más que un pecado.

Existe solo un Señor y Maestro y nosotros, los hombres dominantes, debemos ser humildes a nuestros llamados usando los dones que nos han sido otorgados por el Señor para bendecir al mundo, no para aprovecharnos de éste. Conocer nuestra naturaleza, y lo que nos hace sentir y pensar de la forma en que lo hacemos, no es una justificación para la insensibilidad o la falta de sinceridad y humildad. Debemos tomar esto como una advertencia y a la vez como una oportunidad para entender nuestras deficiencias y buscar la gracia de Dios con el fin de que podamos vivir como Él desea. Esto nos hará hombres de carácter.

## El Hombre Dominante Perdedor

Existe la tendencia a que el hombre dominante se sienta superior solo debido a las características que Dios le ha dado, olvidando que "...a todo aquel a quien se haya dado mucho, mucho se le demandará; y al que mucho se le haya confiado, más se le pedirá" (Lucas 12:48). Por esta razón muchos hombres dominantes solo obtienen conocimiento de sí mismos pero no experimentan la humildad que hace que otros hombres intenten con mayor esfuerzo superarse.

No hay nada más patético que un inepto charlatán muy seguro de sí mismo intentando guiar hombres hacia donde él nunca ha ido. Si en su condición de hombre dominante usted no desarrolla habilidades productivas y no tiene un historial de realizaciones personales, es posible que desarrolle el hábito de contar historias exageradas sobre usted mismo hasta que las personas se *sintonicen* con el entretenimiento ficticio. Si usted se divorcia y pierde a sus hijos, quedándose sin su 'reino', puede volverse un parlanchín odioso. Aquellos que lo conocen lo abandonarán y lo considerarán un hombre irrelevante muchos años antes de que usted se dé cuenta de ello, ya que usted continuará ganándose la atención de personas aburridas con sus *cuentos de hadas*. Sí, siento su dolor. En serio. Pero no se rinda todavía. Más adelante en este libro le mostraré el camino de vuelta hacia la productividad y el honor. Por ahora volvamos a la *radiografía* del corazón.

Es posible que usted se haya *deslizado* mucho, incluso hasta el punto de creer que está en todo su derecho de mirar pornografía; se consuela a sí mismo con la idea de estar satisfaciendo sus necesidades de una forma válida. He conocido hombres dominantes que se convierten en predicadores y después de eso cometen adulterio con la mitad de las mujeres de la iglesia; cuando fueron descubiertos dijeron que ellos tenían muchas más necesidades que otros hombres y que debido a su servicio al Señor Él les había dado una 'licencia' para hacer tales actos.

Las mujeres se sienten atraídas hacia los hombres dominantes y, al igual que Betsabé, son llevadas dentro de su red dominante de autoridad, atando sus almas y cuerpos a ellos como si fueran Dios.

## Compleméntela o Acabe con Ella

Si una chica ha sido criada por una mamá mandona y un padre estable y no se le ha enseñado la Palabra de Dios respecto a su rol como esposa, ella no entenderá o apreciará la gran necesidad que tiene su cónyuge dominante de respeto y reverencia. Cuando una mujer ve a su esposo como alguien demasiado crítico o exigente, seguramente tendrá una opinión y una actitud al respecto. Por supuesto, ella tiene el derecho de dar su opinión, solo una mujer ignorante y destruida no tendría una. Es posible que ella permanezca calmada pero en algún momento abrirá sus fosas nasales y blanqueará sus ojos mostrando su desdén. Cuando un hombre dominante egocéntrico ve cómo su esposa 'irrespeta' sus órdenes él lo toma como una *rebelión total*. El Sr. dominante imprudente asume esto siendo exigente y egocéntrico. En una situación en la que el visionario podría gritar y pelear abiertamente, y el estable podría permanecer callado y herido, el hombre tipo rey se retira y se vuelve emocionalmente frío con ella. De esa forma él comunica la idea de que su reinado continúa; es decisión de ella seguirlo o no. Cuando esto ocurre la esposa generalmente reacciona de dos formas: se atasca en una prolongada *guerra fría* contra su cónyuge o se desmorona emocionalmente

> Usted no quiere una esclava; quiere una amante, una amiga y una socia igualitaria en la vida.

pero no se divorcia –debido a que cree que Dios no lo aprueba– y se convierte en una mujer fría.

Al inicio del matrimonio la mayoría de las esposas intentan ser mensajeras de paz. Ella se esclaviza, intenta complacerle en todo y luego lentamente comienza a perder la esperanza de que usted alguna vez intentará ponerse en su lugar. Muchos divorcios suceden cuando las relaciones llegan a este punto; algunas toman 20 años en llegar allí. Muchas de las mujeres que soportan esto, sufriendo una permanente falta de realización, se 'encogen' como seres humanos y se retiran en medio de las sombras con sus delantales puestos y una escoba en sus manos, haciendo fielmente todo lo que su esposo exija y manteniendo la tranquilidad en el hogar. ¡SICÓPATA! Usted no quiere una esclava; quiere una amante, una amiga, una socia igualitaria en la vida. Usted necesita una dinámica e inteligente ayuda idónea; una mujer que refleje quien es usted verdaderamente.

> Cuando usted destruye a su esposa destruye su hogar, sus hijos e incluso se destruye a sí mismo. Ella es su *costilla* y un hombre con una costilla rota cerca de su corazón es un hombre lisiado.

Algunos hombres dominantes son tan inseguros que no quieren que nadie los conozca bien, así que se cierran frente a la persona que tiene más probabilidades de ganar el acceso a su *santuario interno*. Ellos no aceptan las críticas y se sienten sumamente incómodos cuando a su lado está una mujer que tiene una opinión. A media que ellos *empujan* a sus esposas dentro de las sombras se van haciendo más y más pequeños, llegando incluso a acompañarlas en medio de la oscuridad. Según sus propios parámetros ellos están en una posición en la cual no pueden recibir críticas, sin embargo, tampoco recibirán ningún elogio o admiración. Aprenden el arte de la hipocresía e intentan ganarse la aprobación de aquellos que no los conocen.

Cuando usted destruye a su esposa destruye su hogar, sus hijos e incluso se destruye a sí mismo. Ella es su *costilla* y un hombre con una costilla rota cerca de su corazón es un hombre lisiado.

La esposa de un hombre dominante lleva un yugo más pesado que aquel que cargan la mayoría de las mujeres, pero si usted, por medio de su actitud, logra que ella realice sus labores de una forma gratificante, ella hará que usted duplique o triplique su productividad. Ella cuadruplicará su alegría y usted logrará algo mucho más grande que aquello que su mamá soñó cuando usted era niño. Su esposa se amoldará a sus necesidades si usted le da la oportunidad. Debido a su naturaleza dominante usted es un líder. Todo el mundo está listo para seguir sus directrices; ella también lo hará si usted no la trata mal y además le demuestra su amor y respeto. Si usted está cerca de ser el hombre que cree ser su esposa estará encantada de compartir su yugo y halar su carga, no *por* usted sino *con* usted.

Es importante tener en cuenta que un hombre dominante que no se somete a Dios tiene una gran probabilidad de ser abusivo. Sus fortalezas pueden ser fácilmente dirigidas hacia la destrucción. Él puede hacer exigencias severamente y luego reaccionar cuando las cosas no salen como él espera. Las almas más pequeñas cuyas palabras amargas pierden poder recurren a la violencia. Las mujeres que reciben dichas palabras se sienten tan intimidadas que para el momento en que su esposo dictador y egocéntrico recurre al abuso físico, ellas han aprendido a soportarlo e incluso creen que de alguna forma lo merecen.

Existen algunos hombres que son tan crueles y violentos que aun a pesar de que sus esposas hacen todo lo que les es requerido, ellos siguen abusando físicamente de ellas y de sus hijos. Sé que estoy disparando sobre las cabezas de algunos tiranos. Tal vez se justifiquen diciendo: "mi caso es diferente; mi esposa lo provoca. Usted no la conoce". Los hombres dominantes son a menudo muy buenos comunicadores y grandes manipuladores, por lo tanto, hacen que todo el mundo crea que su pobre esposa tiene trastornos emocionales o es mezquina; esto la deja a ella a su misericordia. Los consejeros necesitan tener cuidado, tras las puertas cerradas se pueden ocultar cosas muy malas.

Cuando una de estas mujeres me escribe yo la instruyo cuidadosamente respecto a cómo reunir evidencias en contra de su esposo y le digo cómo denunciarlo ante la ley. De esa manera es posible que yo tenga la oportunidad de irlo a visitar en prisión y compartirle allí la Biblia. Los que maltratan a sus esposas no tienen mucho que hacer tras las rejas, razón por la cual tienen mucho tiempo para el arrepentimiento. Es de aclarar que los hombres dominantes no reciben ningún respeto especial en los calabozos. Yo motivaré a su esposa a que espere que salga y lo reciba en su casa. Los ex convictos suelen ser humildes, al menos por un tiempo. Yo lo sé; trabajo con ellos cada semana.

Afortunadamente la mayoría de los hombres dominantes no son crueles o malvados. Ellos nunca serán físicamente abusivos, sin embargo, algunos producen daños muy graves a sus esposas mediante el silencio. Los hombres dominantes pueden controlar a sus cónyuges simplemente evitándolas y rehusando comunicarse con ellas. Mi esposa y yo hemos dado consejería a mujeres que dicen que sus esposos evitan hacer contacto visual, tienen relaciones sexuales solo cuando es necesario y luego se mantienen distanciados. Ellos solo se comunican a través de los hijos.

Ser evitado es horrible; una puerta cerrada es el mayor de todos los insultos. Cuando un hombre evita a su esposa ella pierde esperanza, siente que no vale nada y sin importar qué tanto intente complacerlo estará convencida de que lo que hace no es suficiente. En lugar de honrar al vaso más frágil él la está insultando por estar viva. Este es un pecado grave el cual Dios muy seguramente juzgará. Tan cruel maldad no será pasada por alto. Piense en cómo se sentiría usted si Dios le respondiera de esa manera.

Yo sé que la mayoría de los hombres dominantes no merecen esta reprimenda, sin embargo, recibo cientos de cartas confirmando que existe una cantidad considerable de varones que abusan mental y físicamente de sus esposas, lo cual me hace estar seguro respecto a escribir estas palabras. Esto también puede ayudarlo a usted, como hombre dominante, a enfrentar sus culpas y revertir el curso de las cosas. Nunca he conocido a su esposa y la verdad es que probablemente me preocupo más por ella que usted. Estoy hablando por todas aquellas señoras abusadas e ignoradas que me han enviado cartas con lágrimas marcadas en las páginas. Es el momento de arrepentirse ante Dios, recuerde lo que nos dice el Señor en Efesios 5:25-26: *"Maridos amad a vuestras mujeres así como Cristo amó a la iglesia, y se entregó a sí mismo por ella, para santificarla, habiéndola purificado en el lavamiento del agua por la palabra"*. Sería bueno que usted escuchara mi serie de enseñanzas *"Romans Verse by Verse"* (Romanos Versículo a Versículo) la cual se encuentra en la página www.nogreaterjoy.org (el audio se puede escuchar gratuitamente y está disponible solo en inglés).

## Sus Versículos Guía

**Efesios 5: 25-29:**

25 *Maridos, amad a vuestras mujeres, así como Cristo amó a la iglesia, y se entregó a sí mismo por ella,*

26 *para santificarla, habiéndola purificado en el lavamiento del agua por la palabra,*

27 *a fin de presentársela a sí mismo, una iglesia gloriosa, que no tuviese mancha ni arruga ni cosa semejante, sino que fuese santa y sin mancha.*

28 *Así también los maridos deben amar a sus mujeres como a sus mismos cuerpos. El que ama a su mujer, a sí mismo se ama.*

*29 Porque nadie aborreció jamás a su propia carne, sino que la sustenta y la cuida, como también Cristo a la iglesia.*

**Mateo 23: 10-12**

*10 Ni seáis llamados maestros; porque uno es vuestro Maestro, el Cristo.*

*11 El que es el mayor de vosotros, sea vuestro siervo.*

*12 Porque el que se enaltece será humillado, y el que se humilla será enaltecido.*

En su condición de hombre dominante usted tiene el potencial para convertirse en un líder productivo, sin embargo, necesita de su ayuda idónea para que ella esté a su lado como su reina. Cuando usted le demuestra a su esposa que la necesita, la quiere, la disfruta y que está dispuesto a recorrer la milla extra por su bienestar, ella será su admiradora más devota.

## Las Cinco Acciones del Hombre Dominante

- Ser humilde

- Dar honor

- Tener más paciencia

- Ser prudente

- Dirigir su hogar

> Si usted falla en ser un dirigente benévolo en su hogar no está preparado para dirigir en ningún otro lugar.

*"**Humillaos** delante del Señor, y él os exaltará"* (Santiago 4:10). De los tres tipos de hombres el dominante es el que más necesita humildad pero a su vez es el que menos está listo para expresarla. La humildad viene a nuestras vidas cuando nos estrellamos con la realidad de nuestras propias fallas.

*Honre* a su esposa "...como a vaso más frágil, y como a coherederas de la gracia de la vida, para que vuestras oraciones no tengan estorbo" (1 Pedro 3: 7).

*Sea más paciente* y respetuoso con los otros dos tipos de hombre. "Porque ¿quién te distingue? ¿O qué tienes que no hayas recibido? Y si lo recibiste, ¿por qué te glorías como si no lo hubieras recibido? (1 Corintios 4:7).

*Sea prudente* y analice la situación antes de hacerse cargo. "No seas sabio en tu propia opinión..." (Proverbios 3:7).

*El hogar* es donde el corazón está –o debería estar–. Ejercite sus impulsos para **dirigir su propio hogar**, ya que si falla en ser un dirigente benévolo en su propia casa no está preparado para dirigir en ningún otro lugar. "Que gobierne bien su casa, que tenga a sus hijos en sujeción con toda honestidad" (1 Timoteo 3:4).

## Su Lema

Su ayuda idónea se convertirá en lo que usted haga de ella.

### Puntos Sugeridos para Reflexionar

- El Sr. dominante es muy objetivo, nada emocional y no disfruta una pequeña charla. Su visión es como la de un hombre buscando desde una montaña alta: él ve la meta que está más lejos. El Sr. dominante desea hablar acerca de sus planes, ideas y proyectos terminados. Si él es sabio le pedirá a su esposa que le ayude a permanecer equilibrado, recordándole los momentos en los que necesita expresar empatía, escuchar pacientemente o sentarse tranquilo y estar callado durante una aburrida reunión.

- La mayoría de los hombres dominantes no son cercanos con muchas personas; tal vez con ninguna. Ellos se sienten incómodos cuando otros hombres intentan entrar a su *espacio*. No les gusta que los toque otro varón. Un vendedor que toca a un hombre dominante perderá su venta. Ni siquiera me gusta que un hombre se siente al lado mío cuando estoy comiendo. Si usted está lo suficientemente cerca como para tocarme sin duda estará demasiado cerca. Alguna vez recorrí todo un salón intentando estar a un metro y medio de distancia de un hombre que trataba de hablar conmigo. Sin embargo, debo aclarar: disfruto que las mujeres se sienten junto a mí cuando estoy comiendo.

- El Sr. Dominante se siente muy incómodo, y a punto de perder la cabeza, cuando tiene que tratar con alguien enfermo, indefenso o moribundo. Cuando no existe esperanza, el hombre dominante no tiene ninguna necesidad que satisfacer en ese lugar. Si usted es sabio compartirá esos sentimientos con su esposa y le pedirá que sea su 'suplente'. Si es un líder de hombres es muy importante tener buenos amigos que puedan tomar el control cuando a usted le cueste trabajo tratar problemas emocionales.

- Un líder por naturaleza es un hombre que puede –cuando es necesario– adaptar principios o reglas a las circunstancias con el fin de buscar el mayor beneficio para el mayor número de personas.

- Un hombre sabio no usa su personalidad o sus dones para controlar a otros y satisfacer sus deseos egoístas.

- Un hombre sabio conoce que a las mujeres tontas les gustan los líderes dominantes. Él sabe que compartir miradas con una 'admiradora' siempre traerá desgracias. Él teme a Dios y no quiere ensuciar Su santo nombre. Él sabe que no debe codiciar su belleza puesto que todos aquellos que la sigan irán directo al infierno.

- Un hombre dominante puede presumir demasiado en una conversación y en reuniones sociales. Dicho de otra forma, él puede pensar de sí mismo más de lo que debe.

- Un hombre dominante puede pensar que su punto de vista vale más que el de otros.

- Él tiene un *impulso* para tomar el control incluso en las áreas en donde no tiene ninguna habilidad.

- Un hombre dominante intenta aprender tanto como pueda acerca de todo, de esta manera nunca será sorprendido en desventaja.

- Un hombre dominante tiene más probabilidades de soportar una rebelión iniciada por un visionario.

- El visionario puede explotar con violencia pero el hombre dominante tiene más posibilidades de distribuir su fuerza de una forma controlada para contrarrestar la resistencia. En otras palabras, el visionario le gritará en las escaleras de la corte mientras que el hombre dominante tranquilamente le demandará quitarse sus pantalones.

- El hombre dominante es absolutamente esencial para todos los esfuerzos corporativos. Si se requiere organización, división de labores y delegación de autoridad, él es el hombre indicado.

## Una Lista de Deseos de las Mujeres

Una mujer me escribió alguna vez: "Usted pidió una lista de deseos, acá tiene la mía:

- Desearía que mi esposo fuera más paciente, menos irritable y más gentil conmigo y con los niños.

- Realmente desearía que no se dirija a mí en un tono que me hace sentir como si fuera una idiota.

- Desearía que me diera tantos halagos como lo hace con las críticas, o que me agradeciera por lo que he hecho en lugar de decirme lo que debería estar haciendo.

- Desearía que no me tratara como si yo estuviera al mismo nivel de los niños.

- Desearía que no se enojara conmigo en frente de los niños y que me tratara con respeto.

- Desearía poder tener mi cabeza en alto y decirle que estoy cansada de este maltrato. Quizás algún día lo haré, pero es más probable que me escape mientras él se encuentra en el trabajo y simplemente me vaya. Pienso en eso muy frecuentemente".

*Julie*

Así también los maridos deben amar a sus mujeres como a sus mismos cuerpos. El que ama a su mujer, a sí mismo se ama. Porque nadie aborreció jamás a su propia carne, sino que la sustenta y la cuida, como también Cristo a la iglesia.

Efesios 5: 28-29

# CONTRASTANDO LOS TIPOS

## Manzanas, Naranjas y Melocotones

Como lo mencionamos anteriormente, la mayoría de los hombres no pertenecen de forma exclusiva a un solo *tipo*, sin embargo, nunca he conocido a uno que logré un balance entre los tres. Al encontrarse a un hombre joven es fácil reconocer a cuál de los tres tipos pertenece, no obstante, cuando usted lo conoce de una forma más profunda también se pueden ver rasgos de los otros *tipos*.

Un tipo **visionario/profeta** puede tener lo suficiente de sacerdote (Sr. Estable) en él para mantener los pies en la tierra, o quizás tenga un poco de hombre dominante y sea un reformador o inventor un poco autoritario.

El **Sr. Dominante** puede tener un poco de sacerdote en él y ser un dirigente o dictador muy compasivo, cualquiera sea el caso. O puede tener un toque de profeta y ser un rey creativo e innovador, para bien o para mal.

> Los hombres que son puramente de una sola naturaleza resaltan como personajes de una historieta.

El **hombre estable** puede tener un poco de dominante en él y desarrollar perfectamente el trabajo de un jefe supervisor en una fábrica o ser un exitoso contratista en el campo de la construcción o incluso llegar a ser un buen senador. También puede tener un poco de visionario y convertirse en un Henry Ford, inventando una línea de ensamblaje y la manufactura de automóviles; o, siendo un trabajador estable, pude llegar a desarrollar nuevos métodos o herramientas para llevar a cabo su oficio. Una pequeña mezcla le da equilibrio a un hombre.

Los hombres que son puramente de una sola naturaleza resaltan como personajes de una historieta. Puedo entrar a un salón y reconocerlos de pie, sentados o de espaldas. Puedo oír la voz de un hombre en el teléfono y usualmente decirle qué tipo de hombre es. Los hombres mayores son más recatados y menos evidentes que los jóvenes, quizás porque han desarrollado un equilibrio a través de los años. Sus trabajos revelarán sus naturalezas pero sus rasgos pueden estar amoldados por los años de experiencia o por su disposición para escuchar a sus ayudas idóneas.

Martin Lutero, el reformador, fue un visionario con un poco de naturaleza dominante. Martin Luther King Jr., el activista de los derechos civiles, fue del tipo sacerdote/estable con un poco de visionario; sin embargo, se presionó a sí mismo para funcionar como dominante, la cual no era su inclinación natural. Benjamín Franklin fue cien por ciento visionario. George Bush es del tipo estable/sacerdote con una buena pizca de hombre dominante y nada de visionario. Barack Obama es un visionario con un toque de dominante.

Mis estimaciones pueden estar erradas en algunos casos, y si usted así lo cree entonces he tenido éxito al comunicarle los tres *tipos* de hombres.

## Los Buenos Doctores

Ayer mi esposa fue a una nueva clínica dirigida por dos quiroprácticos. Sin embargo, el lugar parecía más un gimnasio lleno de personas que se reunían en un gran salón para participar en ejercicios terapéuticos individuales y grupales. Los doctores iban viendo a cada persona y se detenían ocasionalmente para examinarlas. A pesar de todo, incluso en medio de este 'caos controlado', mi esposa sugirió a qué *tipo* de hombres pertenecían estos dos doctores tan pronto como cruzó la puerta de entrada. El primer doctor daba muestras de ser alguien que preferiría estar en su casa con un balón de fútbol americano en sus manos. No parecía encajar con una persona que sostiene un portapapeles y analiza unos rayos X. Él era lento, amable y se mantenía detrás del mostrador observando seriamente al otro doctor para tomar una decisión final. El segundo doctor, a quien llamaré el *Dr. Dominante*, estaba emocionado, muy pendiente de lo que estaba sucediendo en toda la clínica; caminaba con una autoridad relajada que transmitía confianza. Sin duda era un hombre dominante. No obstante, el entorno animado y concurrido de la clínica sugería que un visionario había estado allí. Pero, ¿dónde estaba?

> El Dr. Dominante es casi como un superhéroe. Le gusta salvar a las personas de cualquier peligro.

Cuando ella fue al pequeño consultorio el primer doctor entró. Él era un *gentil gigante* y claramente era un hombre Estable. Mi esposa le dijo: "usted se ve como alguien que quisiera estar jugando fútbol americano en vez de estar arreglando espaldas". Él sonrió, apretó su mano con su enorme guante y comenzó a decirle que había sido aceptado en un equipo de fútbol americano profesional pero el huracán Katrina había cambiado sus planes, ya que en el área afectada por la tormenta se encontraba la ciudad donde lo habían solicitado como jugador. Este doctor era casi 100% sacerdotal, así que seguramente él no era el hombre responsable de la estructura de la clínica. Mi esposa no le preguntó, pero apuesto a que su posición era defensa y no atacante en aquel equipo de fútbol americano.

El Dr. Dominante entró al pequeño consultorio y el agradable ambiente que había desapareció instantáneamente. Después de una rápida presentación él comenzó a enseñarle a Debi cómo reaccionaba el cuerpo humano a ciertos problemas y cómo esto podía ser corregido. Claramente no existía ninguna necesidad der ser amigable o conversacional cuando había una situación seria que atender. Si yo hubiese estado allí hubiera coincidido completamente con él.

Cuando el doctor dejó de hablar ella cambió el tema. "Entonces, ¿a usted obviamente le encanta comunicarse?", le dijo mi esposa. Él se relajó visiblemente, su voz reflejaba su seriedad: "Si, tengo un mensaje valioso y me gusta compartirlo", replicó. Fue entonces muy claro que él era un hombre dominante, pero con la suficiente *medida* de visionario para soñar y hacer las cosas realidad.

Cuando ella dudó en hacer un compromiso de largo plazo para un tratamiento el semblante del doctor cambió visiblemente, y esta vez no fue de forma positiva. Él se disgustó, su imagen de dominante habló y sin siquiera decir estas palabras su mensaje fue claro, "yo soy el doctor aquí. Si usted quiere hacer lo correcto hará lo que yo digo de la forma en que yo lo digo". El impulso de este hombre para estar a cargo (rey) y su visión (profeta) le ayudarán a tener éxito, lo harán un mejor doctor y permitirán que él sobresalga en su trabajo. Él no estará satisfecho con lo que hayan dicho los doctores que le precedieron; investigará hasta encontrar sus propias respuestas.

La elección del Dr. Dominante/Visionario para un segundo doctor fue excelente. El Dr. Estable hará que todas las personas que asisten a la clínica se sientan importantes, especiales y seguras. Nadie se sentirá afanado

> Un hombre sabio escogerá a una mujer que desee ayudarlo a brillar más intensamente, escalar más alto y volverse mejor en todo lo que haga.

con su lenta paciencia, amable consideración y disponibilidad para hablar de su propia vida. Ellos dos hacen un buen equipo de trabajo. Le dije a mi esposa que desistiera del programa debido a que obviamente estaba diseñado para cuerpos más jóvenes.

El Dr. Dominante es casi como un superhéroe. Le gusta salvar a las personas de cualquier peligro, le gustan los dramas. En este momento de su vida él no está casado pero cuando se una con alguien para formar una familia debe evitar casarse con una mujer del tipo 'superhéroe', ya que seguramente tomará los éxitos de ella como un reto y empezará a competir contra su esposa. Su amada necesita ser del mismo tipo que su compañero de trabajo, el Dr. Estable. Sin embargo, existe la posibilidad de que este hombre se case con una *señorita superhéroe* debido a que las personas a su alrededor le aconsejarán que consiga una esposa con su mismo carácter. Él muy probablemente decidirá complacerlos, algo que no es una buena idea. Si él es sabio escogerá una mujer que desee ayudarlo a brillar más intensamente, escalar más alto y volverse mejor en todo lo que haga. Él necesita una esposa calmada y trabajadora que lo atienda siempre con la mejor disposición. La gente se preguntará por qué el escogió a una señorita sin características tan 'destacadas' como las de él. Sin embargo, si él la ama y la pone como cabeza de su equipo ella dejará rápidamente su imagen retraída y se convertirá en una protagonista.

## Las Buenas Esposas de los Doctores

El **Dr. Estable** está casado. Probablemente contrajo matrimonio con una simpática chica emprendedora que está ocupada haciendo sus propias cosas. A ella le agrada el hecho de que su esposo esté trabajando para el Dr. Dominante, ya que le gusta que las cosas se hagan apropiadamente. Para más información acerca de los tres tipos de mujer le recomiendo que lea el libro *"Preparándose para Ser una Ayuda Idónea".*

Al **Dr. Visionario/Dominante** le gustaría estar casado pero él siempre tiene muchas ocupaciones y nunca se toma el tiempo de compartir con alguien. Él sabe que hay mujeres que se casarían con él por su influencia o su dinero.

Las emprendedoras, aquellas mujeres que se esfuerzan para salir adelante, no son la mejor pareja para él. Esperemos que el Dr. Dominante encuentre una esposa que le ayude a madurar y a ser el hombre que el Señor quiere que sea. Sería bueno que él use su cerebro en lugar de sus ojos cuando tome su decisión, ya que el tipo de mujer que necesita muy probablemente no será *deslumbrante*. Él necesitará una esposa que sea su mano derecha y, más importante aún, una mujer que siempre le sirva y sea su 'escuadrón de aplausos' personal.

Recuerde, las mujeres son moldeables; entre más jóvenes sean más fácil será amoldarlas, y entre menos experiencia tengan en el mundo es más fácil para ellas adaptarse a las necesidades de su esposo. La mayoría de los hombres se casan esperando que sus esposas sepan cómo complacerlos. Sin embargo, usted ahora sabe que si quiere una buena mujer debe aceptar la responsabilidad de amarla y moldearla para que sea la esposa que usted desea. Esto es más fácil de lograr cuando usted se conoce a sí mismo y sabe cuáles son sus necesidades, sus fortalezas y sus debilidades. El hecho de que su futura esposa conozca lo que Dios dice respecto a ser una ayuda idónea también es de gran ayuda. Recomendaría que TODOS los hombres jóvenes le pidieran a sus futuras novias que leyeran, estudiaran y discutieran ampliamente los libros de mi esposa "Creada para Ser su Ayuda Idónea" y especialmente "Preparándose para Ser una Ayuda Idónea". Esto no es un aviso publicitario es solo un buen consejo.

## Contrastando los Tres Tipos

Cada *tipo* de hombre llega a ciertos extremos respecto a la forma en que se relaciona con su esposa. Un buen consejo para alguno de ellos podría ser inapropiado para los otros dos tipos. Es importante que usted se conozca a sí mismo para que pueda entender sus fortalezas y debilidades.

## Fortalezas

**El Sr. Dominante** ve a los hombres como ovejas sin pastor y los organiza en un cuerpo de trabajo, ayudándoles a hacer uso de sus talentos al máximo potencial. Él es un supervisor y comandante en cualquier lugar donde sea requerido.

**El Sr. Visionario** está enfocado, ve cosas que otras personas no perciben. Es una *fuente de ideas*. Él dice ser 'la conciencia de la sociedad'. Intenta cambiar las cosas para que sean mejores. A menudo es radical y siempre está listo para marchar a su propio ritmo.

**El Sr. Estable** es un hombre que le agrada a todo el mundo. Es amable y no lanza juicios apresurados. Es el último en cambiar y el primero en negarse a estar a la vista del ojo público –aparentando ser humilde aunque no siempre lo es–. Es el sacerdote listo a mostrar su compasión y cuidado por el herido, el músculo y la paciencia que construye una casa, una ciudad o una nación; sin él el mundo tendría muchas visiones, pocos líderes y nadie que materializara los sueños.

## Debilidades

**El Sr. Dominante**, si no logra cumplir sus deseos, se puede convertir en un tirano obstinado que gobierna a su familia con frialdad. Los dictadores son hombres dominantes que se salen del camino. Ellos esperan ser honrados y poseer un lugar de prominencia, incluso cuando no lo merecen. A menudo parecen ser arrogantes y orgullosos. Gobiernan a su esposa como si fuera un empleado de la casa y esperan a que ella haga lo que ellos quieren al instante.

**El Sr. Visionario** salta de un plan fantástico a otro; tiene un éxito abrumador y luego fracasa miserablemente. Generalmente culpa a alguien más por sus fallas. Puede convertirse en alguien radical e incluso violento y revolucionario. No siempre da lo mejor de sí para su familia. Algunas veces sacrifica la comodidad y seguridad de ellos para continuar en la búsqueda de su propia visión. Él alcanza las estrellas mientras su esposa limpia los pisos.

**El Sr. Estable** se puede perder en la mediocridad si no se reta a sí mismo a ser creativo. Puede convertirse en la sombra del dominio de su esposa si no toma las riendas de su casa y dirige a su familia. Habla cuando debe estar trabajando y trabaja cuando debe estar en su casa ministrando a su esposa y a sus hijos. Sacrifica la verdad por la paz y puede llegar incluso a mentir para no herir los sentimientos de otros.

## Camino a la Ruina

**El Sr. Dominante** puede arruinar su matrimonio al no demostrar amor y compasión hacia su esposa. Si se irrita y muestra desdén al rehusarse a hablar, o simplemente si falla al momento de apreciarla, estará cerrándole la puerta a su matrimonio. Ninguna mujer puede continuar en una relación cuando está siendo evitada. Ella se hará pedazos o se irá, de cualquier forma es un matrimonio en el que ambos pierden. El hombre dominante cree que puede hacer mejor las cosas sin ella, pero la verdad es que está estableciendo un patrón erróneo que lo seguirá todos los días de su vida.

**El Sr. Visionario** puede arruinar su matrimonio al permanecer concentrado en sus propios sueños, olvidando sus responsabilidades. Si fracasa al momento de poner las necesidades de su esposa por encima de las propias, él estará comprobando que se ama a sí mismo más de lo que la ama a ella. El impulso natural de una mujer es tener un refugio seguro para sus hijos; si ella siente que éste se inunda irá a buscar un terreno más seguro.

**El Sr. Estable** probablemente no arruinará su matrimonio, en lugar de ello solo lo hará miserable para él y para su esposa, dando un pésimo ejemplo en su iglesia y su comunidad. Si él se siente muy incómodo al momento de hablar, enseñar o compartir sus sentimientos se retirará hacia un lugar donde se sienta a salvo, dejando a su familia miserablemente incompleta.

## Comparación

El Sr. Dominante necesita una mujer que lo sirva. El Sr. Visionario necesita una esposa que hable con él. Ambos, tanto dominante como visionario, necesitan que su ayuda idónea los admire. Un hombre estable necesita una mujer que camine a su lado, una *coequipera*. Ella necesita saber que ese es su papel; si lo desempeña correctamente podrá convertirse en su *colega* para toda la vida. El Sr. Estable debe hacer que ella se sienta útil en el hogar. Como su ayuda idónea su esposa realmente NECESITA saber que usted cuenta con ella para hacer las cosas.

El Sr. Estable necesita aprender a *levantar la cabeza* frente a su esposa mandona, mientras que el Sr. Visionario necesita sacar su cabeza de la gran nube que forman sus sueños para salir de su casa y comenzar a trabajar. Por su parte, el Sr. Dominante necesita recordarle constantemente a su esposa que la ama.

**El Sr. Dominante** puede estar celoso del éxito de su esposa y tomarlo como una forma de desprecio. Él quiere tener toda la atención de ella y desea ser la única atracción del lugar. El hombre dominante inmaduro que no logra mucho por su propia cuenta puede estar celoso de cualquier éxito que ella tenga aparte de él. He visto hombres que voltean sus ojos en público cuando alguien halaga a su esposa por algún logro. Él, en su inseguridad, rehúsa permitirle a ella hacer algo en lo que pueda ayudarlo, ya que no quiere que su cónyuge se destaque más que él. Cuando un hombre trata así a su ayuda idónea él está *cortándole las alas* a la mujer que Dios le dio para ayudarlo. No mantenga su 'altura' haciendo que su esposa permanezca sentada.

**El Sr. Visionario** se emociona, e incluso se vuelve frenético, cuando es *consumido* repentinamente por una visión. Lo último que quiere en ese momento es que alguien le diga que su idea es una locura —en la mañana siguiente él probablemente se dé cuenta por sí mismo—. Si su esposa no lo apoya y le dice que su proyecto es totalmente inviable antes de que él lo descubra por sí mismo, el esposo lo tomará como un rechazo hacia él en lugar de un análisis objetivo de una persona imparcial. Algunos visionarios viven en los picos de las montañas de la adrenalina producida por la alegría. Ellos, sin embargo, se deslizan hacia el valle de la depresión con mucha frecuencia y al poco tiempo vuelven a la cima, alimentados por sus ideales. Su deseo es que sus esposas hagan lo mismo y las culpan cuando ellas no *suben y bajan* emocionalmente al mismo nivel que ellos. Esto generalmente hace que ambos se distancien como pareja.

> De todos los *tipos* de hombres, el que más necesita aprender cómo incorporar a su esposa dentro de su vida es el Sr. Visionario. No solo por su propio bien sino por el de AMBOS.

De todos los *tipos* de hombres, el que más necesita aprender cómo incorporar a su esposa dentro de su vida es el Sr. Visionario. No solo por su propio bien sino por el de AMBOS. Él no debe sentirse mal cuando su esposa tiene opiniones y emociones propias. Caballero, debido a que la naturaleza de su esposa no es visionaria ella es mucho más objetiva que usted. En su mente usted siempre observa los detalles a través de un microscopio, mientras que ella ve la imagen completa. No la aleje simplemente porque es más objetiva que usted, ella simplemente es así. Usted es el inmaduro.

**El Sr. Estable** es miope respecto a su posición como cabeza de familia. Él tomará el liderato si todo el mundo está dispuesto a seguirlo, pero si su esposa lo obstaculiza él siempre escogerá la paz en vez del poder. Un 'esposo dominado' y un hombre estable son sinónimos. Un hombre dominante nunca será un esposo dominado. Sus gallinas lo siguen o son dejadas atrás. El visionario está tan controlado por sus impulsos que no puede estar sentado en el mismo lugar lo suficiente como para que lo puedan dominar; sin embargo, el Sr. Estable tiene la tendencia de "sentarse en el nido y dejar que la gallina haga lo que quiera, siempre y cuando lo deje fertilizar sus huevos de vez en cuando".

## Cosas sin Sentido que Dicen los Esposos

- Necesitas perder peso.

- ¿Por qué no llamas a mi mamá y le preguntas cómo cocinarlo?

- Tu familia es rara.

- ¿Podrías pensar por un momento?

- No solías pensar así.

- Te sentirás diferente cuando termine tu periodo.

- Las esposas de mis amigos no tienen ningún problema con eso.

- ¿Quién puso esa idea tan tonta en tu mente, tu mamá?

- No estás siendo lógica.

- Eso no es lo que estoy diciendo.

- Lo haré este fin de semana.

- Apúrate con los niños y limpia todo.

- ¡Ahora no! Estoy intentando ver las noticias.

- ¡Controla a los niños antes de que yo les enseñe cómo respetar! ¿Acaso no puede haber paz en esta casa?

> El Sr. Dominante puede recuperar su matrimonio al enfocarse en amar a su esposa y darle el valor que ella realmente tiene.

## Recuperando su Matrimonio

**El Sr. Dominante** puede recuperar su matrimonio al enfocarse en amar a su esposa y darle el valor que ella realmente tiene. Hágala sentir especial y llénela de halagos, de esa forma ella estará a su lado en todo tiempo. Debe cortejar a su dama y no sentir miedo de ser vulnerable frente a ella. Yo sé que esto es difícil pero se facilita cuando usted poco a poco empieza a confiarle las áreas más escondidas de su corazón. Ustedes dos deben estar seguros de que desean lo mejor el uno para el otro. Pídale a su esposa que le comparta si se siente bien o mal en la relación. No se trata de sus intenciones, se trata de lo que ella recibe de usted.

> El Sr. Visionario puede recuperar su matrimonio al atender primeramente las necesidades de su esposa. Bríndele seguridad.

**El Sr. Visionario** puede recuperar su matrimonio al atender primeramente las necesidades de su esposa. Usted necesita brindarle seguridad y dejar de lado sus *ideas salvajes* durante el tiempo que sea necesario, todo con el fin de asegurarle a ella que usted está ejerciendo su rol como cabeza de familia. Debe esforzarse por escuchar pacientemente las preocupaciones que ella tenga. No olvide que sus buenos argumentos no harán que su relación matrimonial mejore. Su visión y entusiasmo no alimentarán a la familia, ni tampoco le demostrarán a ellos cuan importantes son en su vida. Aprenda a ponerle freno a sus *ideas brillantes* y confíe en su esposa cuando le diga que lleve las cosas con calma. Usted no debe desarmar el único carro que tiene la familia con el fin de construir un tractor, tómese algunos días y discútalo con ella. Es posible que usted cambie de idea antes de generar consternación en la casa.

¿Vale la pena pasar por problemas para que las parejas aprendan a funcionar en unidad? Sí. Dios diseñó a su esposa para que sea su ayuda. Recuerde, ella llegó a usted como un *kit* para ser ensamblado; usted la sacó de la caja y se quejó porque no funcionaba correctamente. Dios le dio las instrucciones en Efesios 5; su deber es santificarla. Ella quiere ser su

> El Sr. Estable puede recuperar su matrimonio en dos pasos:
> 1) Tomar la delantera y dirigir.
> 2) Enseñarle a su esposa a ser productiva, recursiva y exitosa.

ayuda, Pablo lo dice de esta manera: "… pero la casada tiene cuidado de las cosas del mundo, de cómo agradar a su marido" (1 Corintios 7:34).

El Sr. Estable puede recuperar su matrimonio en dos pasos: 1) tomar la delantera y dirigir. 2) Enseñarle a su esposa a ser productiva, recursiva y exitosa. Ella estará feliz cuando usted la tome de la mano y la guíe para que se convierta en una excelente mujer. Ella no encontrará la suficiente libertad de expresión estando sentada, solamente esperando a que su esposo traiga un poco de emoción a su vida –siempre existen excepciones y algunas mujeres se sienten cómodas viviendo de esa forma–. Así que si usted no quiere que ella use todas sus fuerzas solo para criticarlo, motívela para que desarrolle *hobbies* productivos o actividades que mejoren a la familia de algún modo.

El Sr. Estable quiere ser bueno con su esposa, así que la deja en casa sentada sintiéndose inútil. Usted no está siendo bueno, está abdicando responsabilidad. Su falta de liderazgo la frustrará y ella se volverá amargada o probablemente lo abandone para alcanzar sus propios proyectos.

Lo diré nuevamente: Dios llama a la esposa "ayuda idónea" por una razón. Una mujer fue diseñada para estar haciendo cosas productivas, algo que la haga sentir más que una empleada de servicio o alguien que solo da a luz bebés. Ella fue creada para ser su ayuda. ¿Usted la está ayudando a que ella lo ayude?

## Lista de Deseos

Esta lista de deseos es tomada de las cartas que recibo.

- Desearía que cuando yo hablo mi esposo me escuchara y luego compartiera conmigo sus pensamientos sobre lo que le dije.

- Desearía que le diera el 100% al matrimonio y a la familia, no solo a su trabajo y a los videojuegos.

- Desearía que mi esposo nos guiara en oración y en devocionales familiares.

- Desearía que él fuera más espontáneo, que saliéramos más y que hablara conmigo.

- Desearía que hablara más sobre sus sentimientos y no solo me compartiera información concreta.

- Él no se toma tiempo a solas conmigo. Me hace sentir alejada.

- Me encantaría que él me mirara a los ojos y escuchara con interés cuando le estoy hablando.

- Desearía que no se disculpara tan rápido y que no usara frases como: "Sí, yo hice eso, lo siento". "Eso es lo que tú piensas que yo quería decir". "Siento que lo hayas tomado de esa forma".

Mujer virtuosa, ¿quién la hallará? Porque su estima sobrepasa largamente a la de las piedras preciosas.

Proverbios 31: 10

# TRES CLASES DE MUJERES

## Conociendo sus Fortalezas y Debilidades

En el libro que mi esposa escribió para mujeres solteras *"Preparándose para Ser una Ayuda Idónea"* ella presenta una imagen de los tres tipos de mujeres que existen y cómo se relacionan con sus esposos; las llama mujeres **emprendedoras** (dominantes), **servidoras** (estables) y **soñadoras** (visionarias). Como lo mencionamos anteriormente, los hombres se encuentran inamovibles en su naturaleza desde el nacimiento, pero las mujeres parecen desarrollar la de ellas a medida que van creciendo y madurando. En muchos casos su *tipo* no es tan fácilmente identificable sino hasta bien entrada la vida adulta. Si una mujer se casa joven, o antes de tener una amplia experiencia como alguien independiente, podrá amoldarse fácilmente como la *coequipera* que necesita su esposo. Dios creó a la mujer para ser una ayuda, así que, en lo concerniente al matrimonio, la mayoría de las mujeres se adaptarán rápidamente a las necesidades de su esposo sin importar el *tipo* de hombre que sea.

Las personas parecen estar mejor *emparejadas* en pares complementarios; por ejemplo, un hombre fuerte en ciertos aspectos se sentirá mejor con una mujer que tiene fortalezas en un área en la que él es débil. Un hombre dominante y una mujer emprendedora pueden terminar compitiendo el uno con el otro. Yo soy un hombre dominante así que aprecio las fortalezas de una servidora y una soñadora.

Por regla general no me gusta mucho una mujer emprendedora/ dominante y tendría que hacer bastantes ajustes si estuviera casado con una. Nunca hubo algún peligro de ello, ya que en mi juventud no le hubiera prestado atención a una mujer agresiva. Tuve una primera y única cita con varias chicas emprendedoras, sin embargo, estoy seguro que ellas eventualmente hicieron una pareja muy agradable con un hombre estable.

El entender su naturaleza y la de su esposa le permitirá conocer las debilidades y las fortalezas de ella y de esta forma usted podrá ayudarle a desarrollar todo su potencial en lugar de tomar como una ofensa sus particularidades. A medida que una mujer madura y *engrana* su vida a la de su esposo las líneas se vuelven borrosas respecto de su *tipo*. Si ella es una mujer servidora entonces toma fortaleza de su esposo y se convierte en alguien más fuerte y seguro. Si ella es una soñadora aprende a moderar sus ideas y ajustarlas a las necesidades de su esposo, volviéndose así más servidora. Si ella es una chica emprendedora aprende a disfrutar el servir mientras que sigue manteniendo su *enfoque agresivo* hacia la vida. Depende de cada hombre guiar a su esposa para que ella se convierta en la mujer que él necesita.

## Soñadora/Visionaria

La siguiente lista es tomada de las cartas que nos envían las lectoras de mis libros y los de mi esposa.

- A una soñadora le gusta hacer que las cosas sucedan.

- Ella es creativa.

- No está tan preocupada por los detalles; se enfoca en su *imaginación activa*.

- Ella está motivada y concentrada.

- No siempre es tolerante con aquellas personas que parecen poco eficientes, sin embargo, puede ser de mucha ayuda cuando se requiere que las cosas se hagan de forma rápida.

- Ella se preocupa profundamente por las personas y por solucionar problemas, no obstante, no le agrada quedarse sentada pensando sin actuar.

- Tiene fuertes intuiciones e impresiones, muchas de las cuales resultan ser acertadas.

## Servidora/Estable

- Una mujer servidora es extrovertida, amigable, cálida y alegre.

- Es hospitalaria y le encanta visitar y conocer nuevas personas.

- Suele preocuparse mucho por las necesidades de los demás y siempre está lista para ayudarlos.

- A menudo es emocional, muy compasiva y tiene fuertes creencias, opiniones y convicciones.

- Ella necesita de un hombre fuerte para mantener su sensación de equilibrio.

- Una mujer servidora siempre está intentando servir y dar.

- No es muy buena para medir sus acciones, ya que algunas veces hace esfuerzos excesivos y se lleva hasta el límite. También es propensa a la desmotivación, al agotamiento y el desgaste.

- Es muy simpática y comprensible, rápida para aceptar la culpa y se *carga* fácilmente con los problemas y las necesidades de otros.

## Emprendedora/Dominante

- Una mujer emprendedora suele ser muy digna.

- Es quizás la más incomprendida de las tres *categorías*; ella se toma la vida muy seriamente.

- Le presta mucha atención a los detalles y está muy consciente de lo que es y no es apropiado.

- A ella no le gustan las emociones, los cambios repentinos, la actividad excesiva y las cosas imprevistas.

- Ella se *nutre* de la consistencia, le encanta la paz y es una mujer de principios.

- Tiene mucha fortaleza interior y puede ser muy leal. Es comprometida creativa y muy buena confidente.

- Es posible que ella sea emocional pero no expresa sus sentimientos con facilidad.

- Es una mujer digna que tiene fuertes opiniones y altos estándares, sin embargo, se desmotiva fácilmente con el fracaso.

- Responde muy bien a la motivación pero se vuelve insegura cuando es criticada.

### Una Lectora escribió:

"Una clave para entender estos tres *tipos* de mujeres es descubrir aquello que las motiva".

- Una **soñadora** quiere hacer que todo funcione y se vea bien.

- Una **servidora** quiere hacer a todo el mundo feliz.

- Una digna **emprendedora** espera que todas las personas, especialmente ella misma, vivan con grandes ideales.

La fuerza dominante de cada uno de estos *tipos* de mujer tiene el potencial para ser su gran debilidad. Debido a que las metas individuales de cada *tipo* son diferentes, también lo son sus necesidades.

- Una **soñadora**/visionaria necesita un enfoque o un proyecto. Ella necesita sentir que tiene algo importante que hacer.

- Una **servidora**/sacerdotal necesita sentirse apreciada. Además, para ella es importante saber que las personas a las que está sirviendo están recibiendo la ayuda necesaria.

- Una digna **emprendedora**/dominante necesita estar a gusto para que su potencial creativo pueda florecer.

# ¿QUÉ DICEN LAS ESCRITURAS?

A continuación se presentan los pasajes bíblicos más significativos para el matrimonio desde la perspectiva de un hombre. No voy a ofrecer un comentario detallado en todos ellos, sin embargo, los textos están citados para que usted los examine detenidamente; las frases más importantes están resaltadas. Organizar un estudio bíblico para hombres con el fin de estudiar estos pasajes puede ser algo muy útil.

**Dios estaba casado con Israel de la misma forma que Cristo se comprometió con la iglesia.**

**Isaías 54: 5-8**

5 *Porque **tu marido es tu Hacedor**; Jehová de los ejércitos es su nombre; y tu Redentor, el Santo de Israel; Dios de toda la tierra será llamado.*

6 *Porque como a mujer abandonada y triste de espíritu te llamó Jehová, y como a la esposa de la juventud que es repudiada, dijo el Dios tuyo.*

7 *Por un breve momento te abandoné, pero te recogeré con grandes misericordias.*

8 *Con un poco de ira escondí mi rostro de ti por un momento; pero con misericordia eterna tendré compasión de ti, dijo Jehová tu Redentor.*

**El matrimonio es la unión que hace una sola carne hasta la muerte. (Romanos 7: 1-3).**

## Marcos 10: 7-9

**7** *Por esto dejará el hombre a su padre y a su madre, y se unirá a su mujer,*

**8** *y los dos serán una sola carne; así que no son ya más dos, sino uno.*

**9** *Por tanto, lo que Dios juntó, no lo separe el hombre.*

**No busque satisfacer sus deseos sexuales con otra mujer que no sea su esposa.**

## Proverbios 5: 15-23

**15** *Bebe el agua de tu misma cisterna, y los raudales de tu propio pozo [satisfaga su sed sexual con la fuente de su esposa].*

**16** *¿Se derramarán tus fuentes por las calles, y tus corrientes de aguas por las plazas?*

**17** *Sean para ti solo, y no para los extraños contigo [no tenga relaciones sexuales con nadie más].*

**18** *Sea bendito tu manantial, y alégrate con la mujer de tu juventud,*

**19** *Como cierva amada y graciosa gacela. Sus caricias te satisfagan en todo tiempo, y en su amor recréate siempre.*

**20** *¿Y por qué, hijo mío, andarás ciego con la mujer ajena, y abrazarás el seno de la extraña?*

**21** *Porque los caminos del hombre están ante los ojos de Jehová, y él considera todas sus veredas.*

**22** *Prenderán al impío sus propias iniquidades, y retenido será con las cuerdas de su pecado.*

**23** *El morirá por falta de corrección, y errará por lo inmenso de su locura.*

**Eclesiastés 9:9:** *Goza de la vida con la mujer que amas, todos los días de la vida de tu vanidad que te son dados debajo del sol, todos los días de tu vanidad; porque esta es tu parte en la vida, y en tu trabajo con que te afanas debajo del sol.*

# No se divorcie.

## Malaquías 2: 14-17

**14** *Mas diréis: ¿Por qué? Porque Jehová ha atestiguado entre ti y la mujer de tu juventud, contra la cual has sido desleal, siendo ella tu compañera, y la mujer de tu pacto.*

**15** *¿No hizo él uno, habiendo en él abundancia de espíritu? ¿Y por qué uno? Porque buscaba una descendencia para Dios* [Él los hizo una sola carne con el propósito de producir una descendencia para Dios]. *Guardaos, pues, en vuestro espíritu, y no seáis desleales para con la mujer de vuestra juventud* [no se divorcien].

**16** *Porque Jehová Dios de Israel ha dicho que **él aborrece el repudio*** [el divorcio], *y al que cubre de iniquidad su vestido, dijo Jehová de los ejércitos. Guardaos, pues, en vuestro espíritu, y no seáis desleales.*

**17** *Habéis hecho cansar a Jehová con vuestras palabras. Y decís: ¿En qué le hemos cansado? En que decís: Cualquiera que hace mal agrada a Jehová, y en los tales se complace; o si no, ¿dónde está el Dios de justicia?*

## Su cuerpo le pertenece a su esposa; no lo retenga.

### 1 Corintios 7: 1-6

**1** *En cuanto a las cosas de que me escribisteis, bueno le sería al hombre no tocar mujer;*

**2** *pero a causa de las fornicaciones, cada uno tenga su propia mujer, y cada una tenga su propio marido.*

**3** *El marido cumpla con la mujer el deber conyugal, y asimismo la mujer con el marido.*

**4** *La mujer no tiene potestad sobre su propio cuerpo, sino el marido; ni tampoco tiene el marido potestad sobre su propio cuerpo, sino la mujer.*

**5** *No os neguéis el uno al otro, a no ser por algún tiempo de mutuo consentimiento, para ocuparos sosegadamente en la oración; y volved a juntaros en uno, para que no os tiente Satanás a causa de vuestra incontinencia.*

**6** *Mas esto digo por vía de concesión, no por mandamiento.*

## No deje que la amargura crezca en su corazón.

### Colosenses 3: 18-19

**18** *Casadas, estad sujetas a vuestros maridos, como conviene en el Señor.*

**19** *Maridos, amad a vuestras mujeres, **y no seáis ásperos con ellas.***

**1 Pedro 3: 1-13** (citado y comentado a continuación).

**Efesios 5: 25-33** (citado y comentado a continuación).

## El Esquema Matrimonial de Dios para los Hombres

El volátil apóstol Pedro debió haber aprendido bastante de su propia experiencia matrimonial, ya que escribe seis versículos dándole el mandato a la mujer de someterse a su esposo, seguidos por siete versículos en los cuales define la responsabilidad de un hombre hacia su esposa. No vamos a examinar los pasajes que contienen los mandamientos de Dios para las esposas. Este libro se llenará lo suficientemente rápido con solo darle un vistazo a lo que el Señor le dice a los esposos.

### 1 Pedro 3: 7-13

**7** *Vosotros, maridos, igualmente,* **vivid con ellas sabiamente,** *dando* **honor a la mujer** *como a vaso más frágil, y como a coherederas de la gracia de la vida, para que vuestras oraciones no tengan estorbo.*

**8** *Finalmente, sed todos de un* **mismo sentir, compasivos,** **amándoos** *fraternalmente,* **misericordiosos, amigables;**

**9** **no devolviendo mal por mal,** *ni* **maldición por maldición,** *sino por el contrario,* **bendiciendo,** *sabiendo que fuisteis llamados para que heredaseis bendición.*

**10** *Porque: El que quiere amar la vida y ver días buenos,* **refrene su lengua de mal, y sus labios no hablen engaño;**

**11** **Apártese del mal, y haga el bien; busque la paz,** *y sígala.*

**12** *Porque los ojos del Señor están sobre los justos, y sus oídos atentos a sus oraciones; Pero el rostro del Señor está contra aquellos que hacen el mal.*

**13** *¿Y quién es aquel que os podrá hacer daño, si vosotros seguís el bien?*

A continuación veremos un esquema bíblico sobre cómo un esposo debe relacionarse con su esposa, teniendo como base el pasaje de 1 Pedro que acabamos de leer. Esta lista enumera las responsabilidades de un esposo hacia su cónyuge. Tenga presente que este texto está dirigido en particular a los hombres (versículo 7).

1. **Vivid con ellas.** No hay lugar para el divorcio o la separación.

2. Vivid con ellas **sabiamente** porque ellas son el vaso más frágil. Se necesitaría por lo menos tres sirvientes de tiempo completo para hacer lo que la mayoría de las esposas deben hacer solas.

3. **Dando honor a la mujer** como a vaso más frágil.

4. Sean todos de un **mismo sentir,** y funcionen como tal, para aprovechar al máximo su relación.

5. *Ámense fraternalmente, sean misericordiosos y amigables.*

6. **No responda maldición por maldición** o **mal con mal,** sino por el contrario, bendiga a su esposa.

7. **Refrene su lengua** del mal y el engaño.

8. Evite el **mal y apártese de él; haga el bien.**

9. **Busque la paz.**

Estos nueve puntos pueden ser la base de un buen estudio bíblico sobre este tema.

## El Matrimonio, la Divina Realidad

Piense en esto: de todas las posibles analogías que Dios pudo haber empleado para describir Su relación con la iglesia, Él usó la unión física de esposo y esposa en una sola carne (Efesios 5: 25-33). Tenga en cuenta los siguientes versículos:

**Juan 3:29** *El que tiene la esposa, es el esposo; mas el amigo del esposo, que está a su lado y le oye, se goza grandemente de la voz del esposo; así pues, este mi gozo está cumplido.*

**Apocalipsis 19: 7-9**

**7** *Gocémonos y alegrémonos y démosle gloria; porque han llegado las **bodas del Cordero, y su esposa se ha preparado.***

**8** *Y a ella se le ha concedido que se vista de lino fino, limpio y resplandeciente; porque el lino fino es las acciones justas de los santos.*

**9** *Y el ángel me dijo: **Escribe: Bienaventurados los que son llamados a la cena de las bodas del Cordero.** Y me dijo: Estas son palabras verdaderas de Dios.*

**Apocalipsis 21: 9:** *Vino entonces a mí uno de los siete ángeles que tenían las siete copas llenas de las siete plagas postreras, y habló conmigo, diciendo: Ven acá, yo te mostraré **la desposada, la esposa del Cordero.***

**Apocalipsis 22: 17:** *Y el **Espíritu y la Esposa dicen:** Ven. Y el que oye, diga: Ven. Y el que tiene sed, venga; y el que quiera, tome del agua de la vida gratuitamente.*

Los siguientes nueve versículos expresan cómo un esposo debe amar a su esposa.

## Efesios 5: 25-33

**25** *Maridos,* **amad a vuestras mujeres,** *así como Cristo amó a la iglesia, y se entregó a sí mismo por ella,*

**26** *para santificarla, habiéndola* **purificado en el lavamiento del agua por la palabra,**

**27** *a fin de presentársela a sí mismo, una iglesia gloriosa, que no tuviese mancha ni arruga ni cosa semejante, sino que fuese santa y sin mancha.*

**28** *Así también los maridos deben amar a sus mujeres como a sus mismos cuerpos. El que ama a su mujer, a sí mismo se ama.*

**29** *Porque nadie aborreció jamás a su propia carne, sino que la sustenta y la cuida, como también Cristo a la iglesia,*

**30** *porque somos miembros de su cuerpo, de su carne y de sus huesos.*

**31** *Por esto dejará el hombre a su padre y a su madre, y se unirá a su mujer, y los dos serán una sola carne.*

**32** *Grande es este misterio; mas yo digo esto respecto de Cristo y de la iglesia.*

**33** *Por lo demás, cada uno de vosotros ame también a su mujer como a sí mismo; y la mujer respete a su marido.*

Al estudiar esta porción de las Escrituras tenga en cuenta que comienza con la frase "maridos, amad a vuestras mujeres...", y termina diciendo "...por lo demás, cada uno de vosotros ame también a su mujer como a sí mismo...". En otras palabras, estos nueve versículos están *encapsulados* por el mandamiento que Dios le da a los esposos de amar a sus esposas. Todo lo que se encuentra en medio es una explicación de ese mandamiento, teniendo como base el amor de Cristo por la Iglesia. La palabra 'amor' aparece seis veces en este pasaje.

- **¿Cómo ama un esposo a su esposa?**

De la misma forma que Cristo amó a la Iglesia.

- **¿Cómo amó Cristo a la Iglesia?**

- Se entregó a sí mismo por ella. Él vivió y murió por la Iglesia.

- **¿Cuál es el objetivo de Cristo para la iglesia, y el de un esposo para su esposa?**

Santificarla y purificarla.

- **¿De qué manera Cristo santificó y purificó a la iglesia, y cómo debe un esposo santificar y purificar a su esposa?**

- *Lavándola* con sus palabras. ¡VAYA! ¡Qué sorpresa! ¡Un esposo puede santificar y purificar a su esposa con sus palabras!

- **¿Cuál es la razón por la cual Cristo (y un esposo) *lava* a su esposa?**

A fin de presentársela a sí mismo como una iglesia gloriosa, que no tuviese mancha ni arruga ni cosa semejante, sino que fuese santa. Él no se casó con una novia perfecta, sin embargo, está removiendo todas las manchas y arrugas que ella tiene con el fin de presentársela a sí mismo como una esposa pura.

- ¿Cómo debe un esposo amar a su esposa?

De la misma manera en que ama su cuerpo, lo cual se expresa en cómo lo cuida, lo alimenta y lo protege.

- **Una esposa es un miembro del cuerpo de su esposo.**

  Recordemos que las Escrituras nos dicen que cuando dejamos a nuestros padres nos volvemos una sola carne con nuestra esposa.

- Así que un hombre debe amar a su esposa tal y como una esposa debe reverenciar –honrar y someterse– a su esposo.

# EL LAVAMIENTO
# DE LA PALABRA

Debemos estudiar Efesios 5 (citado en el capítulo anterior) más a fondo. Es claro que el tema de dicho pasaje es el matrimonio terrenal, pero también es una analogía de la relación entre Cristo y la Iglesia. Es como uno de esos dibujos en los que usted ve una imagen y luego de forma repentina ve otra completamente diferente dibujada con los mismos trazos. Cuanto más tiempo la observe más veces cambiará entre las dos imágenes. Este pasaje es la historia del matrimonio terrenal, de esposo y esposa, pero también es la historia de Cristo y Su esposa. Uno de ellos es una representación del otro. Son imágenes de un espejo.

> Efesios 5: una analogía de Cristo y la Iglesia.

La comparación que Dios hace de Su relación con la Iglesia y la de un hombre con su esposa no es una metáfora escogida al azar. El matrimonio fue creado a imagen de la relación de Dios con Su pueblo. Tal y como los cuerpos físicos de los hombres y las mujeres reflejan la imagen de Dios, la relación sexual entre un esposo y su esposa refleja la unión de Cristo con la Iglesia. "Honroso sea en todos el matrimonio y el lecho sin mancilla..." (Hebreos 13:4). ¿Por qué debemos obedecer este mandamiento?, porque la unión matrimonial fue creada a imagen de una relación celes tial. Un libro completo de la Biblia, Cantar de los Cantares, está dedicado a los deseos eróticos de una esposa por su amado.

La naturaleza del matrimonio radica en el hecho de que un hombre y una

> El matrimonio fue creado a imagen de la relación de Dios con Su pueblo.

mujer se unan en una sola carne. En Efesios leemos acerca de la relación de la Iglesia con Cristo: "porque somos miembros de su cuerpo, de su carne y de sus huesos" (Efesios 5:30). La analogía se apoya en gran medida en la unión física de un hombre y una mujer, haciendo un énfasis particular en la unión del cuerpo, la carne y los huesos. Eva fue creada de una costilla de Adán, incitándolo a él a decir: "...esto es ahora hueso de mis huesos y carne de mi carne..." (Génesis 2:23).

## Por Diseño Divino

Nuestra permanencia en la tierra –con todo el pecado y el dolor que ha traído– no es solo un desafortunado error de nuestros padres Adán y Eva. Dios inició un gran *proyecto* en el Jardín del Edén. Incluso al colocar a la pareja perfecta en ese ambiente prístino y dándoles el mandamiento de ser fructíferos y multiplicarse, Él sabía que ellos no resistirían a la tentación de actuar de forma independiente; el Señor también sabía que pecarían, sumiendo al mundo en una tragedia que se prolongaría por milenios. Todo formaba parte de su *agenda divina*, la cual está dando los resultados anticipados por Dios.

La combinación de hombre y mujer, funcionando apropiadamente, simula toda la experiencia humana y crea una sinergia en donde el todo es mayor que la suma de las partes. Por eso en el matrimonio el final es mucho mejor que el comienzo, los ensayos generan triunfos y dos almas mortales se convierten en una unidad que expresa la imagen de Dios de una forma única.

La mayoría de los hombres ignoran el gran programa del cual son parte. Ellos se arrastran quejándose y 'deseando algo mejor'. Cuando su vida ya era lo suficientemente dura contrajeron matrimonio solo por placer, sin embargo, descubrieron que éste también es un *campo de batalla* en el que se pone a prueba el carácter y en donde un hombre es *exprimido* hasta sus límites e incluso más allá. Un gran número de hombres se divorcian porque no tienen la valentía suficiente para enfrentar los desafíos que presenta el matrimonio y convertirse en varones temerosos de Dios que están dispuestos a sacrificarlo todo por el amor de su esposa.

> Para ser hombres de bien no debemos vivir para nosotros mismos, debemos vivir para bendecir a otros.

Caballero, la vida es mucho más que su felicidad y gratificación. Si usted quiere exprimir un limón solo una vez, esperando que una dulce limonada llene su vaso, desperdiciará muchos limones y nunca obtendrá una bebida satisfactoria. El Señor no nos dio nada perfecto. No nos dio un cuerpo perfecto, ni una mente perfecta, ni una esposa perfecta. Nosotros heredamos la vida en un estado de imperfección y nuestro pecado no nos permite mejorar las cosas. Para ser hombres de bien no debemos vivir para nosotros mismos, debemos vivir para bendecir a otros. Debemos seguir los pasos del Señor Jesús. La mejor forma en la que usted puede imitar Su ejemplo es santificando a su esposa. Usted está llamado a hacer de ella todo lo que Dios quiere que sea; debe estar dispuesto a morir por ella si es necesario

> El ministerio inicia en casa y no avanza hasta que no se haya dominado la soberana vocación de ser esposo y padre.

y, algo que muchas veces es más difícil, a vivir con ella en la rutina diaria de la vida. Es por esto que Dios nos dice: "pues el que no sabe gobernar su propia casa, ¿cómo cuidará de la iglesia de Dios?" (1 Timoteo 3:5).

El ministerio inicia en casa y no avanza hasta que no se haya dominado la soberana vocación de ser esposo y padre. La persona que usted es en casa es su verdadero *yo*. El 'usted público' es una versión editada para engañar. Los peores momentos que usted vive con su esposa muestran realmente quién es usted. Saber eso hace que estemos conscientes de la necesidad que tenemos de arrepentirnos y buscar el perdón del Señor.

## Purifique a su Esposa

**Estos tres versículos son los más importantes en toda la Biblia respecto al matrimonio.** Los escribiré una y otra vez. Trate de memorizarlos antes de terminar de leer este libro.

### Efesios 5: 25-27

**25** *Maridos, amad a vuestras mujeres, así como Cristo amó a la iglesia, y se entregó a sí mismo por ella,*

**26** *para santificarla, habiéndola purificado en el lavamiento del agua por la palabra,*

**27** *a fin de presentársela a sí mismo, una iglesia gloriosa, que no tuviese mancha ni arruga ni cosa semejante, sino que fuese santa y sin mancha.*

El ministerio de un esposo en la tierra es similar al minis-

> El ministerio de un esposo en la tierra es similar al ministerio de Cristo.

terio de Cristo. Así como Cristo vino para amar una novia imperfecta y perdonarla aun cuando ella andaba en sus pecados, de la misma manera un esposo recibe a una novia imperfecta. Así como Cristo se entregó a sí mismo por la iglesia, un esposo se debe entregar sacrificialmente a sí mismo por su esposa. Así como Cristo es la cabeza de la Iglesia y la ama, la santifica y la purifica, de la misma forma el esposo es la cabeza de su esposa y tiene la responsabilidad de santificarla y purificarla. Este es el gran plan de Dios, concebido en la eternidad; es así como Él nos demuestra Su amor puro y verdadero y nos pide que lo imitemos. Esta es la 'clínica del cielo', el lugar en donde dos pecadores unen sus manos y corazones a medida que se vuelven *herederos de la gracia de la vida.*

El matrimonio es una misión suprema, una oportunidad para descubrir el poder y la sabiduría que van más allá del propio interés que puedan tener los cónyuges. Nos enseña a vivir en función de otro. Es el lugar en donde diariamente podemos renunciar a todo y hacernos pequeños por amor a la persona que Dios nos ha dado para compartir nuestras vidas.

Lo diré nuevamente: en el matrimonio el *total* es mucho más grande que la suma de las partes. Cuando los dos se vuelven uno, ellos dos son mucho más juntos de lo que hubiesen sido por separado.

## Eclesiastés 4: 9-12

**9** *Mejores son dos que uno; porque tienen mejor paga de su trabajo.*

**10** *Porque si cayeren, el uno levantará a su compañero; pero ¡ay del solo! que cuando cayere, no habrá segundo que lo levante.*

**11** *También si dos durmieren juntos, se calentarán mutuamente; más ¿cómo se calentará uno solo?*

**12** *Y si alguno prevaleciere contra uno, dos le resistirán; y cordón de tres dobleces no se rompe pronto.*

Un matrimonio dirigido por Dios es el camino más rápido para obtener sabiduría, gracia, misericordia, paciencia, fe, compasión y humildad. Especialmente humildad. Si no fuera por la presencia constante de ese otro ser humano en nuestra vida podríamos vivir en una ilusión. En nuestra soledad podríamos tomar la mi tad de una medida como el todo, podríamos creer que la mediocridad es la perfección, que la ausencia del conflicto es paz y que la simpatía distante es compasión. Podríamos vivir toda nuestra vida solos y estar convencidos de que somos maduros y estamos equilibrados emocionalmente. La cercanía del matrimonio crea una fricción que tiene dos efectos: puede iniciar un fuego que destruye todo o redondea los límites y da forma a nuestros espíritus. Dios creó el matrimonio no solo por la alegría que éste conlleva, sino porque permite exponer nuestras debilidades y nos recuerda nuestra falibilidad. En el matrimonio llegamos más profundo, escalamos más alto, llegamos más lejos y nos desarrollamos más allá de

> Un matrimonio dirigido por Dios es el camino más rápido para obtener sabiduría, gracia, misericordia, paciencia, fe, compasión y humildad. Especialmente humildad.

los límites que la soledad nos impone. La vida matrimonial es la *incubadora del cielo.* "El que halla esposa halla el bien, y alcanza la benevolencia de Jehová" (Proverbios 18:22).

Quisiera preguntarle algo: "¿qué está haciendo su matrimonio por usted?". Sin embargo, la pregunta más pertinente es: "¿qué está haciendo su matrimonio por su esposa?". ¿Está siendo ella perfeccionada o rechazada? ¿Está usted logrando que ella aspire a cosas más grandes o que respire fatigada? ¿Esta ella ascendiendo o descendiendo? ¿Amando o aborreciendo? ¿Le sirve ella alegremente o solo porque es su deber? ¿Sabe ella que es su tesoro o se siente usada y abusada? Su trabajo como esposo es purificarla, no ofenderla con críticas.

Si usted no logra santificar a su esposa no solo le falla a ella, también le falla a Dios; usted fracasará como hombre si no hace bien esta labor. El Señor escogió el matrimonio para ilustrar su relación con la iglesia, de manera que si usted fracasa en su vida matrimonial estará difamando el ministerio de Cristo. Fallar al momento de santificar a su esposa es una oportunidad perdida para la eternidad. Pero TRANQUILO, no permita que esta verdad lo desanime. Dios tiene una solución y yo le voy a decir cuál es.

## *Lavar* con Palabras

Dele nuevamente un vistazo al pasaje que estamos estudiando y concéntrese en el versículo 26.

### Efesios 5: 25-27

**25** *Maridos, amad a vuestras mujeres, así como Cristo amó a la iglesia, y se entregó a sí mismo por ella,*

**26** *para santificarla, habiéndola purificado en el* **lavamiento del agua por la palabra,**

**27** *a fin de presentársela a sí mismo, una iglesia gloriosa, que no tuviese mancha ni arruga ni cosa semejante, sino que fuese santa y sin mancha.*

> Santificamos a nuestras esposas de la misma forma en la que Jesús santificó a la Iglesia: con nuestras palabras.

Este pasaje da a entender que una esposa necesita santificación, purificación y un lavamiento, ya que ella tiene manchas, arrugas y cosas semejantes. El objetivo de dicha santificación es "presentársela a sí mismo, una iglesia gloriosa". Recuerde, este pasaje nos indica que Cristo se casó con una esposa imperfecta para santificarla; nuestro deber es seguir Su ejemplo y comprometernos en la santificación de nuestra ayuda idónea.

Santificamos a nuestras esposas de la misma forma en la que Jesús santificó a la Iglesia: con nuestras palabras. Las palabras de Cristo –y Su obra redentora– lavaron todas las impurezas de la Iglesia. Escuche este pasaje: *"venid a mí todos los que estáis trabajados y cargados, y yo os haré descansar. Llevad mi yugo sobre vosotros, y aprended de mí, que soy manso y humilde de corazón; y hallaréis descanso para vuestras almas; porque mi yugo es fácil, y ligera mi carga"* (Mateo 11:28-30). ¡Que hermosas palabras!

Mientras el Señor Jesús ministraba *"... todos daban buen testimonio de él, y estaban maravillados de las **palabras de gracia** que salían de su boca..."* (Lucas 4:22).

*"...Las **palabras que yo os he hablado son espíritu y son vida"*** (Juan 6:63). Recordamos el himno que dice: "¡Oh, cantádmelas otra vez! Bellas palabras de vida...".

Las palabras de Cristo hacen que cantemos con gracia en nuestros corazones. *"**La palabra de Cristo more en abundancia en vosotros,** enseñándoos y exhortándoos unos a otros **en toda sabiduría,** cantando con gracia en vuestros corazones al Señor con salmos e himnos y cánticos espirituales"* (Colosenses 3:16).

Cuando Israel se fue por el mal camino, adorando a dioses falsos y recibiendo un juicio severo, Dios se mostró a sí mismo como un esposo amoroso diciendo: *"Pero he aquí que yo la atraeré y la llevaré al desierto, **y hablaré a su corazón"*** (Oseas 2:14). El Señor decidió que la restauración de su esposa comenzaría al atraerla con Sus **palabras de consuelo.**

## Hablando Palabras de bendición

Este puede ser el primer día de su matrimonio renovado. Es posible que usted no vea los frutos inmediatamente, sin embargo, usted debe empezar a sembrar palabras de bendición en el corazón de su esposa. *"El hombre se alegra con la respuesta de su boca; y la palabra a su tiempo, ¡cuán buena es!"* (Proverbios 15:23).

El corazón de las esposas siempre está listo para las 'buenas palabras'. Ellas son heridas por nuestras palabras y nosotros somos heridos por las palabras de ellas ¿no es así? Pero ¿cómo puede parar una costumbre tan destructiva? Esto se detendrá cuando alguno de los dos (es decir usted) comience a hablar desde el corazón palabras corteses, palabras que sean espíritu y vida. La lengua puede ser un mundo de injusticia o puede ser un árbol de vida. Con nuestras palabras podemos construir o destruir.

**Santiago 3:6:** *Y la lengua es un fuego, un mundo de maldad. La lengua está puesta entre nuestros miembros, y contamina todo el cuerpo, e inflama la rueda de la creación, y ella misma es inflamada por el infierno.*

**Proverbios 15:4:** *La lengua apacible es árbol de vida; mas la perversidad de ella es quebrantamiento de espíritu.*

Deje su lengua picante a un lado, tal y como lo hace un hombre que pone su arma en el suelo. Reciba algunos golpes sin devolver fuego a cambio, así acabará con el conflicto. Deje de intentar ganar la discusión y comience a intentar ganarse a su esposa. Deje de enfocarse en tener siempre la última palabra y comience a enfocarse en decir palabras de bendición.

## Manchas, Arrugas y Defectos

El Señor Jesús removió las manchas, arrugas y defectos de Su esposa para presentársela a sí mismo. Deseo que leamos nuevamente el siguiente pasaje porque es muy importante que usted se mantenga concentrado en lo que Dios dice.

### Efesios 5: 25-27

25 *Maridos, amad a vuestras mujeres, así como Cristo amó a la iglesia, y se entregó a sí mismo por ella,*

26 *para **santificarla, habiéndola purificado** en el lavamiento del agua por la palabra,*

**27** *a fin de presentársela a sí mismo, una iglesia gloriosa,* **que no tuviese mancha ni arruga ni cosa semejante,** *sino que fuese santa y* **sin mancha.**

Note una vez más que el contexto de este pasaje es: *"maridos, amad a vuestras mujeres, así como Cristo amó a la iglesia, y se entregó a sí mismo por ella...".* Estos versículos no solo nos revelan la forma en la que Cristo amó a la Iglesia, también nos dan un ejemplo de cómo un esposo debe amar a su esposa. Hasta ahora hemos visto cómo un hombre debe santificar a su ayuda idónea y purificarla con sus palabras. Ahora examinaremos la naturaleza del ministerio de un esposo.

De acuerdo con las Escrituras el principal ministerio de un hombre es pastorear su hogar y santificar a su esposa; esto implica que él debe lavar en la Palabra de Dios las manchas, arrugas y defectos que su ayuda idónea pueda tener.

**Las manchas son materias extrañas que dejan un rastro.** No son inherentes; son el resultado del descuido o el mal uso. Ellas sobresalen porque no pertenecen allí. Nos demuestran una situación anterior en la cual algo salió mal; ellas quedan en un vestido y todos las pueden ver.

**Las arrugas son el resultado del desuso.** Están allí para dar testimonio de que un vestido no ha visto la luz del día en mucho tiempo. Ha sido escondido y no ha tenido la oportunidad de ser visto por el mundo. Un vestido arrugado es un vestido protegido, pero no es precisamente el favorito.

**Una vestimenta defectuosa es aquella que tiene un defecto inherente.** Nunca fue perfecta. Siempre ha estado estropeada por la naturaleza. Los vestidos defectuosos no son ubicados en el estante del frente, no son usados en ocasiones especiales. Deben ser mantenidos en casa y usados para fines prácticos, no sea que el portador se sienta avergonzado en público.

Considere las cosas que pueden estar pasando en la vida de su esposa: ella puede estar *manchada* por el mundo a través de experiencias que la han hecho sentir culpable; o tal vez está *arrugada* por haber pasado mucho tiempo enclaustrada como un esclavo al cual nunca se le permitió desarrollarse como persona. Ella está *arrugada* con talentos escondidos y dones nunca explotados. Su esposo se eleva alto mientras ella se agacha a limpiar los pisos. Tal vez su cónyuge tenga *defectos* debido a su personalidad o por las limitaciones que se le han impuesto durante años. Esto afecta sus habilidades como esposa y madre. Incluso es posible que ella tenga algún defecto físico.

Un esposo orgulloso puede sentir pena a causa de las *manchas* morales de su esposa; o puede sentirse avergonzado por sus *arrugas* sociales; o tal vez pueda sentir lastima por ella a causa de sus imperfecciones o defectos. Sepa a ciencia cierta que su insatisfacción será bastante evidente para ella, lo cual hará que los problemas aumenten y generará conflictos entre los dos afectando gravemente su matrimonio.

No conozco a ninguna mujer joven que haya llegado al matrimonio sin manchas, arrugas o defectos. Algunas no están *manchadas* por el mundo pero han sido *arrugadas* por la falta de experiencia. Otras pueden estar *manchadas* pero están lejos de ser *arrugadas*. Incluso, algunas no están ni *manchadas* ni *arrugadas* pero si son 'defectuosas'. A menos que usted se case con una viuda de 60 años –la cual ya ha pasado a través de un proceso de santificación– su nueva esposa necesitará ser santificada en una o muchas áreas y le aseguro que el proceso no estará completo en su primer aniversario.

## Manchas

**2 Pedro 3:14:** *Por lo cual, oh amados, estando en espera de estas cosas, procurad con diligencia ser hallados por él **sin mancha e irreprensibles**, en paz.*

**Judas 22-23:** *A algunos que dudan, convencedlos. A otros salvad, arrebatándolos del fuego; y de otros tened misericordia con temor, aborreciendo aun* **la ropa contaminada por su carne.**

**1 Timoteo 6:14:** *Que guardes el mandamiento* **sin mácula** *ni reprensión, hasta la aparición de nuestro Señor Jesucristo.*

Una mujer que llega al matrimonio sin ser virgen está *manchada*. No importa lo que se ve en el exterior, la mancha está en su conciencia. Incluso, si su única fornicación fue con el hombre con quien se casó después, la *mancha* sigue siendo la misma puesto que la vergüenza fue suya antes del matrimonio y ella no la dejó en el altar. Otro ejemplo es el de una mujer divorciada que se casa de nuevo; ella también llega a su nueva vida matrimonial con muchas *manchas*.

En nuestra era algunas chicas son *manchadas* por el envío de mensajes sexuales, por vestimentas y comportamientos indecentes y por estar expuestas a música y películas sugestivas o sexualmente explícitas. Algunas de estas jóvenes mujeres llegan al matrimonio después de haber experimentado actos homosexuales en su adolescencia. Muchas no aceptarán que pasaron por este tipo de situaciones pero la *mancha* comienza a presentarse poco a poco, una delgada capa después de otra a través de sus asociaciones con amigos y compañeros poco confiables.

Su esposa puede tener un alma afligida si ella no pudo *guardar el mandamiento sin mácula*, pero con su ayuda ella puede ser *hallada* **sin manchas e irreprensible.** Jesús es el gran lavador de vestimentas manchadas. Muchas veces he sido testigo de cómo por Su infinita gracia miles de personas *"...han lavado sus ropas, y las han emblanquecido en la sangre del Cordero"* (Apocalipsis 7:14). Citando las palabras de Pablo en Tito 3:5 entendemos que esto se trata del *"...lavamiento de la regeneración y por la renovación en el Espíritu Santo".* El autor de Hebreos hace esta pregunta retórica respecto a este tema: "¿cuánto más la sangre de Cristo, el cual mediante el Espíritu eterno **se ofreció a sí mismo sin mancha a Dios**, limpiará vuestras conciencias de obras muertas para que sirváis al Dios vivo?" (Hebreos 9:14). El Señor Jesús, quien no tenía mancha alguna, se ofreció a sí mismo ante Dios como un sustituto de todos los que habían ensuciado sus vestiduras con el pecado y la vergüenza. Él murió como si Él estuviera manchado, sufrió las máximas consecuencias por los pecados de Su pueblo. Ahora ofrece su vida sin macha a cambio de aquellos que están manchados por la maldad. Él soportó nuestra vergüenza para que nosotros podamos recibir Su santidad. Dios, quien "...llama las cosas que no son, como si fuesen" (Romanos 4:17), está listo y dispuesto a quitar sus manchas y las de su esposa. No se trata de rehacer su vida; la limpieza y la regeneración son el regalo de justicia que podemos recibir por la gracia del Señor.

## Romanos 5: 17-20

**17** *Pues si por la transgresión de uno solo reinó la muerte, mucho más reinarán en vida por uno solo, Jesucristo, los que reciben la abundancia de la gracia y del don de la justicia.*

**18** *Así que, como por la transgresión de uno vino la condenación a todos los hombres, de la misma manera por la justicia de uno vino a todos los hombres la justificación de vida.*

**19** *Porque así como por la desobediencia de un hombre los muchos fueron constituidos pecadores, así también por la obediencia de uno, los muchos serán constituidos justos.*

**20** *Pero la ley se introdujo para que el pecado abundase; mas cuando el pecado abundó, sobreabundó la gracia.*

No es cuestión de hacer algo, Dios —si confiamos en la obra de Cristo— ya nos ha redimido por medio de Su Hijo. Usted debe creer para recibir, no es cuestión de tener una fe muy grande, se trata de confiar en nuestro gran Dios que lava manchas y suciedad. En las áreas en las que el pecado (manchas) de su esposa

> El trabajo de redención ya ha sido realizado por Cristo.

abunde usted debe mostrar mucha gracia, al igual que Cristo lo hizo con los pecadores.

## Lavando Manchas Profundas

Yo sé que muchos de ustedes quieren decirme que, en efecto, su esposa es cristiana pero continua sintiendo culpa e inseguridad, las cuales la acompañan desde hace mucho tiempo. Comprendo que algunas personas tienen mucha dificultad al *dejar ir* cicatrices profundas, incluso después de que Dios las ha perdonado. Sé que nuestra naturaleza nos hace tener opiniones acerca de nosotros mismos como resultado de experiencias pasadas y esto nos lleva a interpretar nuestro presente en términos de un pasado muerto. No obstante, la solución es la misma; en la medida en que creamos en el perdón y la purificación del Señor Jesucristo nuestras conciencias podrán deshacerse de obras muertas. Lávese en la Palabra de Dios cada día y poco a poco las manchas desaparecerán de su conciencia.

Es aquí, caballero, donde usted puede formar parte del proceso de purificación y santificación de su esposa. Dios purifica con Sus palabras y así lo debe hacer usted. Su esposa *manchada* necesita escuchar palabras de perdón y compasión. No estoy diciendo que usted necesita perdonarla, asumo que ya lo ha hecho; si no es así deje de leer ahora mismo y vaya y discúlpese por cualquier participación que usted tenga en la culpa que ella siente y por fallar al no demostrarle que ella es su gran tesoro. Ahora bien, si usted no ha intervenido de forma directa en la culpa que agobia a su esposa y la conciencia de ella está manchada exclusivamente por pecado personal, usted debe convertirse en un *canal* para que ella entienda el perdón que tenemos en Cristo Jesús. Tenemos la tendencia a crear opiniones acerca de nosotros mismos solo con base en lo que las demás personas opinan. Un rechazo o una crítica que usted le haga a su esposa pueden hacer que ella se desanime por seis meses. Usted debe mantener un *ambiente de aceptación* a través de las palabras que habla, su lengua puede ser un mundo de iniquidad o una fuente de paz. El poder para remover las *manchas* de su esposa se encuentra en la Palabra de Dios, háblela todo el tiempo y compártala con ella; es su responsabilidad. Ella necesitará algo mayor a la compresión y el amor que usted le pueda dar para lavar sus *manchas*, instrúyala en la Palabra de Dios para que ella sepa que el Señor la perdonó.

> **Usted puede santificar y purificar a su esposa por medio de la Palabra de Dios.**

No se sienta engañado por tener una esposa con *manchas*; Dios le está dando una oportunidad de glorificarlo al emular el rol de santificador y salvador de nuestro Señor Jesucristo; esa es su misión como esposo. Dios ha confiado en usted para ejecutar esta tarea, no olvide que ella, su esposa, es la niña de Él y Él quiere que usted la cuide y la purifique por medio de las Escrituras. Él murió para hacer esto posible y espera que usted cumpla con la misión que le ha sido encomendada.

## Una Esposa *Manchada* que fue Purificada

*Queridos Sr. y Sra. Pearl:*

*Me gustaría compartir con ustedes algo acerca de mi historia, en caso de que la encuentren útil para el libro que van a publicar.*

*Tuve una infancia que me llenó de muchas falencias como esposa, madre y en general como persona. Mi padre fue*

217

*un manipulador y abusaba mental y físicamente de noso-
tros. Tanto él como mi madre comenzaron a actuar reli-
giosamente frente al público, lo cual era solo una máscara
que usaban para encubrir su egoísmo perezoso. Todo esto
generó un hogar caótico y lleno de enojo. Muchos depredadores (incluyendo a mi hermano) se aprovecharon de
nuestra situación disfuncional para abusar sexualmente de
mí y de mis hermanas.*

*Yo era amable, tímida, sensible y siempre tenía un deseo
enorme de complacer a los demás. Cuando era niña sentía que era estúpida, que no podía hacer nada bien y que
nunca era lo suficientemente buena como para que alguien
me amara o incluso se diera cuenta de mi presencia. Como
adolescente me volví insensible a la manipulación emocional de mis padres y era rebelde a la autoridad. Me di cuenta
de que podía ganar aceptación en los círculos sociales pretendiendo ser quien no era realmente. De esta forma me
volví hábil en mis propios métodos de manipulación.*

*Este fue el ambiente en el que viví hasta los 18 años, edad
en la que conocí a mi esposo y me casé con él. Yo era
introspectiva, pensativa, capaz de razonar y madura en
muchas áreas debido a los abusos que experimenté en el
hogar de mis padres. Sin embargo, emocionalmente seguía
siendo una niña discapacitada, no podía manejar el conflicto y había aprendido a mentir o a someterme al abuso,
dependiendo de cada situación.*

*No hubo luna de miel para nosotros. Mi dulce esposo se
vio forzado a desempeñar el papel de padre en muchas
áreas. Él me ha forzado a vestirme modestamente, a practicar hábitos saludables y a no permitir que se aprovechen
de mí. Actuaba de forma obediente en frente de él, sin embargo, a sus espaldas actuaba rebelde y deshonrosamente;
luego mentía para evitar el conflicto o la culpa. Además*

*de esto estuve atrapada por la depresión, la tristeza y la auto compasión. David tuvo que ser más duro conmigo y forzarme a cumplir con las responsabilidades más básicas: limpiar, cocinar y estar activa.*

*A pesar de todos los defectos con los que llegué al matrimonio mi esposo nunca me dejó de amar. Constantemente me decía que yo era hermosa; cada oportunidad que tenía la aprovechaba para halagarme e incluso, cuando las cosas estaban en su peor momento, presumiría de mí con sus compañeros de trabajo, su familia e incluso extraños en el supermercado.*

*El Señor es realmente el único responsable de mi sanación, la cual sigue en proceso, pero Él uso a David en esta labor, incluso cuando yo le había dado la espalda a él. A través de mi maravilloso esposo he aprendido mucho acerca del amor que mi Padre Celestial tiene para mí.*

*Hemos estado casados por seis años y medio y experimentamos una maravillosa unidad en nuestros puntos de vista, sueños y metas. He leído el libro de su esposa y estoy trabajando en ser la ayuda idónea que mi esposo se merece. Aún sigo luchando con mis viejos hábitos de depresión y egoísmo; sin embargo, escuchar lo que usted dice respecto a la felicidad y las actitudes paternales me han ayudado en gran manera y ¡estoy muy emocionada por los beneficios que mi familia puede cosechar a medida que practiquemos las verdades de la Palabra de Dios!*

*Gracias por transmitir la verdad.*

*Atentamente: la ayuda idónea de David.*

## Habla el Esposo de una Mujer *Manchada*

*Querido Sr. Pearl:*

*Mi esposa no me pidió que contribuyera a la carta que ella le escribió, sin embargo, considero que es necesario hacer algunas aclaraciones.*

*Mi esposa está hablando honestamente acerca de sus problemas internos más profundos, pero le aseguro que ella es mucho más que lo cree de sí misma. Su difícil niñez plantó semillas en ella que ahora están dando frutos de fortaleza en su carácter. Ella tiene un espíritu tranquilo. Antes de proponerle matrimonio yo sabía que una vez esta joven fuera trasplantada a un buen terreno y estuviera bien atendida, daría un fruto que nos alimentaría a mí y a nuestros futuros hijos. ¡Y estuve en lo correcto! Me casé con esta mujer porque vi oro puro debajo una delgada capa de escombros.*

*En ese momento creía, como lo hago ahora, que todos los esposos deben formar a una mujer piadosa en el corazón de su esposa. Yo esperaba más que solo un 'buen desempeño' por parte de ella; le pedí lo que Dios le pide a cada uno de sus hijos, así que le di una gran cantidad de amor a través del proceso. Eso es todo lo que hice.*

*Además de la aclaración anterior, quisiera exhortar a cualquier esposo que esté 'decepcionado' por el desempeño de su esposa. Muchos esposos esperan que su cónyuge haga trucos caninos para complacer sus placeres egoístas (la Biblia no nos dice en ninguna parte que podemos pedir eso y por lo tanto no tenemos autoridad de exigirlo); pero la verdad es que si ella lo logra no estarán satisfechos. Ellos notarán que su rostro expresa que ella se siente prostituida y usada. ¡No haga esto! Sométase a las Escrituras y cumpla su verdadero llamado como esposo.*

*A propósito, hermano Pearl, he obtenido mucha ayuda de sus libros. Usted vive y plasma en el papel lo que ha soñado. Por medio de sus escritos comprendí que Dios podía obrar en mi esposa y de esa forma pude sostener mi cabeza en alto respecto a la creencia por la que había sido ridiculizado tanto tiempo. ¡Gracias!*

*David.*

## Arruga

Una vestimenta arrugada es aquella que no se usa con regularidad. Ha estado colgada en el armario y no se le ha prestado atención. Fue lo suficientemente valorada en el pasado para mantenerla en buen estado pero no para usarla. La mayoría de las esposas llegan al matrimonio *arrugadas*, y la mayoría de ellas permanecen así toda la vida. Hace algún tiempo una dama *arrugada* me escribió:

*Sr. Pearl:*

*He oído a hombres insensatos hacer comentarios acerca del peso, la apariencia, la forma de cocinar y muchos otros 'defectos' de sus esposas. ¿Acaso no se dan cuenta de que cuando hacen eso las están apartando de sus brazos? Cuando mi esposo hace comentarios sobre mi belleza me siento tan bella como una flor. Me sonrojo como un capullo que recibe buenos nutrientes y crece en condiciones óptimas. Los hombres deberían saber que ellos reciben lo que siembran.*

*Debra.*

Nuevamente traigo a colación el texto que hemos venido estudiando, todo con el fin de que su entendimiento esté *enraizado* en lo que Dios dice. Mi trabajo es explicar lo que esto significa para que usted pueda entender lo que lee (Nehemías 8:8).

## Efesios 5: 25-27

**25** *Maridos, amad a vuestras mujeres, así como Cristo amó a la iglesia, y se entregó a sí mismo por ella,*

**26** *para santificarla, habiéndola purificado en el lavamiento del agua por la palabra,*

**27** *a fin de presentársela a sí mismo, una iglesia gloriosa, que* **no tuviese** *mancha* **ni arruga** *ni cosa semejante, sino que fuese santa y sin mancha.*

Mi esposa llegó al matrimonio *arrugada*. Ella tenía muchos talentos y dones que nunca fueron desarrollados; también creo que era un poco *defectuosa*. Le faltaba confianza cuando estaba en un evento público. Al igual que yo, ella fue criada en un ambiente rural, en las profundidades del Sur de los Estados Unidos. Sus experiencias nunca la llevaron más allá de su hogar o de sus raíces y le hacía falta confianza en muchas áreas.

En los primeros años de nuestro matrimonio me molestaba profundamente verla desmoronarse en las reuniones sociales. He sido un evangelista desde que tenía 17 años y he viajado por muchos lugares, conociendo personas de diferentes clases sociales. También asistí a una academia de arte nacionalmente aclamada y luego seguí adelante para conseguir mi licenciatura en otra universidad. He visto lo suficiente para saber que cada hombre, sin importar su situación, es frágil y limitado en su alcance, así que nadie me intimidaba. Sin embargo, observaba cómo mi esposa distorsionaba la verdad en público para evitar el conflicto. Veía cómo era atropellada intelectualmente por personas que se creían más de lo que eran. Yo tenía mucha más fe en ella de la que ella tenía en sí misma.

Ella tenía el problema opuesto al que tienen la mayoría de las mujeres hoy en día: había sido criada en un hogar y una iglesia bautista independiente muy conservadores, lo que hizo que llegara al matrimonio con el deseo de obedecer y servir, y así lo hizo. Siempre fue una excelente servidora, excepto por aquellas ocasiones en las que se exaltó repentinamente. Pasaron muchos años y su auto confianza no mejoró mucho. Sin embargo, hubo un evento que cambió las cosas. Cuando Rebeca —nuestra primera hija— tenía aproximadamente 4 años y Deb le estaba enseñando a leer y escribir, ella se dio cuenta de algo extraño; nuestra hija tenía la tendencia a leer y escribir las letras hacia atrás, razón por la cual llamó a la Universidad Estatal de Memphis y pidió hablar con un profesor de desarrollo infantil. Sorprendentemente un hombre le devolvió la llamada y cuando ella le describió el problema él le dijo que nuestra pequeña tenía dislexia. "¿Dis... qué?", le respondió ella. El doctor sugirió un libro para conocer más sobre el problema, así que Deb fue a la biblioteca y encontró varios textos que trataban el tema de discapacidad en la lectura. Preocupada por nuestra hija se *devoró* la información y luego desarrolló su propio programa para tratar la dislexia, incluso me hizo construir una pequeña caja de arena y luego instruyó a Rebeca a medida que escribía con su dedo en la arena.

Durante los siguientes dos años Deb se volvió una experta en dislexia. Pasó muchas horas en la biblioteca leyendo y estudiando muchas cosas. Mi participación en todo esto fue la motivación, le di todo mi apoyo y la convencí de que podía lograrlo. Algunas veces tuve que hacer de niñero o construir cajas de arena, todo con el fin de que ella lograra su cometido.

Ella no se detuvo a estudiar un solo libro sobre dislexia, siguió su imaginación por diferentes caminos y quiso experimentar con todo. La educación en casa se convirtió en un *laboratorio* de descubrimientos. Recuerdo haber pasado dos días haciendo una hermosa prensa para *tofu* que fue usada solo dos veces. Le ayude a capturar larvas de abejas salvajes y a construir un panal para ellas. Se convirtió en una estudiante de todo, leía en promedio de cuatro a cinco libros por semana, no obstante, aún le hacía falta tener confianza en público, ya que a menudo dejaba de lado su conocimiento y permitía que mujeres mucho más dominantes se destacaran. Me enfurecía saber que ella era la maestra pero se permitía a sí misma ser tratada con condescendencia.

> Yo tenía mucha más fe en ella de la que ella tenía en sí misma.

A medida que llegaron más hijos a nuestro hogar, y por ende la educación en casa creció, ella diseñó su propio currículo. Al intentar describir a los niños la historia del movimiento de los derechos civiles liderado por el Dr. Martin Luther King, ella buscó un libro para niños pero no lo encontró, así que escribió uno propio. Incluso hizo las ilustraciones y las pintó. A los niños les encantó y otras personas que lo leyeron pensaron que era maravilloso.

Al ver una oportunidad para que ella pudiera desarrollar sus talentos, la motivé para que asistiera a un curso nocturno de escritura y edición. Yo cuidaba de los niños y ella llegaba a casa emocionada, contándome todas las fascinantes cosas que estaba aprendiendo. Así que le dije que debería publicar su libro "*Listen to My Dream*" (*Escucha mi sueño*). Ella dibujó los personajes y yo los pinté, fuimos a una litografía local para obtener una guía respecto a los tamaños y los métodos de impresión. Publicamos 5.000 copias y la motivé para que fuera a Atlanta y se reuniera con la Fundación King. Durante el siguiente año viajó sola y se reunió con muchas personas, incluyendo abogados, directores de tiendas de cadena y por supuesto la Fundación King. Los primeros 5.000 ejemplares fueron vendidos rápidamente y después imprimimos más. El sistema de escuelas públicas ordenó varios ejemplares para los profesores de quinto grado y las bibliotecas públicas también comenzaron a tener el libro. Gastamos nuestros escasos ahorros haciéndole publicidad y justo cuando ella estaba negociando una orden de 1 millón de libros la Fundación King nos cerró la puerta exigiendo un porcentaje exorbitante.

Fue un *paseo* increíble. Ella se volvió *famosa*, aunque solamente en nuestros *alrededores*, y ganó el respeto de muchas personas en altas posiciones. Eso la cambió para bien. Nunca más se permitiría a sí misma ubicarse en el estante y *arrugarse*. Fuimos pobres por el esfuerzo pero ricos en espíritu. Pasarían años antes de que yo me sentara a escribir *To Train Up a Child (Para Entrenar Un Niño)* pero cuando estuvo terminado ella supo exactamente qué hacer para que lo publicaran. Cuando el libro dio muestras de ser popular en nuestros *alrededores*, Debi supo cómo ofrecerlo a una audiencia más grande. Todas las *arrugas* habían desaparecido después de 20 años de matrimonio y ahora me siento mucho más

¿Está su esposa usando todo su potencial?

atraído hacía ella. Por la gracia de Dios he podido *lavar* con la Biblia sus *manchas, arrugas* y *defectos*.

Hoy día ella es una *tigresa*; no daría un paso atrás ante la Reina de Inglaterra o ante una hostil reportera de CNN; le daría clases a un profesor de universidad o le diría a un doctor cómo tratar mejor a sus pacientes. Ha crecido para ser una ayuda idónea más versátil y además ha sido mi compañera y socia, tanto en los negocios como en el ministerio. Le he permitido ser mi ayuda idónea y ella se ha *elevado* mucho ante dicha oportunidad. Yo no sé cuáles son sus límites y ella no conoce ninguno. Sensualidad, cerebro, creatividad y personalidad: ¿qué más podría pedir un hombre? Pues bien, quizás una buena pesca de cangrejos a la mitad de la noche.

¿Es este su caso? ¿Está su esposa usando todo su potencial? ¿Tiene ella alguna habilidad que haya estado *ahogada* por el enclaustramiento? Algunos hombres son tan inseguros de sí mismos que no quieren que sus esposas crezcan; bueno, tal vez sí pero con la condición de que ellas no los sobrepasen. Las esposas confinadas a los pañales y a los platos pueden cansarse y llenarse de descontento; para ellas todo forma parte de un gran *carrusel* sin fin en donde las cosas nunca cambian. Dele la oportunidad a su esposa de crecer como persona. Usted no puede decidir cuáles son los intereses de su cónyuge, ya que ella misma debe descubrirlos. En el momento en que algo despierte la pasión en su esposa, ella *brillará* y se volverá entusiasta en la búsqueda de dicho tema. Cuando esto suceda asegúrese de proveerla de los medios necesarios para que alcance sus intereses.

Una advertencia es necesaria en este punto: los intereses de una esposa y la búsqueda de ellos nunca deben afectar a la familia. Ella no debe abandonar el hogar para buscar la realización personal, lo que se busca es que la familia sea mejor gracias a su desarrollo personal.

## Sin Defecto

Un vestido que fue hecho con imperfecciones es defectuoso, ya que ha sufrido una gran degradación estructural.

### Efesios 5: 25-27

**25** *Maridos, amad a vuestras mujeres, así como Cristo amó a la iglesia, y se entregó a sí mismo por ella,*

**26** *para santificarla, habiéndola purificado en el lavamiento del agua por la palabra,*

**27** *a fin de presentársela a sí mismo, una iglesia gloriosa, que no tuviese mancha ni arruga **ni cosa semejante**, sino que fuese santa y sin mancha.*

Cuando hablo de una esposa *defectuosa* no me estoy refiriendo al pecado que ella pueda tener, estoy hablando acerca de *defectos* o actitudes erróneas que ha tenido por años, incluso al punto de que dichos hábitos ahora forman parte de su personalidad. No se debe buscar una *cura* para este tipo de problemas, la *cura* se encuentra al aprender a vivir con sus *defectos* y con el tiempo desarrollarlos para que sean de beneficio para ella y para quienes la rodean.

Cuando nos casamos mi esposa tenía un *defecto*: no podía escuchar por un oído. Esto es algo que ella sufre aparentemente desde su nacimiento. Sin embargo, ella lo convirtió en algo beneficioso al acostumbrarse a dormir con su *oído bueno* hacia el lado de abajo cuando había mucho ruido en la casa.

Yo tenía la tonta idea de que su acento tan extremadamente *rural* también era un defecto, pero cambié de opinión el día en que oí a un hombre muy agradable decir que la voz de mi esposa era encantadora. La he visto maravillar al propietario de una tienda para que le venda algo a mitad de precio. Ella puede entretener a toda una multitud con sus coloquialismos y costumbres. He oído que algunos cantantes de música country intentan imitar el acento sureño. Así que ahí lo tiene, me casé con una cantante de country que aunque no es famosa sí es muy linda.

## La Mujer de las Carcajadas

Un amigo mío se casó con una mujer talentosa pero que tenía algunos *defectos* obvios. Él se avergonzaba de ella en público. Si había 100 personas en un lugar usted podía escucharla reír sin ningún problema; así de fuertes eran sus carcajadas. Su esposo era un hombre calmado y con mucha dignidad, sin embargo, ella aparentemente no se daba cuenta del entorno social que lo rodeaba y no le prestaba mucha atención a su escandalosa forma de reírse. Además, ella también se reía en momentos inapropiados. Había otras costumbres burdas que hacían que él se avergonzará de ella en público.

Lo peor acerca de todo esto era que ella sentía su rechazo. Él no le dijo lo que le molestaba, pero demostraba su exasperación y fastidio cuando estaba junto a ella, algo que evidentemente hizo que su esposa se llenara de mal genio y actuará de formas aún más vergonzosas en público.

Esto continúo por varios años, incluso contemplaron la posibilidad del divorcio. Ella llegó al extremo de abandonarlo por un tiempo. No obstante, mi amigo lentamente comenzó a valorar las virtudes de su esposa y le expresó su gratitud y admiración por sus habilidades como madre, cocinera y ama de casa. Ella comenzó a relajarse en público y no tenía la necesidad de ser el centro de atracción. Dejó de reírse de esa forma tan 'peculiar' y adquirió algo de gracia y dignidad. A medida que él respondía a sus cambios, ella también respondía a sus nuevas actitudes y se estableció un *ciclo* mientras ambos maduraban.

Lo último que supe de ellos es que ella continuaba siendo un poco *desgarbada*, pero no de la misma forma que antes, lo cual hacía que él aceptara más su falta de habilidades sociales. Su matrimonio mejora con el paso del tiempo.

## La Chica que Nunca Nadie Notaba

Hace aproximadamente diez años, un autobús de jóvenes que iba de paso se detuvo a hacer una visita cerca a nuestra casa. Allí había una chica sentada en el medio, recostada plácidamente en el bus con su largo y rubio cabello cubriendo su rostro. La noté por su discreción. Ella parecía tener problemas, su autoestima no parecía ser muy fuerte. Cuando todos se pusieron de pie para salir, me di cuenta que medía aproximadamente 1.8 metros de altura, sin embargo, ella se puso de pie y se *desplomó* como si quisiera verse más pequeña. Su delgado cuerpo se veía como un *pretzel* que estaba parado al fondo. Nunca pude ver su rostro ya que ella siempre volteaba la cara. Es muy raro ver personas así de *defectuosas*. Aunque estaba en la *flor* de su juventud ella pasaba totalmente desapercibida, era la chica que nunca nadie notaba.

Aproximadamente dos años después, un conocido pasó de visita a nuestra casa con su nueva novia. Ella se quedó detrás de él como una sombra de gran tamaño, la cual parecía estar temerosa y aprensiva. Él alardeaba de ella y se daba muchos cumplidos a sí mismo por haber obtenido tal tesoro. Después de varios años de matrimonio los vi nuevamente, en esta ocasión ella estaba de pie y derecha, como si estuviera orgullosa de su altura, y riendo le decía a su esposo "mi hombrecito". Él la miraba lleno de amor mientras ella hablaba. El tiempo ha pasado y ahora ya tienen hijos y disfrutan juntos del amor y la misericordia de Dios. Ella ha mejorado sus falencias y ya no es solo una sombra; de hecho es una mujer muy linda, algo que nadie más pudo ver hasta que su esposo la amó como ella era y la tomó con sus *arrugas* y *defectos*. Su crecimiento como mujer y esposa ha sido posible gracias a la misericordia de Dios y el amor que su esposo le ha demostrado.

Dios nos recibe con nuestros defectos, torpezas y desmanes –no importa si somos altos, bajos, tontos, sordos, ciegos o pobres– y posteriormente nos lava por medio de su Palabra y nos ofrece el don del arrepentimiento y el perdón de nuestros pecados por medio de la obra del Señor Jesús. Él nos recuerda en la Biblia que "…no sois muchos sabios según la carne, ni muchos poderosos, ni muchos nobles; sino que lo necio del mundo escogió Dios, para avergonzar a los sabios; y lo débil del mundo escogió Dios, para avergonzar a lo fuerte; y lo vil del mundo y lo menospreciado escogió Dios, y lo que no es, para deshacer lo que es, a fin de que nadie se jacte en su presencia" (1 Corintios 1:26-29). ¿Podemos nosotros mostrar menos amor que Él? ¿Somos mejores que Dios? Si Él está dispuesto a recibirnos y luego a santificarnos, ¿quiénes somos nosotros para esperar un matrimonio *celestial* sin comprometernos en un paciente proceso de santificación?

Asimismo vosotras, mujeres, estad sujetas a vuestros maridos; para que también los que no creen a la palabra, sean ganados sin palabra por la conducta de sus esposas (…) porque así también se ataviaban en otro tiempo aquellas santas mujeres que esperaban en Dios, estando sujetas a sus maridos; como Sara obedecía a Abraham, llamándole señor; de la cual vosotras habéis venido a ser hijas, si hacéis el bien, sin temer ninguna amenaza.

1 Pedro 3: 1, 5-6

# ¿DEBE ELLA OBEDECERME?

## ¿Qué Debo Hacer Para que mi Esposa me Obedezca?

En 1 Pedro 3 leemos una notable exhortación a las mujeres: "Asimismo vosotras, mujeres, **estad sujetas a vuestros maridos** (...) porque así también se ataviaban en otro tiempo aquellas santas mujeres que esperaban en Dios, **estando sujetas a sus maridos**; como Sara **obedecía** a Abraham, llamándole señor". Ya puedo escuchar a algún hombre decir: "es cierto, una mujer necesita saber cuál es su lugar". Bueno, yo le respondería a él: "no hay necesidad, usted se lo va a recordar bastante a menudo".

He recibido miles de cartas de hombres que me hacen la misma pregunta: "¿qué debo hacer para que mi esposa me obedezca?". También en mis conferencias algunos hombres se me han acercado diciendo: "le he mostrado a mi esposa versículos que dicen que ella debe obedecerme, pero no me escucha". Yo les he respondido: "¿qué pasaje de la Escritura le dice a un hombre que le exija a su esposa que le obedezca?".

-"Bueno, el texto dice: 'esposas, obedezcan a sus esposos'".

-"No es así, lo que verdaderamente dice es: 'las casadas estén sujetas a sus propios maridos', pero ¿a quién está dirigido este versículo?"

-"A las esposas", responden precipitadamente.

-"¿Y quién les está mandando a las esposas sujetarse a sus esposos?"

-"Dios", afirman confiadamente.

Yo respondo: "Dios manda a las esposas que se sujeten, pero ¿dónde le ordena al hombre que le ordene a su esposa a someterse?".

¿En qué parte del Nuevo Testamento leemos que el esposo deba reprender a una esposa rebelde? Dios le ordena a las esposas que se sujeten, pero nunca ni siquiera sugiere que los esposos deban asumir el derecho a demandar tal sumisión. He estado casado por 40 años y jamás le he dicho a mi esposa que su tarea es someterse a mí. De hecho, siento que sería un golpe bajo usar los mandamientos de Dios con el fin de resolver una disputa marital. Usar las Escrituras en este caso sería tomar una ventaja indebida en contra de otro ser humano. Me sentiría como el Papa –o el líder de alguna secta– si intentara controlar a alguien usando la Biblia o el nombre de Dios. Por el contrario, mi responsabilidad es ganar el respeto y la confianza de mi esposa.

Las Escrituras nos recuerdan que las esposas deben obedecer a sus esposos: "Las ancianas asimismo (...) que enseñen a las mujeres jóvenes a amar a sus maridos y a sus hijos, a ser (...) sujetas a sus maridos..." (Tito 2: 3-5). Cuando enseño la Palabra en la iglesia y hay un pasaje en donde el Señor le ordena a la mujer sujetarse a su esposo, como vocero de Dios les digo a las damas que se sometan a ellos. Sin embargo, este libro no está dirigido a mujeres, ellas ya fueron 'golpeadas' por el libro "Creada para Ser su Ayuda Idónea". Ahora es nuestro turno caballeros, y no vamos a arrojarle toda la carga a nuestras amadas.

### ¿Ella no fue Creada para Obedecer?

Es muy importante examinar cuidadosamente toda la Escritura para identificar nuestros conceptos erróneos sobre este tema.

En el relato de la creación ni Dios ni Adán dicen algo respecto a que Eva fuera creada para obedecer. Dios la creó para que Adán no estuviese solo, para que ella lo completara y le ayudara en cuerpo y espíritu; no para que él tuviera una sirvienta.

**Génesis 2:18:** *Y dijo Jehová Dios: No es bueno que el hombre esté solo; le haré ayuda idónea para él.*

Después de la creación de Eva, Adán respondió a este hecho maravilloso y definió la gran importancia histórica de ese momento (note que él no hace ninguna alusión a que ella deba obedecerlo).

**Génesis 2:23-24:** *Dijo entonces Adán: Esto es ahora hueso de mis huesos y carne de mi carne; ésta será llamada Varona, porque del varón fue tomada. Por tanto, dejará el hombre a su padre y a su madre, y se unirá a su mujer, y serán una sola carne.*

Sin embargo, después de que Eva cayera en la tentación del diablo y su esposo siguiera el mismo camino, Dios maldijo a Satanás, a su creación, a Adán y a Eva.

**Génesis 3:16:** *A la mujer dijo: Multiplicaré en gran manera los dolores en tus preñeces; con dolor darás a luz los hijos; y tu deseo será para tu marido, **y él se enseñoreará de ti.***

La primera carta de Pablo a Timoteo revela otras consecuencias de esta maldición, describiendo por qué las mujeres no tienen permitido enseñar a los hombres y por qué sus esposos deben señorear sobre ellas.

## 1 Timoteo 2:11-15

*11 La mujer aprenda en silencio, con toda sujeción.*

*12 Porque no permito a la mujer enseñar, **ni ejercer dominio sobre el hombre**, sino estar en silencio.*

*13 Porque Adán fue formado primero, después Eva;*

*14 y Adán no fue engañado, sino que la mujer, siendo **engañada**, incurrió en transgresión.*

*15 Pero se salvará engendrando hijos, si permaneciere en fe, amor y santificación, con modestia.*

Eva fue "engañada" por las mentiras de Satanás y por lo tanto Dios les ha ordenado a los hombres no conceder el liderazgo a las mujeres. Sin embargo, los hombres no deben llenarse de orgullo y tratar de ser los *amos* de las mujeres. Todo lo contrario, ahora sobre los varones recae una gran responsabilidad de liderarlas en el amor del Señor.

## La Maldición del dolor en el Alumbramiento

La maldición de Eva tuvo dos partes.

**Génesis 3:16:** *A la mujer dijo:* **Multiplicaré en gran manera los dolores en tus preñeces; con dolor darás a luz los hijos;** *y tu deseo será para tu marido, y él se enseñoreará de ti.*

Por su desobediencia Dios maldijo a Eva con la multiplicación de los dolores de parto. Si nosotros los hombres tuviéramos que atravesar por eso, aunque fuera una sola vez, estaríamos de acuerdo con que verdaderamente es una maldición.

## La Maldición de Ser Señoreada

La segunda parte de la maldición de Eva nos lleva de nuevo al tema central de este capítulo: la sumisión. Debido a su pecado Eva fue maldecida con ser señoreada por su esposo.

**Génesis 3:16: A** *la mujer dijo: Multiplicaré en gran manera los dolores en tus preñeces; con dolor darás a luz los hijos; y tu deseo será para tu marido, **y él se enseñoreará de ti.***

Es importante notar que la primera mención que la Biblia hace acerca de Adán señoreando a Eva viene después de la caída y como parte de una maldición. Es absolutamente cierto que Adán fue formado primero que Eva y ella por naturaleza era la ayuda idónea del hombre, no al contrario. Sin embargo, no hay nada que indique que en un mundo sin pecado hubiese sido requerido que Eva se sometiera a Adán; no habría necesidad. Cuando Eva fue engañada y después el hombre siguió su desobediencia, la dinámica de su relación con Dios y su relación como pareja cambió. El deseo de ella ahora sería para su marido y él se enseñorearía de ella; le gustará o no, para bien o para mal.

Esta maldición sigue en curso y las condiciones siguen siendo las mismas. Los esposos gobiernan sobre sus esposas; las cosas no han cambiado, fíjese en Arabia Saudita, allí el testimonio de una mujer vale la mitad del de un hombre. Observe la tasa de abuso de esposas en América y el mundo occidental en general y se dará cuenta.

Es la presencia del pecado lo que hace que los Diez Mandamientos, el gobierno, la pena capital y las jerarquías de poder en el hogar sean necesarios. Eva no fue creada para ser gobernada, ella recibió la maldición de la sujeción.

La subyugación general de la mujer es inherente a todas las culturas, durante todos los siglos y desde el principio de la historia hasta hoy. A las mujeres no parece gustarles, y por lo general los hombres se aprovechan de ella.

## Únicamente Sujeción Doméstica

En el mundo cristiano existe el concepto general de que las mujeres son soldados rasos entre capitanes, los cuales deben ser saludados y obedecidos. No obstante, la maldición no puso a la mujer en la posición de rendirse al gobierno de los hombres en general, sino solo a sus esposos. Pedro se dirige a las mujeres y les dice "estad sujetas a **vuestros** maridos" (1 Pedro 3:1), no a cada esposo ni a cada hombre, solo a sus propios esposos. En caso de que sus lectores no lo hubieran entendido, Pedro repite la frase en el versículo 5: "**sus** maridos".

**1 Pedro 3:1-5:** Asimismo vosotras, mujeres, estad sujetas a vuestros maridos; para que también los que no creen a la palabra, sean ganados sin palabra por la conducta de sus esposas, considerando vuestra conducta casta y respetuosa. Vuestro atavío no sea el externo de peinados ostentosos, de adornos de oro o de vestidos lujosos, sino el interno, el del corazón, en el incorruptible ornato de un espíritu afable y apacible, que es de grande estima delante de Dios. Porque así también se ataviaban en otro tiempo aquellas santas mujeres que esperaban en Dios, estando sujetas a sus maridos.

Pablo también enfatiza el hecho de que las esposas deben estar sujetas a sus propios esposos y no a los hombres en general.

**Efesios 5:22 y 24:** Las casadas estén sujetas a **sus propios** maridos, como al Señor (...) Así que, como la iglesia está sujeta a Cristo, así también las casadas lo estén a **sus** maridos en todo.

Estos pasajes lo dejan bastante claro. El Espíritu Santo no quiso ningún malentendido en este asunto y puso la palabra "sus" antes de la palabra "esposos" en cada versículo donde se ordena que las esposas deben someterse. Conozco muchas iglesias que han asumido la *política* de que las mujeres deben estar sujetas a los hombres en general, lo cual me recuerda a un antiguo sistema de clases europeo, donde la clase más baja debía ser consciente del "lugar que les correspondía". De manera similar, en el sur de Estados Unidos, se les recordaba a las personas de tez negra el "lugar que les correspondía". Todos los casos mencionados anteriormente eran un intento para proteger a las élites en sus posiciones privilegiadas, ya que es el temor el que crea y perpetúa los estratos sociales. Aquellos en la parte superior de la *cadena alimenticia* temen perder el prestigio y el control, y aquellos subyugados temen a la mano que los alimenta. Estos sistemas pierden su poder cuando todos los involucrados se dan cuenta de la dignidad que tienen como indivi-duos.

> El amor nunca esclaviza, en lugar de eso busca la libertad y la expresión abierta para todos.

El amor nunca esclaviza, en lugar de eso busca la libertad y la expresión abierta para todos. Si Dios le da valor y dignidad a hombres, mujeres y niños, ¿con qué derecho otro ser humano puede arrebatarla? Nueva-mente digo: el matrimonio es una *corporación* que requiere de una autoridad jerárquica. Dios ha diseñado al hombre como la cabeza pero esta jefatura está limitada únicamente al contexto familiar.

Una mujer puede obedecer a Dios, y por lo tanto a su esposo, tal y como lo hizo Sara –la esposa de Abraham–, pero no hay ninguna conexión entre la estructura política del matrimonio y la del pueblo en general.

## No fue Creada para Servir

La Biblia le dice a las esposas que sirvan a sus esposos. Yo estoy agradecido porque mi esposa cumple ese mandamiento, sin em-bargo, debemos tener presente que solo por el hecho de ser hom-bres no tenemos una *licencia* para ser servidos. He trabajado un par de veces en construcción desde que tenía diez años de edad. Hay momentos en los que es necesario dejar un obrero a cargo de todo el proyecto, mientras que el líder trae los materiales in-dicados o tiene algo más que hacer. Algunos de esos obreros son tan inmaduros que ven el rol de liderazgo como una oportunidad para decirle a los demás qué deben hacer, y quede bien hecho. El poder se les sube a la cabeza y actúan irresponsablemente en detrimento del proyecto, haciendo que seguir sus órdenes sea una tarea muy difícil. La labor en general se ve afectada y el obrero encargado generalmente culpa a los trabajadores.

> El rol de liderazgo dado por Dios al hombre en el matrimonio no es una posición privilegiada, es una gran responsabilidad que requiere de sacrificio y servicio.

Tal y como en el ejemplo anterior, el rol de liderazgo dado por Dios al hombre en el matrimonio no es una posición privilegiada, es una gran responsabilidad que requiere de sacrificio y servicio. Me avergüenzo de la actitud y las acciones de muchos predicadores y líderes, ellos ven el mundo como si estuviera dividido entre los que son servidos (hombres) y los que sirven (mujeres). Las mujeres no fueron creadas para servir a los hombres más de lo que los hombres fueron creados para servir a las mujeres; no hay nada en la Biblia que sugiera que el género femenino deba ser subyugado por el masculino.

Ambos han sido creados para satisfacer las necesidades del otro, esto significa que cada uno sirve voluntariamente al otro; reducir a cualquiera de los dos al rol de sirviente es una perversión de la naturaleza. Su esposa no es su asistente, ello lo asiste pero no como una secretaria o como una señora del servicio doméstico. Su asistencia es primeramente a nivel espiritual, lo cual resulta en un servicio voluntario y de gracia. Si no es así, usted no tiene el derecho a intimidarla ni tampoco el poder para obligarla.

Apenas nos casamos mi esposa comenzó a servirme, pero no fue sino hasta después de muchos años que aprendí que eso era un regalo de alguien que quería bendecirme, y no una mujer haciendo lo que se supone que hacen las mujeres. Durante años pensé que todo se trataba de mí; yo era la cabeza del hogar y ella la... bueno, ella estaba ahí para llenarme de felicidad, para ayudarme a hacer lo que yo quisiera; su rol era ser feliz mientras me servía. Alguien tenía que ser el jefe, y siendo tan imperfecto como lo era yo, Dios me nombró a mí para la ser la cabeza del hogar y a ella para... usted sabe, hacer sus labores alegremente. Yo sabía que cuando una mujer está bien con Dios ella deja de quejarse y cantaletear, y empieza a servir a su esposo sin cuestionar. Sin embargo, había aprendido esta perspectiva de mi cultura, no de Dios.

## Su Ayuda, no su Esclava

Las personas de 'No Greater Joy' trabajan para mí; yo soy su jefe. Muchos de mis empleados son más listos que yo, y la mayoría de ellos tienen talentos y habilidades que yo no poseo. Yo confío en que ellos hacen sus respectivos trabajos y busco su consejo en sus áreas de experticia, aunque a menudo difiero con sus juicios en algún tema. Algunas veces ellos cuestionan las decisiones que yo tomo y yo los *contraataco*, esperando que argumenten su opinión. Sería un tonto si tomara sus opiniones a la ligera y si no los tratara con respeto.

> Usted no es el amo de su esposa, es su compañero para santificación.

Usted no es el amo de su esposa, es su compañero para santificación. Como cabeza de la familia usted es responsable de ser ejemplo, de motivar a su esposa con paciencia para que crezca como persona y de ayudarla a entender y a realizar sus tareas como su principal ayudadora. Su rol en el matrimonio no es el de ejecutar sino el de motivar.

## Someterse, No Obedecer

Muchos pasajes de la Biblia instruyen a las esposas para que se sujeten a sus esposos, sin embargo, la obediencia solo se menciona dos veces y cada una de ellas en contextos particulares. A continuación veremos uno de los muchos mandamientos acerca de la sujeción de la esposa, éste nos muestra el ejemplo de Sara, quien hizo algo mayor a un simple acto de obediencia.

**1 Pedro 3:1,5-6:** Asimismo vosotras, mujeres, **estad sujetas** a vuestros maridos; para que también los que no creen a la palabra, sean ganados sin palabra por la conducta de sus esposas (...) porque así también se ataviaban en otro tiempo aquellas santas mujeres que esperaban en Dios, **estando sujetas** a sus maridos; como **Sara obedecía a Abraham,** llamándole señor; de la cual vosotras habéis venido a ser hijas, si hacéis el bien, sin temer ninguna amenaza.

> Su rol en el matrimonio no es el de ejecutar sino el de motivar.

La Biblia menciona solamente dos ocasiones en las cuales Sara obedeció a Abraham, por lo tanto una de ellas debería ser el evento al cual se refiere Pedro en el Nuevo Testamento. Uno de esos dos episodios no es tan significativo: él le dijo que preparara comida y ella lo hizo –por supuesto, si su esposa no cocina este versículo es más que relevante para usted–. El otro evento que las Escrituras mencionan sobre la obediencia de Sara está en Génesis 12, el cual fue probablemente el que Pedro recordó al momento de escribir su carta. Cuando Abraham y Sara fueron a Egipto, él tuvo temor de que Faraón viera la belleza de su esposa y ordenara matarlo con el fin de convertirla en una 'viuda elegible', por lo tanto el patriarca le dijo a Sara que mintiera diciendo que era su hermana. Sara obedece a Abraham y miente como él se lo ordenó. Ella estaba en peligro de ser llevada a la cama del Faraón, sin embargo, Dios la protegió al herir (Génesis 12:17) a los egipcios con enfermedades. El Faraón supo que lo que estaba ocurriendo era el juicio de Dios sobre su nación y descubrió la mentira de Abraham; por lo tanto tuvo temor del Señor y liberó al patriarca y a Sara y, luego de una dura reprimenda, los expulsó ilesos con todos sus bienes.

¿Por qué argumentar y discutir por palabras tan similares como 'obedecer' y 'sujetarse'? Porque a pesar de ser usadas en varios contextos de forma similar tienen una connotación diferente, no solo en español sino también en hebreo y griego, los idiomas originales de la Escritura. Una rápida revisión de cada uno de los usos de estas dos palabras revela una maravillosa distinción. El diccionario de la Real Academia Española representa con exactitud estas diferencias, al igual que la Concordancia Strong.

No revisaré todas las pruebas, ya que tomaría mucho tiempo, sin embargo, lo invito a profundizar un poco más en el tema. La palabra **obedecer** tiene una magnitud mucho menor que la del término **someterse**; este último puede ser impersonal y carente de una actitud de corazón. En la Biblia vemos varios ejemplos de obediencia: un esclavo que obedece a su amo; un niño que por obligación obedece a sus padres; los sirvientes que obedecen a sus señores; nosotros, que recibimos el mandamiento de obedecer a nuestros magistrados y los miembros de una iglesia que deben obedecer a quienes tienen autoridad espiritual sobre ellos. Todos estos ejemplos no necesariamente muestran una obediencia dirigida por una buena motivación.

Sara obedeció a Abraham en una situación muy difícil. Usted podría comparar esta obediencia *ciega* con aquella que un esclavo tiene para con su amo. Sin hacer preguntas y sin recibir respuestas. Aunque Dios elogia a Sara por su obediencia extraordinaria (debo decirlo nuevamente), **la Biblia nunca ordena que una esposa deba obedecer** a su esposo, pero si exige algo mayor a la obediencia: la sumisión. Someterse muestra una actitud voluntaria de cooperación. La palabra griega que fue traducida al español como "**sujetas**" era un término militar que significaba: "organizar divisiones de tropa bajo el comando de un líder".

Cuando Agar escapó de los celos y la opresión de su ama, el ángel del Señor le dijo: "...vuélvete a tu señora, y ponte sumisa bajo su mano" (Génesis 16:9). El ángel le ordenó que regresara y se sometiera, es decir que se pusiera bajo la autoridad de su ama voluntariamente y de todo corazón.

> La sumisión es una actitud voluntaria de cooperación

Miremos otro ejemplo del concepto de sometimiento en las Escrituras: "porque ignorando la justicia de Dios, y procurando establecer la suya propia, no se han **sujetado** a la justicia de Dios" (Romanos 10:3). La palabra **obedecer** no hubiese sido un sinónimo apropiado para reemplazar *sujetado* en este versículo: "no han [obedecido] a la justicia de Dios". *Sujetarse* al regalo de la justicia de Dios es lo opuesto a **obedecer** a la justicia, ya que por el contexto del pasaje podemos inferir que al tratar de obtener la justicia de Dios a través de medios humanos no nos estamos sometiendo al ofrecimiento que el Señor nos hace de Su justicia a través de Jesucristo. Conozco muchas personas que **obedecen** a Dios pero no se han **sujetado** al regalo de Su justicia.

Lea 1 Corintios 16:15-16 y 1 Pedro 5:5. Estos versículos nos indican que *someterse* es "cumplir voluntariamente".

Observemos un ejemplo más del uso de la palabra *someterse* en Efesios 5:21-22: "**sometiéndoos** unos a otros en el temor de Cristo. Las mujeres **estén sometidas** a sus propios maridos como al Señor (La Biblia de las Américas, LBLA). Una vez más la palabra *obedecer* no puede ser usada como un sinónimo de *someterse*, veamos: "[Obedézcanse] unos a otros en el temor de Cristo. Las mujeres [obedezcan] a sus propios maridos como al Señor". Todos los cristianos, tanto hombres como mujeres, tienen el mandato de someterse el uno al otro en la iglesia, lo cual significa disponer voluntariamente de nosotros mismos para el servicio y la bendición de todos. No nos *obedecemos* los unos a los otros en la iglesia, nos *sometemos* unos a otros.

En el libro de Hebreos encontramos un paralelo entre las palabras *obedecer* y *someterse*, el cual nos confirma que estos térmi-

242

nos no son sinónimos: "**Obedeced** a vuestros pastores, y **sujetaos** a ellos; porque ellos velan por vuestras almas, como quienes han de dar cuenta; para que lo hagan con alegría, y no quejándose, porque esto no os es provechoso" (Hebreos 13:17). El uso de estas dos palabras en el pasaje nos muestra que *obedecer* y *someterse* son dos cosas distintas. La obediencia es buena pero la sumisión viene del corazón.

> Podemos obedecer a alguien a quien tememos, pero la sumisión es el acto de entregarse a sí mismo alegremente.

Si usted observa todas las ocasiones en que la palabra *sumisión* aparece en la Biblia podrá confirmar que cuando Dios le dice a las esposas que "estén sujetas" a sus esposos, Él no está diciendo que simplemente 'obedezcan al viejo'. Los esclavos, los niños y los perros obedecen. El amor se somete por propósitos mayores que el miedo a la desaprobación. Podemos obedecer a alguien a quien tememos, pero la sumisión es el acto de entregarse a sí mismo alegremente.

Cada uso de la palabra *sumisión* –en todas sus formas– está seguido inmediatamente por un pronombre reflexivo: ustedes mismos, ellos mismos, él mismo, etc. Esto nos indica que la acción del verbo está siendo realizada por quien se somete. Por el contrario, cuando el verbo *obedecer* es usado, aquel a quien se le está obedeciendo es quien tiene la acción.

Algunos esposos exigen obediencia y la obtienen, sin embargo, nunca obtienen sumisión. Esto me hace recordar a un pequeño niño que se rehusaba a sentarse hasta que fue nalgueado; más adelante fue desafiado por su hermano a que se parara de nuevo, a lo cual el niño respondió: "es posible que en el exterior esté sentado pero he permanecido de pie en mi interior". Yo sé que usted no quiere conformarse con tener una esposa que le obedezca externamente si en el interior ella sigue siendo rebelde.

Para un mayor entendimiento sobre la forma en que su esposa se debe someter a usted, le recomiendo que realice un estudio bíblico sobre la palabra *señorío* –en especial en el pasaje de Génesis 3:16–. Usted quedará sorprendido cuando se dé cuenta de que señorear es algo muy diferente al concepto moderno de señorío por 'derecho divino'.

## El Dominante Opuesto

*Sr. Pearl:*

*Espero que usted les diga a los hombres que el verdadero amor no se trata de demandar y decir frases parecidas a esta: 'Dios dice que tú tienes que obedecerme, así que las cosas se hacen como yo digo o simplemente no se hacen". Mi esposo –un pastor– de hecho me ha dicho esta frase, y de alguna manera él cree que eso está bien y no es opuesto a sus votos matrimoniales. Él es un tirano que me ha robado –y también a nuestros hijos– la oportunidad de darle el regalo de la sumisión, debido a que la exige airadamente. No me siento amada, me siento como una propiedad; y mi niño de 4 años de edad quiere saber por qué su papá lo odia.*

*Kim.*

Sin duda alguna este pastor al cual Kim hace referencia en su carta es un *hombre dominante carnal*; esa es la única explicación para que alguien tan egocéntrico sea considerado como un líder espiritual. Él muy probablemente ha engañado a sus perezosos feligreses con su presencia imponente. Un hombre estable raramente sería un cretino tan malcriado e inseguro. Un visionario podría hablar de esa forma si fuese provocado, pero se disculparía a la mayor brevedad e intentaría enmendar su error. Sin embargo, el inmaduro y egocéntrico hombre dominante verdaderamente cree que demandar tales cosas forma parte de su 'derecho divino' como hombre.

Caballero, tenga en cuenta que usted es una vergüenza para el resto de los hombres. Usted no es Dios y no tiene el derecho de ordenarle a su esposa que le obedezca. Ella muy acertada y sabiamente se da cuenta de que usted le ha "robado la oportunidad de darle el regalo de la sumisión". Es imposible dar de aquello que ha sido quitado a la fuerza o mediante la intimidación. Usted no puede exigir amor o sumisión marital, eso es algo dado voluntariamente a aquellos que no lo merecen, y es un acto de gracia y misericordia. Usted, señor, se ha puesto más arriba que Dios al exigir airadamente ser obedecido. Ni siquiera el Señor pisotea a sus hijos de esa manera. La sumisión que su esposa le debe demostrar a usted es entre ella y Dios.

Hasta que usted no cambie su actitud nunca podrá llegar verdaderamente al corazón de su esposa, y si usted no tiene el corazón de ella nunca

> No existe Escritura alguna en la que Dios les ordene a las esposas a practicar la obediencia indiscriminada hacia sus cónyuges.

podrá tener un matrimonio que lo satisfaga. Abraham Lincoln le hubiera escrito a ella una *proclamación de emancipación*.

No existe Escritura alguna en la que Dios les ordene a las esposas a practicar la obediencia indiscriminada hacia sus cónyuges; *sumisión discriminada* sí, pero no *obediencia ciega*. Además, no existe ningún texto en la Biblia que le dé licencia a un esposo para asumir una posición en la que espere obediencia. Cuando Pablo le escribió a Tito respecto a las esposas jóvenes ni siquiera le mencionó que les ordenara a ellas ser obedientes a sus esposos; él le dijo a Tito que les diera ese mandamiento a las mujeres mayores. Es por esto que mi esposa –una mujer un mayor– escribió "Creada para Ser su Ayuda Idónea"; ese era su trabajo, no el mío. Ella está en la posición de enseñar este delicado tema ya que ella no está buscando ser obedecida. Es totalmente inapropiado para un hombre enseñarle a su esposa a que le obedezca o se someta a él. Es simplemente un acto muy egoísta de nuestra parte.

## Carta de Alguien sin Amor

*Querido Sr. Pearl:*

*Mi corazón debe honrar a Dios. Después de leer el libro "Creada para Ser su Ayuda Idónea" comencé a esforzarme con esmero con el fin de servir y bendecir a mi esposo, pero él mismo se encargó de desaparecer ese anhelo rápidamente. Nunca me dice 'gracias' o 'te ves muy bien' o 'eres la mejor cocinera' o incluso 'veo que hoy estuviste ocupada porque la casa está muy limpia'. Lo único que hace es darme muchas instrucciones y se enfada cuando no hago algo de la forma en que él quiere. Yo intento con mucho esfuerzo hacer las cosas como él las dice, sin embargo, nunca reconoce cuando hago algo bien. Cuando soy una buena ayuda me gustaría que él lo reconociera. Solo una pequeña palabra significaría mucho.*

*Debra.*

## Un Tirano Ingrato no muy Querido

Cuando una mujer hace lo que puede para servir y honrar a su esposo y él muestra ingratitud hacia ella, a pesar de su sacrificio, esto destruye no solo a la esposa sino también el matrimonio. Él no debería sorprenderse si ella se llena de amargura con el paso de los años. Su presunción perpetua sobre la pasiva conformidad de su esposa solo puede ser soportada por un mártir.

Jesús dijo: "...Bien, buen siervo y fiel..." (Mateo: 25:23). Caballero, usted que abusa de su esposa, ¿por qué no puede expresar un poco de gratitud y aprecio hacia ella? Su problema no es solo con ella, en realidad es un problema de su corazón. Puedo imaginarme lo que puede ocurrir con sus hijos si usted no cambia su actitud, y déjeme decirle que no es bueno. Si usted puede bendecir a otro ser humano con pocas palabras, con una sonrisa, con una palmadita de aprecio y no lo hace, usted es menos que un canalla. No importa lo que usted crea que le ha comunicado al hablarle, lo verdaderamente importante es cómo la haya hecho sentir. Es su tarea hacerla sentir amada. Dios le dio el mandato de amar a su esposa, cualquier cosa menor que esa es desobediencia al Señor. Él dice en las Escrituras que usted debe lavarla con sus palabras, así que *derrame* un diluvio de gracia y misericordia sobre su esposa.

> Cada mujer merece ser amada, y usted tiene la tarea –y el privilegio– de amar a su esposa como nadie más puede.

Cada mujer merece ser amada, y usted tiene la tarea –y el privilegio– de amar a su esposa como nadie más puede. Si no lo hace, sus hijos crecerán bajo la tutela de una mujer triste, malgeniada y amargada. Es muy difícil hacer las cosas bien en el matrimonio, incluso cuando dos personas se quieren y se honran el uno al otro, ¿puede imaginarse lo complejo que es cuando los dos no se llevan bien? Cambie su actitud hacia su esposa, si en verdad la ama no la lastime, cumpla su deber como esposo y como padre.

## Estas son Palabras Fuertes

Yo sé que estoy siendo duro con usted. Yo soy duro conmigo mismo. No escribí este libro para 'motivarlo' a adoptar unos cuantos principios positivos que mejorarán su felicidad y serán un suplemento para su satisfacción personal. Mi deber como ministro de Dios es llamarlo al arrepentimiento. La vida es una batalla entre nuestra naturaleza caída y la nueva naturaleza que el Señor nos ha dado para que le busquemos. "Ciertamente es completa vanidad todo hombre que vive" (Salmo 39:5). "Todos se desviaron, a una se hicieron inútiles; no hay quien haga lo bueno, no hay ni siquiera uno" (Romanos 3:12). Esta lucha siempre estará presente en nuestras vidas, pero gracias sean dadas a Dios por Su amor y misericordia. Él puede darnos la capacidad de amar a nuestra esposa con un amor sacrificial.

> Gracias sean dadas a Dios por su amor y misericordia. Él puede darnos la capacidad de amar a nuestra esposa con un amor sacrificial.

## Un Hombre Debería ser Humilde

Un hombre debería ser humilde y no aprovecharse del hecho de que Dios le haya ordenado a otro ser humano someterse a él. Después de la caída, las esposas han tenido que someterse como parte del castigo del Señor por la desobediencia de Eva en el jardín del Edén (Génesis 3:16). Caballero, el enfoque de nuestras vidas debe estar centrado en la obediencia a Dios, así podremos llevar una vida sabia para que nuestras esposas deseen someterse a nosotros con alegría. La sumisión de una mujer hacia su esposo es un gran regalo que debe ser recibido con agradecimiento.

Una mujer que obedece a su esposo está viendo más allá de la frágil y errónea alma de su amado, ella está centrada en Dios. "Las casadas estén sujetas a sus propios maridos, **como al Señor**" (Efesios 5:22). La obediencia de ella es humildad ante Dios y no es una tarea cumplida por causa del hombre. Los hombres religiosos han caído en el mismo error que los antiguos reyes de Inglaterra, que creían que Dios les había otorgado el derecho divino de ser reverenciados y obedecidos sin importar sus equivocaciones. No olvide que una mujer solo puede obedecer a su falible esposo "como al Señor" y no según los caprichos que él tenga.

Entonces, hombres, pongamos mucha atención a lo que el Señor nos dice y reconozcamos que nuestras esposas son servidoras de Dios, no nuestras. "¿Tú quién eres, que juzgas al criado ajeno? Para su propio señor está en pie, o cae; pero estará firme, porque poderoso es el Señor para hacerle [a ella] estar firme" (Romanos 14:4).

> La sumisión de una mujer hacia su esposo es un gran regalo que debe ser recibido con agradecimiento.

# 14

# DEJAR Y UNIRSE

Junto a mi esposa hemos recibido cientos de cartas, y debido a eso no puedo escribir un libro para hombres sin analizar la declaración que Dios hace respecto al matrimonio en el inicio de la Biblia: dejar a padre y madre y establecer una familia independiente.

**Génesis 2:24:** Por tanto, dejará el hombre a su padre y a su madre, **y se unirá a su mujer,** y serán una sola carne.

Además, Jesús también habló sobre este principio.

**Mateo 19:5** y dijo: Por esto el hombre dejará padre y madre, y se unirá a su mujer, y los dos serán una sola carne.

**Significado de *unirse:*** Génesis 2:24 dice: "Por tanto, dejará el hombre a su padre y a su madre, y se unirá a su mujer, y serán una sola carne". *Unirse* es la traducción de la palabra hebrea *dabác,* la cual es usada 54 veces en la Biblia. Puede ser traducida de muchas otras maneras: 1) "Perseguir con firmeza"; esta comunica la idea de agarrar a alguien por detrás después de perseguirlo. 2) "Pegar"; como cuando dos cosas están adheridas una a la otra. 3) "Sujetar"; es decir no dejar suelto. Otros términos que se usan para traducir *dabác* son: "juntos", "permanecer cerca" y "seguir". Por lo tanto, podemos decir que *unirse* a su esposa significa permanecer juntos, ser inseparables, mezclarse, perseguir con firmeza, sujetarse, aferrarse y estar cerca de ella. Ese es el mandato de Dios: dejar a padre y madre y unirse solamente a una mujer.

"...Amando a Jehová tu Dios, atendiendo a su voz, y *siguiéndole* a él..." (Deuteronomio 30:20). En este pasaje la palabra 'siguiéndole' fue traducida del hebreo *dabác*. De la misma forma en que se nos ordena seguir y entregarnos a Dios, Él nos manda a entregarnos a nuestra esposa. Debe llamar poderosamente nuestra atención que la misma palabra hebrea sea usada para referirse a la relación que tenemos con Dios y la que tenemos con nuestra esposa. Es un detalle que no debemos pasar por alto.

A continuación veremos algunos ejemplos de las cartas que hemos recibido a lo largo de los años:

*Querido Sr. Pearl:*

*Me gustaría ver en su libro un capítulo completo dedicado al tema de 'dejar y unirse'. Me siento traicionada porque soy fiel a mi esposo, pero la lealtad de él está dividida. Ahora bien, debo aclarar que él es un hombre de Dios. Sin embargo, las palabras de su mamá son leyes que no pueden ser cuestionadas, incluso acerca de cómo debemos criar a nuestros hijos. Si yo digo, "yo creo que deberíamos..." o "creo que es necesario hacer esto", él responde, "sí, pero mi mamá piensa que..." A veces creo que hay dos mujeres en este matrimonio, y yo soy la menos importante.*

*Joan.*

## Segunda Carta:

*Querido Michael:*

*Tengo un esposo maravilloso y amoroso, y estoy agradecida con Dios por él. ¡Es un hombre estable! Quiero pedirle que por favor aborde el tema de las suegras en su libro. A mi estable esposo le encanta satisfacer a los demás. Él le daría a cualquiera la camiseta que está usando sin decir nada al respecto. Siempre ha sido un hijo bueno, muy obediente a sus padres. Sin embargo, mi suegra es una mujer controladora; todos saben que eso es cierto. Mi esposo trabaja con su papá, por lo tanto, nuestras vidas están dirigidas por él a través de mi suegra. Su papá dice: "tu mamá me dijo que tu esposa debería o no debería...". Usualmente mi esposo no me defiende porque quiere mantener la paz y complacer a sus padres. Incluso mi suegro dice malas cosas acerca de mí en mi propia cara, como si yo no estuviera allí. Un día me dirá que yo les estoy negando a mis hijos el amor de su abuela (aunque yo los dejo ir de visita) y al otro probablemente asegurará que ella tiene que ser quien los crie, ya que según él yo no estoy a la altura de la tarea. Sin importar cuánto me esfuerce mi suegra regularmente encuentra alguna falla en mí. Mi esposo me dice que pretenda que ella no ha dicho nada; él dice que ellos son personas amargadas y nada más.*

*Esto claramente evidencia que estoy siendo maltratada por mis suegros. Desde que mi matrimonio comenzó he llorado cada día debido a sus constantes ofensas. Desearía con todo mi corazón que mi esposo me protegiera. Yo lo escucho y le obedezco pero por más que lo ame profundamente he considerado muchas veces abandonarlo e irme, no puedo soportar más ser criticada constantemente. Eso, sin embargo, les daría la razón a ellos y les 'demostraría' cuán mala soy. Los suegros pueden destrozar un matrimonio. He estado triste desde que el mío comenzó por causa de ellos.*

*Gracias*

*Una hija de Eva.*

> La base del matrimonio es dejar a padre y madre con el fin de establecer una unión de dos personas, no de tres ni de cuatro.

## La Respuesta de un Michael Disgustado

Este tipo de actitudes me enferma. Me gustaría que ustedes, hombres, pudieran ver el desdén en mi rostro. Lo siento mucho, simplemente no puedo respetar a un hombre que permita que su esposa sufra de críticas a manos de sus padres. Que la critiquen una vez es tolerable pero dos son demasiadas. Yo metería mis cosas al carro, tomaría a mi esposa e hijos de la mano y le diría a mis padres: "nos vemos en Navidad". Olvídese de su trabajo y la seguridad que éste le brinda, su esposa está primero.

Jesús fue claro: la base del matrimonio es dejar a padre y madre para establecer una unión de dos personas, no de tres ni de cuatro. Caballero, en lugar de estar unido a su esposa en el sentido bíblico usted está unido a ella como un niño pequeño. ¿A qué le tiene miedo? ¿Le aterra tanto la idea de alejarse de sus padres que está dispuesto a conformarse con un matrimonio a medias?

## Consejo para la mujer de los suegros 'amorosos'
### Querida dama abusada:

Sus suegros no la respetan porque usted no se respeta a sí misma. Usted ha considerado el divorcio, el cual Dios prohíbe, pero nunca ha considerado auto-defenderse, lo cual Él perdona. Si usted se mantiene firme en sus principios podrá enseñarles a sus suegros el camino que deben seguir, de tal forma que cuando sean viejos solo se interesarán en sus propios asuntos.

Usted, querida dama, dice que su suegro habla mal de usted en su propia cara y su respuesta es quedarse en silencio, soportándolo. Su esposo no dice nada porque él tampoco la respeta. Cuando uno de sus suegros hable despectivamente de usted en su casa, inmediatamente señale la puerta y con autoridad dígales: "váyanse, y no vuelvan hasta que aprendan a hablar civilizadamente". Cuando su suegro le diga que su suegra debería encargarse de los niños porque usted no es una madre apropiada, respóndale diciendo que no permitirá que los nietos la visiten durante un mes, ya sabe, mientras usted practica ser una 'buena madre'.

## Honrar a quien Merece Honor

*Queridos Sr. y Sra. Pearl:*

*¿Cómo se establecen suavemente los límites mientras se mantiene una buena relación y se honra a los padres? Mi suegra redecora mi casa a su gusto, se entromete en nuestras finanzas y menosprecia a mi esposo diciéndole lo tonto que es al gastar dinero de esta forma o de la otra. Ella lanza ataques cada vez que nosotros no somos 'justos'.*

*Mi madre examina a mis hijos en busca de moretones y marcas, y usa este 'examen' como una herramienta para amenazarme diciendo que va a llamar al Departamento de Seguridad Nacional cuando las cosas no se hagan según su criterio. Tanto ella como mi suegra quieren el 100% de lealtad y sumisión por parte de mi familia. ¡Ayúdenme por favor!*

*Una Lectora.*

## Michael Responde

Querida dama:

Dios le dice que se someta a su esposo, pero la Biblia no indica, ni siquiera de manera remota, que usted debe someterse a su suegra. Usted no necesita respetarla más de lo que ella la respeta a usted. Cuando ella trate de 'decorar' su casa, dígale que usted está feliz tal y como está y rechácela dulcemente. Si ella insiste, insista usted también. Si ella se enfada, mantenga su dignidad y dígale tranquilamente que se vaya y que no vuelva hasta que esté dispuesta a respetar su hogar.

¿Cómo puede ella inmiscuirse en sus finanzas a menos que usted le dé las riendas? Dígale amablemente, con palabras muy cordiales, que eso no es de su incumbencia.

En lo referente a su mamá examinando a los niños en busca de moretones, espero que usted no los esté lastimando; si lo está haciendo es necesario que pare ahora mismo. Sin embargo, si las amenazas de ella son un intento para intimidarla y hacer que se rinda ante su voluntad, entonces dígale sin titubeos que sus privilegios de visita se han terminado hasta nuevo aviso.

## ¿Qué Dice la Biblia sobre Obedecer a los Padres?
### Efesios 6:1-4

1 Hijos, obedeced en el Señor a vuestros padres, porque esto es justo.

2 Honra a tu padre y a tu madre, que es el primer mandamiento con promesa;

3 para que te vaya bien, y seas de larga vida sobre la tierra.

4 Y vosotros, padres, no provoquéis a ira a vuestros **hijos**, sino **criadlos** en disciplina y amonestación del Señor.

Los padres deberían criar a sus hijos con el objetivo de que ellos puedan tomar decisiones independientes y sabias. Si los padres han hecho bien esta tarea, cuando sus hijos sean mayores continuarán consultándolos en asuntos importantes, pero ellos ya podrán tomar decisiones por sí solos.

## Carácter

*Queridos Sr. Y Sra. Pearl:*

*Mi padre dejó a mi mamá por una mujer que conoció en Internet. Mi mamá no es inocente en esta situación, pues lo había fastidiado hasta el cansancio por los pasados diez años. Mi hermana y yo hemos estado mirando muy seriamente cómo tratamos a nuestros esposos desde que todo esto pasó. Nuestro dilema está en tratar de honrar a nuestros dos padres sin tomar parte. Ambos padres están tratando de ganarse nuestro favor por encima del otro. Además, mi papá quiere que le dejemos a él y a la mujer con la que está viviendo llevarse a nuestros hijos de visita. ¿Cómo podemos honrarlo y aun así decir que no? ¿Estamos juzgándolo?*

## Michael Responde

Usted entendió la pregunta al revés. No se trata de cómo honrarlo y aun así decir no. La pregunta es, habiendo dicho que no, ¿cómo puede honrarlo?

Usted puede dar un juicio sin tener que ser sentenciosa. Un juicio sabio es tarea de cualquier ser moral. Una persona sin juicio es un conglomerado de carne sin humanidad. Jesús dijo: "¿Y por qué no juzgáis por vosotros mismos lo que es justo?" (Lucas 12:57). Él también nos ordenó: "No juzguéis según las apariencias, sino juzgad con justo juicio" (Juan 7:24). Pablo dijo algo parecido: "En cambio el espiritual juzga todas las cosas; pero él no es juzgado de nadie" (1 Corintios 2:15). Yo dejaría que mis hijos fueran con cualquiera de los dos; sus sentimientos serían lo último que consideraría. Nuevamente, ¿dónde están los hombres?

# PROBLEMAS

## Chupando la Teta del Diablo

(Mujer, si este título la ofende, recuerde que éste es un libro escrito por un hombre para hombres. Si no puede aguantar el exceso de presión no se suba al avión. Esto es una charla de hombres, no un estudio bíblico de mujeres. Su esposo es un poco tonto, por lo tanto estoy diciendo las cosas tal como son.)

*Querido Sr. Pearl:*

*Mi esposo está andando a hurtadillas para ver pornografía nuevamente. Sé que es cierto por dos razones: han pasado semanas sin tener sexo conmigo, y porque la vez pasada se abrió una página porno cuando estaba usando su computador. Esta vez fue diferente porque había una chica joven allí. Nosotros tenemos cuatro hijas, y hace poco él empezó a jugar al caballito con ellas. A ellas les encanta la atención, pero definitivamente algunas veces se ve fuera de tono. Ahora tengo miedo de mi propio esposo. ¿Qué puedo hacer para proteger a mis hijas? Estoy dispuesta a ver a mi esposo detrás de rejas con tal de protegerlas. ¿Debo amenazarlo? ¿Puede un papá que enseña en la escuela dominical y en el hogar, ser un verdadero riesgo sexual para sus propias hijas? Por favor ayúdeme a hacer lo correcto antes de que sea demasiado tarde.*

*Sharon*

Cada semana voy a cárceles a ministrar a "papás" que abusaron de sus hijas o hijos. Usted puede identificarlos en el patio. Son los hombres nerviosos que se cuidan de no estar en el lugar equivocado. Ellos obtienen las sentencias más largas. Los asesinos pueden salir después de 6 o 10 años, pero no los raros violadores de niños, ellos obtienen 20 años o más. Las prisiones están llenas de callejeros que desprecian a los abusadores de menores., ya que la mayoría de ellos tienen niños y odian a muerte a los pervertidos. De vez en cuando se aburren y deciden matar a uno de ellos.

Uno de mis mejores estudiantes, un hombre que amaba al Señor y escribía hermosos poemas, fue estrangulado a muerte en su celda por siete hombres que pensaron que su misión en la vida era purgar al mundo de los abusadores de niños. El hombre se había arrepentido desde hace mucho tiempo, habiendo estado en prisión por 15 años, y aunque Dios había perdonado su pecado, los supremacistas nunca olvidan. Si los mismos prisioneros sienten tanto odio y deseo de castigar a tales hombres, imagínese cómo se siente Dios.

> Usted no puede comer en la misma mesa con Satanás sin ser envenenada.

Cuando recibimos cartas como estas nos aseguramos de que la mujer sepa cómo proteger a sus hijos y cómo obtener evidencia para poner al hombre detrás de rejas por una larga temporada. Incluso si el padre todavía no ha tocado sexualmente a sus hijas, está caminando por el borde de su diabólico pecado y eventualmente le dará rienda suelta. Usted no puede comer en la misma mesa con Satanás sin ser envenenada. Algunas veces es una lenta erosión a través del tiempo, pero a menudo con el primer mordisco se termina en muerte y el sufrimiento de muchos.

> El día de ajuste de cuentas siempre llega. El pecado lo va a encontrar.

Hace unos meses una joven soltera contactó a una de las chicas locales y le dijo que necesitaba ayuda para alejarse de la "sobreprotección" de sus padres. Ella contó que su papá entraba en su habitación mientras ella dormía y tocaba sus partes íntimas de manera sexual. Lo realmente repugnante era que su padre iba cada domingo de iglesia en iglesia dando testimonio y alabando. Puedo sentir la condenación de Dios sobre aquel hipócrita mentiroso. Arreglamos todo para que la chica pudiera reunirse con el jefe de policía y contarle la historia. Nos sentamos con ella mientras contaba tal vileza. Él había comenzado a usarla siendo una pequeña niña de 3 años, manteniéndola agachada mientras forzaba su pene dentro de su boca hasta que ella creía estar ahogándose y a punto de morir. Por años ella vivió en silencio y temor. Sin embargo, el día de ajuste de cuentas siempre llega. El pecado lo va a encontrar. Él se odiaba a sí mismo y se arrepentía seguido. Él pensó que estaba perdonado. Pero su pornografía siempre lo llevaba de vuelta hacia su hija. ¡Condenado al infierno!

"Cualquiera que haga tropezar a uno de estos pequeñitos que creen en mí, mejor le fuera si se le atase una piedra de molino al cuello, y se le arrojase en el mar" (Marcos 9:42). Y permítanme decir por todos los pequeños: "Hasta nunca".

*Queridos Sr. y Sra. Pearl:*

*Mi esposo ya no está interesado en el sexo regular. Sé que él ha visto pornografía que contiene sexo anal, y ahora él quiere intentarlo todo el tiempo. Debido a que en el trabajo escucha que está bien, el cree que tal vez es cierto. Eso es sucio, generador de enfermedades y causa daño en los intestinos. Es lo que hacen los homosexuales. Como su esposa, él dice que es mi deber obedecerlo en esto. Yo lo odio. Hace que el sexo parezca algo malo y ha cambiado mi actitud hacia él. Puede que él no me escuche a mí, pero tal vez lo escuche a usted.*

*Janice.*

## Michael Responde

Querida dama, Dios jamás le ha ordenado a una esposa obedecer a su esposo al punto del pecado o de la degradación. Usted no es una esclava y él no es Dios. Usted debe, "...obedecer a Dios antes que a los hombres" (Hechos 5:29).

> **Su esposa no es su esclava y usted no es Dios.**

Caballero, hay un montón de hombres rondando por los baños y en las paradas de descanso de las avenidas interestatales, a quienes simplemente les encantaría tener su sexo sin sexo. Ellos lo inventaron y no puedo imaginarme por qué usted preferiría hacerlo con una mujer cuando fue diseñado por el diablo para usarse entre hombres.

Mike:

La pornografía es un problema ENORME de los hombres hoy en día debido a su disponibilidad en la Internet. El porno es un pecado personal grandísimo, pero nadie tiene las agallas para hablar de este. Yo me gradué de una universidad cristiana. Allí hacen lo mejor que pueden para bloquear estas páginas, pero cualquier gurú en computadores (me incluyo a mí mismo) puede hallar una forma de encontrarlas. Como no estoy seguro de poder superar mi pecado por completo, mantengo mi casa sin internet. He borrado mis discos duros de cualquier remanente de porno y he hecho que mi esposa borre cualquier canción o película que ella también considere inapropiadas. Todavía siento un impulso CADA VEZ que estoy en internet. Desde que ordené y escuché los MP3 *Sin No More* (No Peques Más) y *Men Only* (Solo Hombres) digo una oración a Dios para que me proteja antes de sentarme frente al computador. Tengo dos hijas de 5 meses y dos años y medio, y no me perdonaría a mí mismo si mis pecados las influenciaran a estar en situaciones comparables a las imágenes que he visto en internet. Si fuera a leer un libro sobre cómo ser un mejor hombre, estos temas deberían estar en el primer capítulo.

Jim.

> **Los monstruos lujuriosos están construidos de pequeñas lujurias.**

Los hombres se enfrentan con poderosas lujurias –lujurias desenfrenadas y demandantes que rodean su voluntad y se mofan de sus recursos espirituales. La oración parece ser débil, la fe parece ser despojada de toda su fuerza, los cielos parecen estar vacíos, y la doctrina de la naturaleza pecaminosa no tiene mejor prueba que la voluntad quebrantada de aquellos hombres controlados por sus lujurias. Luego de ser atraídos por la oscuridad en varias oportunidades sin poder hacer nada, todos los hombres, "cristianos" o no, se vuelven teólogos o filósofos al explicar fácilmente su difícil situación nombrando la doctrina que ellos creen con todo su corazón, "Estoy siendo controlado por mi naturaleza pecaminosa, y no puedo hacer otra cosa más que pecar." El apóstol Pablo tuvo una experiencia similar: "Porque sabemos que la ley es espiritual; mas yo soy carnal, vendido al pecado. Porque lo que hago, no lo entiendo; pues no hago lo que quiero, sino lo que aborrezco, eso hago... De manera que ya no soy yo quien hace aquello, sino el pecado que mora en mí. Y yo sé que en mí, esto es, en mi carne, no mora el bien; porque el querer el bien está en mí, pero no el hacerlo. Porque no hago el bien que quiero, sino el mal que no quiero, eso hago. Y si hago lo que no quiero, ya no lo hago yo, sino el pecado que mora en mí" (Romanos 7:14-20).

¿Cuán degenerada puede ser la condición de un hombre para que pueda decir como Pablo, "ya no lo hago yo, sino el pecado que mora en mí"? Los monstruos lujuriosos están construidos de pequeñas lujurias. Cuando un hombre permite estas pequeñas lujurias controlables, y se queda allí por un momento, es engañado al creer que él puede ser su amo. Él saca tales lujurias de su lugar secreto por el placer momentáneo, y luego las aleja antes de que sean muy difícil de controlar. Tal mentira parece tener validez por un tiempo; él puede satisfacerse con esos placeres pequeños de lascivia y aun así mantener el autocontrol –todavía ser un "buen hombre." Sin embargo, no se da cuenta de que no ha estado alimentando una multitud de placeres pequeños, independientes y controlables, sino que ha estado alimentando a un monstruo que se esconde debajo de la superficie, creciendo cada vez más grande y poderoso con cada bocado que recibe.

Luego, llegará el día en que él casualmente abra la puerta de su voluntad e invite a una pequeña lujuria a jugar, y en lugar de ello, el monstruo que se ha estado empollando bajo la superficie, saldrá de un salto de su guarida, ya no contento con comer residuos respetables en secreto y luego volver a su lugar de descanso. Este monstruo demanda un plato fuerte, atragantándose con las más bajas pasiones humanas, hasta que su barriga esté hinchada de su glotona complacencia. Solo después de haber saciado su apetito se soltará de la voluntad y regresará a su oscura guarida. El vaso de satisfacción termina sintiéndose indefenso y temeroso, cauto y culpable. La horrible bestia ha establecido su dominio, y aún no ha terminado. El hombre ha probado aquel placer ilícito y desenfrenado, y va a querer más. La bestia está viva.

¿Cómo puede el hombre racionalizar esta experiencia ruin? Él se considera una víctima de su nacimiento pecaminoso, pero está determinado a mejorar antes de que vuelva a pasar. Él piensa que debe "tener más fe" y "orar más." Sin embargo, con el tiempo vuelve a caer en el hábito de lanzar pequeños bocados más allá de su conciencia, hacia la boca de diminutas y controlables lujurias. El monstruo reconstruye su base de poder con un pensamiento a la vez, con una miradita, un comercial de televisión, la foto de una revista, o con cada viaje de su imaginación. Similar a un volcán que se llena de presión, habrá otra erupción de lujuria. El día sin regreso se acerca.

## La serpiente

Hace muchos años leí sobre un hombre que tenía por mascota a una boa constrictora. Él la había recibido como regalo en su cumpleaños número trece. Para ese entonces era de dos pies de largo y se veía muy tierna. A medida que fue creciendo, él la sacaba de su jaula y dejaba que se enrollara a su alrededor. Varios años pasaron y la serpiente creció hasta pesar 60 libras y tener 12 pies de largo. Al muchacho le encantaba darles una sorpresa a sus nuevos amigos; cuando el momento era el propicio, él sacaba a la serpiente de su jaula, permitiéndole enrollarse a su alrededor varias veces. La serpiente era fría y resbalosa, y sus escamas hacían un sonido seco a medida que se deslizaba por la piel, su boca estaba abierta suavemente, y su lengua salía rápidamente para saborear el aire. El joven siempre obtenía el efecto deseado: hacer que sus amigos quedaran sorprendidos.

Un amigo le preguntó, "¿No te da miedo de que te apriete hasta morir?" El dueño de la serpiente se reía mientras respondía, "La tengo desde que era una bebé. Nos entendemos el uno al otro, y sé cómo manejarla". Sin embargo mientras hablaba recordaba experiencias anteriores. Cuando la serpiente tenía solo seis o siete pies de largo, se enrollaba alrededor de su brazo o pierna y apretaba terriblemente fuerte, sin embargo, su amo era más fuerte y podía remover las apretadas espirales. No obstante, hubo un momento realmente aterrador cuando la serpiente era de diez pies de largo y pesaba 30 libras. Se había estado enrollando en el cuerpo de su amo por más de una hora, cuando de repente se enrolló alrededor de su cuello y comenzó a apretar. Se requirió de mucho esfuerzo,

> La lujuria es como una serpiente bebé. Nunca llega a nosotros en su tamaño real. Si lo hiciera tendríamos miedo y huiríamos.

sin embargo, él fue capaz de dominarla y ponerla de vuelta a su jaula. Por más de un mes tuvo temor de soltarla, pero cuando su confianza volvió, la dejó salir, aunque tuvo que tomar más precauciones y no dejar que nunca más se enrollara en su cuello. Eso había pasado hacía dos años, y nada más había ocurrido desde entonces, por lo tanto él sabía que era el amo.

Casi un mes después un amigo trajo a varios compañeros de la universidad, esperando ver a la "gran serpiente." Mientras la serpiente salía de su jaula y subía por el brazo de su amo, logró abrirse el camino hasta su cuello y espalda nuevamente. El amo rápidamente intentó hacer los ajustes necesarios, pero la cola dio dos rápidos giros alrededor de sus hombros, sujetando sus brazos. Todos los invitados gritaban maravillados mientras que la serpiente y su amo se desplomaban boca abajo sobre el sofá. Hacían comentarios de cuán hermosa era y de lo poderosa que se había vuelto. Comenzaron a hacer preguntas pero no obtuvieron respuesta. Algunos se reían y otros se alarmaron. ¿Pero qué sabían ellos de serpientes? Todo había sido un gran espectáculo. Luego, la pareja entrelazada rodó por el suelo, dejando al amo boca arriba. Todos estaban horrorizados al ver su cara morada y sus ojos casi saliendo de sus cuencas. Se asustaron y comenzaron a correr en pánico. Uno de ellos finalmente corrió a la cocina y tomó un cuchillo. Trató de apuñalar a la serpiente, pero no tan fue fácil como lo pensó. Diez minutos después, llegaron los paramédicos y encontraron al amo de serpientes muerto, enrollado herméticamente en las espirales de ésta —ya no era el amo.

La lujuria es como una serpiente bebé. Nunca llega a nosotros en su tamaño real. Si lo hiciera tendríamos miedo y huiríamos. En lugar de esto, llega con la suficiente emoción para lograr excitarnos, pero sin el poder de control. A medida que alimentamos nuestra lujuria, ésta crece más y más. Mientras vivimos con ella, no vemos lo que está pasando, seguimos creyendo que siempre seremos sus amos. Nos asusta de vez en cuando, pero la emoción nos trae de vuelta. Luego, un día, descubrimos que ya no somos los amos, pero la muerte que trae puede incluso, incrementar más el erotismo. Ya no somos libres. Buscamos sus lazos que nos atan.

Con el tiempo, las repetitivas ofensas cauterizan la consciencia. Muchos hombres se convierten en accesorios del hurto de sus almas, abriendo libremente la puerta a la lujuria, llamándola a que entre incluso antes de que golpee. Es entonces cuando Dios los entrega a sus "pasiones vergonzosas" y su "inmundicia" y finalmente a "una mente reprobada, para hacer cosas que no convienen; estando atestados de toda injusticia, fornicación, perversidad, avaricia, maldad; llenos de envidia, homicidios, contiendas, engaños y malignidades; murmuradores, detractores, aborrecedores de Dios, injuriosos, soberbios, altivos, inventores de males, desobedientes a los padres, necios, desleales, sin afecto natural, implacables, sin misericordia; quienes habiendo entendido el juicio de Dios, que los que practican tales cosas son dignos de muerte..." Romanos 1:26-32

> No venga a decirme que es una víctima indefensa; usted alimentó y cuidó a la serpiente que le está arrebatando la vida.

Si esta es su situación, no venga a decirme que es una víctima indefensa; usted alimentó y cuidó a la serpiente que le está arrebatando la vida.

## Una Cita Con Usted Mismo

*Querido Sr. Pearl:*

*Por favor advierta en contra de la masturbación. Es un tipo de infidelidad y negación de la esposa. Mi esposo creció andando a hurtadillas para ver porno y masturbarse. Mientras estábamos saliendo, él se excitaba conmigo, pero al poco tiempo de casarnos volvió a aquello de "consentirse a sí mismo." Yo trato de hacerle entender que es como una cachetada en mi cara el hecho de que prefiera autosatisfa-*

*cerse él mismo a hacer el amor conmigo. El me oye pero no me escucha.*

*Sue*

*Querida Sra. Pearl:*

*¡NECESITO SU AYUDA! Estoy recién casada (hace menos de dos años) y actualmente estoy leyendo su libro Creada Para Ser Su Ayuda Idónea. Este libro ha cambiado mi vida. Sin embargo, las respuestas que necesito de intimidad no están allí. Mi esposo puede pasar largos periodos de tiempo sin que tengamos sexo o incluso que nos toquemos, a menos que yo lo inicie o cuando ve que estoy deprimida. Esta situación realmente ha afectado mi autoestima y algo de mi respeto hacia él. Es difícil creer que esta es la persona que me perseguía con persistencia siendo soltero. Él tiene un historial de pornografía y masturbación durante su juventud. Por lo tanto, básicamente, él continúa encontrando placer con él mismo, y me deja a mí con solo excusas. He dejado de iniciar tener sexo con él, debido al dolor del rechazo. Quiero un HOMBRE en mi cama en las noches, no a un chico jugando con él mismo.*

*Joan*

## Mono Masturbador

En Tailandia existen parques y templos llenos de un tipo de mono particular, a donde los turistas van para burlarse de ellos. Los monos andan colgados en los árboles por encima de los espectadores, masturbándose y arrojando su semen a cualquiera que se les acerque lo suficiente. El solo hecho de escribir al respecto es desagradable, y sin embargo, ellos simplemente son animales que actúan por instinto. No podemos esperar que actúen con raciocinio y autocontrol. Cuando tienen ganas lo hacen, sin pensar en su dignidad ni orgullo. No aspiran a nada más que saciar su sensual deseo carnal. ¿Es usted un mono masturbador? Responder que no puede ayudarse a sí mismo, es confesar que es indigno de humanidad. Es una broma de Dios que el SIDA venga de los monos.

Ya es suficientemente malo lo que está haciendo, pero quizás no ha llegado usted aún a la pornografía infantil, gracias a Dios. Esto es un peldaño de la escalera que está subiendo. Es solo cuestión de tiempo. Necesita conseguir una piedra de molino y una cuerda. Las va a necesitar...

## Marcos 9:42-48

42 Cualquiera que haga tropezar a uno de estos pequeñitos que creen en mí, mejor le fuera si se le atase una piedra de molino al cuello, y se le arrojase en el mar.

43 Si tu mano te fuere ocasión de caer, córtala; mejor te es entrar en la vida manco, que teniendo dos manos ir al infierno, al fuego que no puede ser apagado,

44 donde el gusano de ellos no muere, y el fuego nunca se apaga.

45 Y si tu pie te fuere ocasión de caer, córtalo; mejor te es entrar a la vida cojo, que teniendo dos pies ser echado en el infierno, al fuego que no puede ser apagado,

46 donde el gusano de ellos no muere, y el fuego nunca se apaga.

47 Y si tu ojo te fuere ocasión de caer, sácalo; mejor te es entrar en el reino de Dios con un ojo, que teniendo dos ojos ser echado al infierno,

48 donde el gusano de ellos no muere, y el fuego nunca se apaga.

**Lucas 12:5** Pero os enseñaré a quién debéis temer: Temed a aquel que después de haber quitado la vida, tiene poder de echar en el infierno; sí, os digo, a éste temed.

## Estúpido Es Quien Hace Algo Estúpido

*Sr. Pearl:*

*Sé que tiene muchas cartas que responder, y me siento mal de molestarlo nuevamente, pero necesito preguntarle esto, por mi bien y el de otra mujer que está pasando por lo mismo. Mi esposo leyó el artículo de "Pornografía: Camino al Infierno", y dice que el artículo aplica solo a los hombres que en realidad se masturban y tienen fantasías sexuales (con fantasías me refiero a pensar en tener sexo con ellas). Para que eso fuera adulterio tendría que involucrar fantasías sexuales y masturbación, y su artículo solo trata estos temas, no habla de los hombres que solo miran a una mujer rápidamente. Él está luchando con la verdadera definición de lujuria/adulterio. Él quiere saber si el artículo de pornografía está dirigido solamente a aquellos que expresan fantasías sexuales con porno, o si también para quienes buscan una emoción rápida (él le dice un ataque de adrenalina) cuando miran una mujer, ya que él no siente que lo que él hizo se encuentre en la misma categoría de los hombres que exteriorizan o tienen fantasías. Él cree que Dios captó su atención antes de que fuera más allá. ¿Cómo se supone que una esposa pase por esto si me siento engañada y disgustada cuando lo miro? Gracias otra vez por la ayuda.*

*Rainy.*

Caballero, usted puede describir su adicción al porno como un ataque de adrenalina; sin embargo, hasta que Hugh Hefner sea liberado del infierno y arrojado a un lago de fuego, ningún hombre le va a creer. He escuchado cosas únicas en mi vida, pero su excusa, es la mentira más bizarra que jamás haya escuchado. Usted debe creer que su esposa es una verdadera estúpida. Yo no me la he pasado estos sesenta y seis años dentro de una aspiradora.

Comencé a ministrar a gente de la calle, borrachos, drogadictos y hippies cuando tenía dieciséis años. He pasado décadas ministrando a hombres en casas y cárceles. He ministrado a marineros e infantes de marina durante veinte años. No me dicen marinero por nada. Lo he oído todo, envuelto de diferentes formas, pero su ridícula excusa es una muestra de que está perdiendo la cabeza. Usted es un pecador común y corriente cautivo en su propia lujuria, y no tiene excusa, pues he visto a miles de hombres llegar a Cristo y encontrar completa liberación de cualquier tipo de perversión. He visto a sodomitas volverse santos y a prostitutas convertirse en esposas de predicadores. He visto a los adictos sexuales ser liberados de sus deseos detestables y ser atraídos al servicio de Dios.

¿Por qué sigue viajando por el camino que lo lleva a donde no quiere ir? ¿Cuándo va a dar la vuelta? No va a ser fácil, por el contrario. El corazón se acelera con cada clic del mouse, y su alma se empequeñece con cada parpadeo de la pantalla. "Antes exhortaos los unos a los otros cada día, entre tanto que se dice: Hoy; para que ninguno de vosotros se endurezca por el engaño del pecado... Si oyereis hoy su voz, No endurezcáis vuestros corazones, como en la provocación" (Hebreos 3:13-15). En la provocación, el Señor mató 3000 almas.

Para el resto de ustedes, adictos al porno, deben saber que sus esposas pueden ser una de las tantas que le han escrito a mi esposa, contándole cuánto desea ser amada, abrazada, y ser el objeto de sus deseos. Ella tiene el corazón roto y se siente inferior cuando usted va a aquel lugar oscuro a consentirse a usted mismo (ese es el término que muchas mujeres usan) "¿Consentirse a usted mismo?" ¡Qué desagradable!

Ningún hombre necesita la pornografía, pues Dios nos ha dado "todas las cosas que pertenecen a la vida y a la piedad" (2 Pedro 1:3). Dios celebra el sexo natural entre un hombre y su esposa cuando dice, "Sea bendito tu manantial [eyaculación], Y alégrate con la mujer de tu juventud... Sus caricias te satisfagan en todo tiempo, Y en su amor recréate siempre" (Proverbios 5:18-19). "Honroso sea en todos el matrimonio, y el lecho sin mancilla; pero a los fornicarios y a los adúlteros los juzgará Dios" (Hebreos 13:4).

## Su Mano, Su Ayuda Idónea

El hombre normal está dotado con deseos eróticos por el sexo opuesto. "...pero cada uno tiene su propio don de Dios, uno a la verdad de un modo, y otro de otro" (1 Corintios 7:7).

**1 Corintios 7:2-5** Pero a causa de las fornicaciones, cada uno tenga su propia mujer, y cada una tenga su propio marido. El marido cumpla con la mujer el deber conyugal, y asimismo la mujer con el marido. La mujer no tiene potestad sobre su propio cuerpo, sino el marido; ni tampoco tiene el marido potestad sobre su propio cuerpo, sino la mujer. No os neguéis el uno al otro, a no ser por algún tiempo de mutuo consentimiento, para ocuparos sosegadamente en la oración; y volved a juntaros en uno, para que no os tiente Satanás a causa de vuestra incontinencia.

El término *ayuda idónea* adquiere un resplandor de realidad cuando consideramos que nuestra amada esposa está para "ayudar" a satisfacer nuestras necesidades sexuales. Un pervertido que ve pornografía se ha unido con una pantalla digital y se vuelve una sola carne con las luces intermitentes de mentiras y engaños. Dios creó a Eva para excitar a Adán y para que le ayudara a satisfacer sus deseos, pero el diablo creó la pornografía para que fuera la *ayuda idónea* del hombre. Esta le ayuda a ajustarse a la lujuria y degradación de Satanás. Dios unió al hombre y a la mujer y dijo "lecho sin mancilla" y "sus caricias te satisfagan en todo tiempo", pero el diablo dice "tu mano es tu ayuda idónea, deja que te satisfaga en todo tiempo". Tal vez debería usar su argolla de matrimonio en el dedo de su mano derecha.

## Ahora Sé Que Me Ama

*Querido hermano Mike:*

*La cosa más maravillosa pasó en nuestro hogar. Mi esposo decidió bloquear el computador. Estoy muy agradecida. ¡Me gustaría decirles a otros hombres que no se avergüencen de la protección de internet! Algunas veces cuando tengo que digitar la contraseña para que mi esposo pueda entrar a alguna página de deportes, él dice que lo siente. Yo respondo alegremente y digo "¡Yo no!" ¡Qué gran bendición y paz mental! Ahora siento más respeto por los hombres que tienen protección de internet que por aquellos que creen que pueden tener todo bajo control... ¡qué tontería! Nuestro matrimonio está mucho mejor ahora, y mi esposo acude a mí para satisfacer sus necesidades. Estoy muy contenta de poder entregarme a él. Su pecado era desgarrar mi corazón, y él sabía que seguía haciéndolo a escondidas. Luego, escuchó el audio de Sin No More y decidió llamar a un profesional para bloquear el computador de manera que solo yo supiera la clave. Por primera vez supe que me amaba, que cuidaba de mi dolor, y que me puso por encima de su lujuria. La diferencia con nuestros hijos ha sido notable. Nuestro matrimonio se ha salvado, pues yo había llegado al tope y había planeado en secreto mudarme de vuelta con mis padres. La pornografía es muy mala.*

*Tammy.*

"No os conforméis a este siglo, sino transformaos por medio de la renovación de vuestro entendimiento, para que comprobéis cuál sea la buena voluntad de Dios, agradable y perfecta" (Romanos 12:2).

## Blogueando y Empantanándose en Pecado

*Querido Sr. Pearl:*

*Escribo esta carta para advertir a los hombres, y con la esperanza de poder ayudar a alguien evitar este dolor inconmensurable y el daño que le he causado a mi familia y a mí mismo, por lo que parecía ser un pequeño pecado y un error.*

*Tenga en mente cuando lea esto que nosotros éramos una familia "cristiana" respetable, que asistía a la iglesia todo el tiempo, éramos miembros admirables de una pequeña comunidad agrícola, y con hijas educadas en casa desde el principio.*

*Comencé un blog en una página web hace cinco años. Esta no era una página mala, por el contrario muchos cristianos escribían en ella, muchos involucrados en testificar a otros o en discusiones teológicas. Mi blog era sobre aspectos de mi fe, la vida diaria y en familia, y fotos que tomaba.*

*Mi esposa y mis hijas conocían el blog y lo leían.*

*Este sitio ofrecía la posibilidad de dejar comentarios en páginas de otros miembros y de enviarles mensajes instantáneos. Para muchos, este blog era una pequeña comunidad "mundial" muy divertida y emocionante para conocer personas nuevas e interesantes, para responder y para involucrase en la vida de otros. Ciertamente me enganchó. Sentía que Dios me había dado la oportunidad de compartir mi fe con no-creyentes y de poder motivar a otros cristianos. Desarrollé varias relaciones por internet con hombres y mujeres a lo largo del país y del mundo. Algunas llegaron a ser muy cercanas y personales; y usted probablemente ya sabe para dónde va todo esto.*

*Una mujer casada de otro Estado que profesaba ser cristiana, se volvió particularmente amigable, y comenzamos a compartir lentamente más información personal. Aparentemente inocente e incluso espiritual al principio; hablábamos de nuestras luchas en la fe y en la vida en familia. Recuerde, todo esto era a través de internet, sin contacto cara-a-cara, o siquiera compartir fotos.*

> En cierto punto, casi al mes de empezar la "relación", ésta cruzó el límite, y yo lo sabía.

*En cierto punto, casi al mes de empezar la "relación", ésta cruzó el límite, y yo lo sabía. Fuera lo que fuera yo sentía que eso era lo que estaba faltando en mi matrimonio, y ella lo estaba proveyendo: admiración, atención, emoción, etc. Comenzamos a hacer comentarios y mensajes de coqueteo, y la relación se convirtió en el centro de mi vida al punto de ser una intensa adicción. Ella incluso me envió descaradamente un regalo a mi casa.*

*Para ese entonces mi esposa obviamente había empezado a notar la situación, y estaba herida y ofendida, sin embargo, yo excusaba todo tercamente y con engaños, diciendo que todo era completamente inocente. No obstante, la culpa me estaba destrozando. Recuerdo a una de mis hijas levantándose tarde en la noche para usar el baño, y habiéndome visto escribirme con esa otra mujer. Recuerdo estar en mi lugar de trabajo solo y llorando, preguntándome cómo había llegado a esto, si todo había empezado tan inocentemente y con buenas intenciones.*

*Finalmente les confesé todo a un miembro de mi familia y a un viejo amigo cristiano. Ambos me dijeron que tenía que terminar con esa relación por completo. De nuevo yo me opuse estúpida y obstinadamente, para no "herir" y recha-zar aquella mujer. Pensaba que podíamos ser solo amigos. Esa decisión volvería por mí a atormentarme. Le dije a mi esposa al respecto y rompí su corazón por completo. A pesar de que no había existido ni una pizca de contacto fí-sico, y mucho menos sexual, y sin siquiera una foto real de quién era, yo creía que estaba "enamorado", y eso era una aventura de adulterio de acuerdo a la definición de Jesús en Mateo 5:28.*

*Debido a que no corte inmediatamente ni limpiamente todo contacto, cause aún más daño. Cuando finalmente vi la luz, era demasiado tarde.*

> **Lo perdí todo por una relación de internet.**

*Yo vivía en una hermosa casa que había construido con mi propio sudor y sangre, pero en la cual era completamente rechazado y despreciado por mi esposa y mis dos hijas ado-lescentes. Fuimos con "consejeros cristianos" (quienes tal vez causaron incluso más daño), pero nada dio resultado. Mis hijas se llenaron cada vez más de rabia y rebeldía, y cualquier otro problema que existiera en mi casa se suma-ba al mío. Incluso por un tiempo pensé que mi esposa me había perdonado, y aunque sabía absolutamente que quería estar casado con ella, todo se vino abajo un par de meses después.*

*Mi esposa encontró la manera para echarme legalmente de la casa, y contrató al peor abogado de divorcios que existía. Pasé por un infierno en la corte de divorcio durante un año entero. Vivía de mi carro de trabajo, me quedaba en casa de otras personas, y cuando todo terminó, había perdido* *una hermosa casa de campo de cinco acres pagada por completo, mi primer carro nuevo (pagado por completo), otro carro, una cabaña de 19 acres en otro estado, una multipropiedad en una isla, y US$50.000 que estaban en el banco y que se suponían eran el inicio para mi jubilación. Además tuve que hacer un cheque por US$15.000 para la manutención de mis hijas. Nada de este dinero había llegado fácil. Me había ganado ese sustento con el fuerte trabajo físico de carpintero.*

*Y lo peor de todo, perdí mi matrimonio de 23 años y dos hijas que amo más que nada en esta vida. No he visto a mis hijas, ni siquiera he escuchado sus voces en más de tres años. No quieren saber nada de mí, y no sé si alguna vez las volveré a ver.*

*No puedo ni siquiera describir el dolor y la soledad que esta separación me ha causado.*

*¿Y para qué? Una "inocente" relación de internet, y unos cortos momentos de falsa admiración y cosquilleo con una mujer que nunca conoceré. Ella podría ser una psicópata de aspecto desagradable que jugó conmigo. Satanás de seguro lo hizo.*

*"No os engañéis; Dios no puede ser burlado: pues todo lo que el hombre sembrare, eso también segará."*

*Un tonto.*

## Videojuegos

*Sr. Pearl:*

*Por favor hábleles a los hombres sobre los peligros de la ociosidad con los videojuegos. Mi esposo ha estado obsesionado con videojuegos desde hace 15 años. Él podría pasar hasta 8 horas seguidas jugando un juego. Él profesa ser cristiano, pero ha descuidado la crianza de sus hijos bajo el temor y amonestación del Señor; esa tarea me la ha dejado a mí, como también todos los problemas de educación, mantenimiento del hogar y del carro, cuentas y finanzas, citas médicas, etc. Todo es mi responsabilidad porque él está demasiado ocupado con sus videojuegos. Él me ha confesado en tres ocasiones que Dios lo ha convencido de su problema con el juego, pero eso no ha cambiado nada. Incluso, algunas veces ha faltado al trabajo o a la iglesia para quedarse en casa a jugar. Esto pone una tremenda carga sobre mí, para ser responsable de todo mientras mi hijo/esposo juega. Esto es un terrible ejemplo para los niños. Él nunca se ha preocupado por enseñarles cosas de Dios, sino que literalmente desde que ellos aprendieron a caminar, los ha sentado frente al televisor para aprender Playstation. Adivine qué es lo primero que quieren hacer mis hijos cuando se levantan... Sí, ¡Playstation!*

Los juguetes de Satanás.

*Además de las cargas que debo llevar sola, también siento una tremenda responsabilidad de ser "el guarda de mi hermano." Me aflige el estado de su alma, sabiendo que él tendrá que rendir cuentas por todos estos años de vida perdidos en videojuegos, cuando Dios lo ha bendecido con una familia por la cual responder. Cuando lo confronto con este problema, él responde con mucha rabia. Una vez, cuando me enteré que había estado encerrado en la habitación mirando fotos repugnantes de mujeres en un juego, decidí botarlo. Él estaba tan enojado conmigo que me amenazó por haber ido "demasiado lejos" con querer separarse. Después, moví el Playstation a la sala donde no pudiera esconder lo que hacía, y también me dijo que había ido demasiado lejos. Ahora permanece constantemente enojado ya que con ese aparato en la sala no puede jugar por tantas horas seguidas.*

*Una vez, mientras oraba a Dios por ese problema, Dios me dijo que los videojuegos eran un dios para mi esposo, un ídolo que ocupaba Su lugar. Ahora mis hijos y yo tenemos que andar sigilosamente debido a su humor. Tenemos escondidos ciertos videojuegos alrededor de la casa para que él no los pueda encontrar. Los niños tienen que esperar a que él se vaya a trabajar para poder sacarlos y jugar con ellos. Él cree que yo le boté esos juegos, y también está molesto por eso.*

*Una navidad, cuando mi hijo mayor era pequeño, mi esposo me dijo que nuestro hijo le había dicho que quería desesperadamente ciertos videojuegos, y yo se los compré como regalo. Sin embargo, cuando mi hijo creció lo suficiente me contó que eso no había sido verdad, sino que era su papá quien quería esos juegos. Pasé años comprando aquellos "regalos" pensando que era mi hijo quien los quería, basada en las mentiras y codicia de mi esposo.*

*Este es un problema tan grave en mi casa, que a menudo oro a Dios para que mi esposo pueda ser liberado de estas ataduras y que pueda considerar enseñarnos a mí y a mis hijos. Conozco a otras esposas tienen problemas similares (aunque no tan severos) con sus esposos y los computadores. En mi casa, los niños y yo hablamos del "dios juego" de mi esposo. Tristemente, mis hijos pueden reconocer fácilmente este dios en su vida, y aunque él afirme ser cristiano, mi hijo mayor y mi hija no consideran que él crea verdaderamente en la existencia del Único Dios verdadero.*

*Por favor ayúdeme:*

*Helen.*

**Proverbios 12:12:** Codicia el impío la **red** de los malvados; más la raíz de los justos dará fruto.

**Proverbios 29:5:** El hombre que lisonjea a su prójimo, **red tie**nde delante de sus pasos.

## Por Qué Pierden Los Pastores Sus Familias

Estoy incluyendo esta sección porque hemos recibido un gran número de cartas de parte de esposas de pastores que se sienten atrapadas e indefensas, y que nos piden tratar este tema.

**1 Timoteo 3:5:** Pues el que no sabe gobernar su propia casa, ¿cómo cuidará de la iglesia de Dios?

*Querido Sr. Pearl:*

*Mi esposo sirve en nuestra congregación y lo hace muy bien. Él es muy compasivo, pero a veces siento que debería llamarlo al celular como cualquier otro feligrés para poder llamar su atención hacia mí y los niños. Sí, él está en casa en las noches, ama a nuestros hijos y hace devocionales con ellos durante la cena. Él es un padre y esposo muy amoroso y dedicado, pero tiene tantas cosas por hacer, como su negocio de tiempo completo además de pastorear la iglesia, que no nos dedica mucho tiempo.*

*Nuestras conversaciones casi siempre son interrumpidas cuando suena el teléfono, ya que él no deja que siga timbrando, sino que tiene que contestar. Él escucha y luego ofrece ayuda; siempre se encarga de arreglar algo que necesite un miembro de la iglesia, o ayuda a pagar para que sea arreglado, sin embargo, pareciera que nunca se encargara de las cosas que ha prometido arreglar en nuestra casa.*

*¿Y qué de nuestra familia? ¿Dónde quedan mis intereses o los intereses y necesidades de los niños? Él recordará que*

alguien de la iglesia tiene algo que hacer en cierto momento, pero olvidará que prometió llevarnos a un evento o ayudar con las citas médicas de los niños, etc. Sé que él tiene
las mejores intenciones, pero a menudo olvida cumplir sus
promesas con nosotros.

Sé que podría ser peor; podrían ser bares o pornografía lo
que lo alejara de nosotros. Me siento como un monstruo
por estar celosa de la iglesia, pero honestamente, así es
como los niños y yo nos sentimos algunas veces.

*La Celosa*

Sr. Pearl:

Mi esposo es pastor, y le encanta serlo. Él vive, come y
respira la iglesia hasta el punto de excluir a su familia. Desearía que él fuera consciente de que sus hijos lo ven como
alguien que está disponible para todos excepto para ellos,
y de que ellos no pueden contar con que cumpla su palabra
sino solo a miembros de la iglesia.

> Necesito que me ame; necesito que
> me mire a los ojos y ver amor

Usted pidió una lista de deseos; aquí está la mía:

- Desearía que él pudiera ver que nuestro hijo mayor está
  resentido con la iglesia (incluyendo a Dios) con tan
  solo 10 años. Desearía que viera que su familia debe
  ser primero y que NOSOTROS lo necesitamos.

- Desearía que mi esposo pudiera entender que cada vez
  que se pone de mal genio y hace una de sus rabietas
  infantiles —incluyendo gritar, golpear y tirar cosas —mi
  respeto por él cae un nivel más.

- *Desearía que mi esposo pudiera entender que cuando no tiene una conversación conmigo por semanas, no me abraza, no me dice que me ama ni me trata con el mismo respeto que le mostraría a cualquier otra persona, hace que me sienta como una baratija cuando quiere estar en intimidad conmigo, hace que sienta que no me ama.*

- *Desearía que no me dejara toda la carga del hogar y los niños a mi sola, mientras que él "ministra" su iglesia y queda sin energía para su familia.*

- *Desearía que pudiera ver lo hipócrita que se ve ante sus hijos (y ante su esposa) cuando predica acerca de un hogar espiritual, y aun así él no vive en uno, pues nunca tenemos devocionales familiares o un tiempo de oración, sino que cuando está en casa, se la pasa todo el tiempo en frente del televisor, gritando a los niños si se atraviesan mientras él está viendo y escuchando.*

*Soy consciente de que no soy una esposa o madre perfecta. Puedo decir que me he tomado a pecho el libro de Debi y que en realidad estoy tratando. Pero me siento tan abrumada, como si no pudiera dar un paso más por mí misma. Quiero lo mejor para mis hijos y para mi casa, pero no puedo lograrlo sola. NECESITO a mi esposo. Necesito que ore conmigo (sí, se lo he pedido). Necesito que me ame; necesito que me mire a los ojos y ver amor en sus ojos.*

*Karen*

**Querido Mike:**

*Los juegos de computador se están robando mi matrimonio y la iglesia. Estos juegos han logrado que mi esposo ponga a Dios y a la familia en segundo lugar. Él cree que está cumpliendo con su tarea porque va a la iglesia y predica, no*

*toma ni fuma, no mira canales de televisión malos, enseña
en casa, limita el uso de computador a los niños, no se la
pasa con sus amigos, etc. Sin embargo, me deja a mí sola
la crianza de los niños. Y cuando está en casa, cree que es
suficiente tiempo en familia el simple hecho de estar en la
misma casa. Nuestra iglesia está desfalleciendo debido a
matrimonios que fracasan. Satanás está teniendo un día de
campo, mientras nuestros hombres están jugando juegos.*

*Rachel*

*Apreciado Sr. Pearl:*

*Me gustaría que todos los papás entendieran cuán amados,
respetados y necesitados son por sus hijos. Tenemos un
niño de tres años que se sienta en la silla del comedor de
su papá cuando él no está en casa. Un día le pregunté por
qué se sentaba ahí, y me respondió: "Porque soy un señor."*

*Un ejemplo de lo importante que son los papás sucedió
anoche. Le pregunté: "Alex, ¿qué hiciste hoy?" Habíamos
tenido un día muy ocupado; Alex y yo habíamos jugado con
la tableta que conseguimos en la biblioteca, preparamos
una malteada, vimos un video educacional, limpiamos, ju-
gamos, trabajamos en la cocina, y cuando mi esposo llegó a
casa fuimos al estudio bíblico y a la biblioteca. Su respuesta
fue: "Vi Muzzy, ayudé a hacer una malteada, ¡y papá jugó
conmigo!" El signo de admiración no es suficiente para
representar la alegría en su rostro cuando me contestó eso.
Por favor papás, no estén tan ocupados para sus hijos.*

*Sue*

## Un Pensamiento Para Concluir

**Ahora les voy a decir algo a ustedes pastores,** ya que este
tema lo conozco bastante bien. Antes de casarme, a menudo

predicaba de diez a quince veces por semana, y ese era solo el principio de mi ministerio. Daba testimonios en las calles, dictaba estudios bíblicos, lideraba reuniones de oración y organizaba grandes grupos para salir a ministrar en ferias y parques. Había días en que mi cabeza no estaba sobre la almohada sino hasta la madrugada. Quemé la vela por ambos extremos y por la mitad al mismo tiempo, pero mi única preocupación era conseguir más cera. Para cuando tenía 21 años, me encontraba pastoreando una iglesia Bautista Independiente en Millington, Tennessee; seguía manteniendo una agenda ocupada que incluía muchas predicaciones por fuera y actividades del ministe-

> Sabía que mi esposa sería mi primer y principal ministerio

rio. Había postergado la idea de casarme, pues quería estar libre para hacer la obra de Dios.

Deseaba casarme, pero sabía que eso cambiaría mi vida y ministerio, debido a que había leído la Biblia y creía en lo que decía, "Quisiera, pues, que estuvieseis sin congoja. El soltero tiene cuidado de las cosas del Señor, de cómo agradar al Señor; **pero el casado tiene cuidado de las cosas del mundo, de cómo agradar a su mujer**" (1 Corintios 7:32-33). Sabía que el matrimonio implicaría renunciar a muchas de mis actividades.

Cuando estaba por cumplir 26 años, finalmente me casé con mi dulce Deb, y mi vida cambió. No más noches en vela –excepto en casa. Renuncié a mucho de mí frenético ministerio y me convertí en un esposo que tiene cuidado de las cosas del mundo, de cómo agradar a mi esposa.

Cuando llegaron los niños, ministraba el 20% de lo que solía hace antes. He continuado ministrando toda mi vida, trabajando con el sudor de mi frente, financiando mi ministerio con mi propio trabajo.

Cuando mis hijos crecieron lo suficiente, los llevaba a todos lados, inclusive a predicar en las calles. Las personas, de otra manera reacias a recibir un tratado, siempre lo recibían de un niño de cinco años. Mis hijos aprendieron a testificar de Cristo para la época en que empezaron a hablar, y era algo que compartíamos juntos. Ellos fueron tanto a estudios bíblicos y reuniones de oraciones como a pescar, cazar o escalar. Ellos se convirtieron en mis compañeros constantes y nunca se sintieron privados de mi presencia. Excepto por un periodo de dos años, los niños crecieron sin televisión en la casa, y nunca vieron programas que no debieran.

Antes de casarme, cuando asistía a la Academia de Artes de Memphis, escuche una conversación entre un profesor y un estudiante ambicioso por convertirse en un gran artista. El estudiante preguntó, "¿Qué se necesita para ser un gran artista?" El profesor le respondió, "Debe comer, pensar y dormir arte." El estudiante le preguntó, "Bueno, y ¿qué piensa su esposa al respecto?" Su respuesta fue una epifanía para mí, "Cuando mi esposa se casó conmigo, se casó con un artista." Esto fue una lección de vida que brilló como la Palabra de Dios desde el cielo. Sabía que cuando me casara, mi esposa se casaría con un esposo, no con un artista, predicador o un hombre con preocupaciones. Sabía que ella sería mi primer y principal ministerio. Dios dice que debo tener cuidado de las cosas del mundo, de cómo agradar a mi esposa. Un predicador no tiene derecho a poner sus afectos en otro lugar, ya que de acuerdo a las Escrituras, un ministro es quien "...gobierne bien su casa, que tenga a sus hijos en sujeción con toda honestidad (pues el que no sabe gobernar su propia casa, ¿cómo cuidará de la iglesia de Dios?)[1] Timoteo 3:4-5. Recuerde, gobernar no es ser mandón; cualquier tirano puede hacer eso.

Si usted pone a su esposa e hijos en primer lugar, hará que su familia entera se convierta al ministerio y se dará cuenta que esa ayuda visual que creó, logrará más cosas que cualquiera de sus sermones.

## Creada Para Ser la Novia de Dios

*Sr. Pearl,*

*Tengo un matrimonio celestial, que en su mayoría es el fruto de mi esposo. Cuando nos casamos, mi esposo recibió a una mujer, que a pesar de amar a Jesús, había sido adoctrinada como feminista durante el colegio. Conocía muy poco acerca de mis responsabilidades bíblicas como esposa. Sin embargo, mi esposo sabía cuál era su rol: amarme como Cristo amó a la iglesia, y entregó su vida por ella. Él parecía ciego ante mis fallas, nunca mencionó una palabra de crítica (aunque yo sabía que me la merecía), y diariamente expresaba su gratitud por tenerme como esposa.*

*Él tiene un corazón de servicio, y nos sirve a mí y a mis hijos desinteresadamente. Ha habido momentos (la mayoría por ignorancia) en los que no me he sometido, y aun así él me ha amado. También momentos en los que lo he sido irrespetuosa, y de todas maneras él me ha amado; y otros momentos en los que lo he rechazado íntimamente, y el sigue amándome. Lo he escuchado orar cada noche durante los 13 años que llevamos casados, para que pueda amarme como Jesús lo haría si estuviera en sus zapatos. He empezado a entender que Jesús realmente me ama con el mismo amor ciego, apasionado, desinteresado y servicial que mi esposo me ha mostrado. Cada día más me convierto en la mujer que mi esposo merece. Mi esposo es la prueba de que aunque sea solo una de las partes del matrimonio la capaz de comportarse a la manera de Dios, eso es todo lo que se necesita para una unión asombrosa.*

*Cindy*

**Una Mujer de 20 Vacas**

# Un hombre me mandó esta entretenida historia. No me dio la fuente.

Sr. Pearl,

Me encontré con una historia muy interesante que toca un concepto que muchos parecemos olvidar: esposos limpiando las manchas y defectos de sus esposas. Esta historia aparece en un viejo libro que compré en una tienda de segunda mano. Sin embargo, no pude encontrar el libro y por lo tanto recontaré la historia de memoria. Creo que es ficción, pero no estoy seguro.

Hace muchos años (décadas) en Hawái, vivía un hombre de negocios muy listo y rico que se encontraba soltero. También vivía un hombre con dos hijas solteras en edad de casarse. La hija menor era conocida en el pueblo por su belleza, pero la hija mayor era muy simple, por no decir poco atractiva y tonta. Ella andaba con su cabello cubriéndole la cara y con los hombros caídos, podías estar en la misma habitación con ella sin notar que estuviera allí. Un día aquel hombre de negocios llegó a la casa del otro hombre preguntando por su hija. En ese tiempo, el hombre tenía que pagar por su esposa con vacas; una novia normal demandaba 2 vacas, pero una excepcional podría significar hasta 4. Toda la gente del pueblo comenzó a preguntarse cuánto pagaría aquel hombre acaudalado por la hermosa hija menor, sin embargo, al poco tiempo todos quedaron sorprendidos al enterarse de que el hombre estaba pidiendo a la simple hermana mayor. Nuevamente se preguntaban cuanto daría; algunos pensaban que tal vez pagaría 1 sola vaca, ya que era muy listo, otros decían que como era de buen corazón, ofrecería 3 vacas. Todos quedaron atónitos cuando se dieron cuenta que el hombre había pagado ¡10 vacas por ella!, y estaban llenos de incredulidad.

El hombre desapareció con su esposa por un año, y cuando volvió, todo el pueblo estaba asombrado. El hombre se veía igual, pero ¿quién era esta hermosa y segura mujer que estaba con él?

¿Podría ser la misma novia con la que se fue? De hecho, resultó ser cierto, era la misma mujer pero llena de confianza, gracia y una belleza mucho más superior que la de su hermana. Los murmullos llenaron el aire, ésta mujer no valía 10 vacas; ¡valía 20!

**Este es un poema, alterado ligeramente, de Edwin Markham, el cual memoricé en el colegio:**

*Ella dibujó un círculo que me dejó por fuera,*

*Hereje, rebelde, burlona de una manera,*

*Pero el amor y yo teníamos el ingenio para ganar,*

*Dibujamos un círculo en el que ella pudiera entrar.*

Esto fue publicado en forma de panfleto en 2001 bajo el título de ***Pornografía: Camino al Infierno*** por Michael Pearl. Con el incremento en el uso de la pornografía, sentimos que era primordial añadir esto a nuestro libro.

## La Pornografía: Camino al infierno

Nuestra revista *No Greater Joy* es una publicación dedicada a la familia y al entrenamiento de los hijos. Por lo tanto, parecería que una disertación acerca del tema de la pornografía debería estar más bien confinada a algún otro medio. Pero recibimos muchas cartas de esposas preocupadas por la tolerancia y complacencia de sus maridos en la pornografía. Las cartas que recibimos son de familias que educan en el hogar, no usan métodos de control de natalidad, van a la iglesia y "cuidan las apariencias." Las esposas quieren saber cómo pueden entrenar a sus hijos para que sigan al Señor mientras sus esposos secretamente están siguiendo a las reinas de la pornografía. En una reunión en la que asistieron varios miles de hombres "cristianos", más del 50% de los asistentes confesaron haber "visto pornografía" durante la semana anterior. La mayoría de los ministerios evitan mencionar este tema tan vergonzoso. De los pocos que lo mencionan, la mayoría lo trata como una "debilidad" que los varones creyentes deben "superar con consejería." Yo estoy en desacuerdo. Nosotros también hemos evitado tocar el tema por su sensibilidad. Algunos de ustedes que viven con mayor aislamiento (gracias a Dios que lo hacen) pueden sentirse ofendidos por mi franqueza. Pero han de comprender que las vidas de muchas familias y las almas de sus hijos están en riesgo.

A mí me gustaría que mis hijos leyeran este artículo. Según lo bien que comprendan las palabras sería una guía general para discernir qué tanto podrán entender. Luego lo comentaría con ellos, conforme a su nivel de madurez. La decisión es tuya. Solamente quiero que sepas que la

> Si tú te aíslas a solas en un cuarto para complacerte en la pornografía, no estás enfermo sino eres un depravado.

mayoría de los niños para cuando tienen diez años de edad ya han sido expuestos a algún tipo de por pornografía.

Ahora me dirijo a ustedes los padres. Si tú te aíslas a solas en un cuarto para complacerte en la pornografía, no estás enfermo sino eres un malvado. Estás teniendo relaciones sexuales con una computadora o con las páginas de una revista. De hecho estás teniendo una experiencia erótica con el editor –probablemente otro hombre. Mientras estás fantaseando con esa imagen producida comercialmente; debes saber que hay otros miles de hombres involucrados en erotismo con esa misma imagen, al mismo tiempo que tú. Eres parte de un grupo repugnante de pervertidos, todos juntos trepados sobre la misma imagen. Y en algún

> A lo más, estás copulando contigo mismo.

lugar se encuentra un editor sexualmente disfuncional disfrutando del alcance de sus poderes eróticos.

No es que tengas un apetito sexual excesivo. Eso ni siquiera es apetito sexual. Estás solo. A lo más, estás copulando contigo mismo. No me digas que solamente es un calentamiento, una preparación para luego concluir con tu esposa. Es el calentamiento lo que te hace regresar, vez tras vez, no la conclusión. Eres un pervertido. Un verdadero hombre es mayor que su miembro viril. Es lo suficientemente grande para decirle "NO" a sus pasiones. Un hombre que permite que sus pasiones sean estimuladas al grado de absorberlo completamente, no es un hombre de grandes proezas. Es un hombre cuya alma se ha encogido hasta que su pequeño miembro viril es lo más fuerte que le queda. Dios nos creó con un apetito sexual, pero también nos dio un volante y un freno para dirigir y controlar nuestros instintos y apetito sexual. Si no puedes controlar el tuyo, no significa que tu apetito sexual es demasiado fuerte como para ser controlado, sino que tu alma es demasiado débil. Estás viviendo la vida a nivel de un gato de callejón. Adán cayó, pero tú estás cayendo aún más. Estás haciendo que tu alma vaya en picada hacia su destrucción eterna, y te estás alejando de Dios tanto como es posible. Estás perdido y desprotegido por voluntad propia. No mereces lástima, ni comprensión, ni simpatía, mereces la condenación y el desprecio. No eres una víctima sino eres el autor del delito. Justificas tu adicción señalando a todos los demás que han caído como tú, pero eres condenado por los muchos que no han caído y por los muchos que en un tiempo se encontraban donde tú estás; pero que tiempo atrás se arrepintieron y fueron restaurados a la normalidad.

> Aunque te justificas a ti mismo, tu propia conciencia te condena.

Aunque te justificas a ti mismo, tu propia conciencia te condena. Te comportas como un ladrón usando el engaño y la mentira. Tu vida entera está consagrada al dragón. Tu cuerpo está siendo consumido al tiempo que tu alma está siendo digerida. Éstas doblando tu rodilla y teniendo comunión con el diablo en el culto a la carne. Eres un discípulo de la maldad. Has escogido ser parte de un grupo que profana su propia carne, *"honrado y dando culto a las criaturas antes que al Creador"* (Romanos1:25), *"cuyo dios es el vientre, cuya gloria es su vergüenza"* (Filipenses 3:19).

Muy pocos alguna vez regresan del pozo en el cual actualmente te estás hundiendo. Has comenzado a ir cuesta abajo rumbo al infierno, y no hay absolutamente nada que te pueda detener, excepto tu propia voluntad o disposición a pisar el freno. El problema es que hoy estás más enviciado o eres un mayor adicto de lo que eras hace un año, y continuarás desvaneciéndote en las sombras de la depravación hasta que seas uno con la maldad de la cual te alimentas. Vas por un camino sin retorno y con cada día que pasa son menores las probabilidades de que des marcha atrás al rumbo que llevas.

La lujuria que has creado nunca se satisface. Es como una comezón sin rascar, solamente da más comezón. La satisfacción por medio de la pornografía es como la olla de oro al final del arco iris – siempre apenas fuera de nuestro alcance. La lujuria de la pornografía arrastra más y más al hombre por el oscuro túnel de las promesas hasta que descubre que se ha perdido de la vida y del amor. La pornografía destruye tu habilidad para "hacer el amor" y la reemplaza con el astuto ingenio de usar y abusar. Llega el momento en que cualquier intento de tener una relación normal no es nada, más que una masturbación asistida. Tu mundo se hace cada vez más pequeño hasta que te quedas solo con tu semen. Apestas a egoísmo. No mereces una mujer.

No tienes nada de qué enorgullecerte. No eres un semental. Eres un perro. Hay millones de personas como tú. La mayoría no son tan hipócritas como tú. Algunos acostumbran ir a los bares, clubes nocturnos y tiendas de pornografía, pero toma nota, tú te estás alimentando de la misma dieta. Tu alma es un receptáculo de la misma putrefacción. Puede ser que algún día te unas a ellos, no solamente leyendo los mismos libros y viendo los mismos videos, sino también compartiendo en los mismos cuartos sucios de hoteles de mala muerte con sus oriundos habitantes.

*"Las aguas hurtadas son dulces, y el pan comido en oculto es sabroso. Y no saben que allí están los muertos; que sus convidados están en los profundo del Seol."* (Proverbios 9:17-18).

¿Así que tu esposa es frígida? No me digas que la pornografía es el sustituto de una buena mujer. Yo no fui educado en el hogar y protegido. Tengo sesenta y un años de edad. Predico en prisiones estatales cada semana y lo vengo haciendo desde que tenía dieciocho años de edad. He ministrado en cafés evangélicos para alcanzar a los perdidos, en proyectos para alcanzar a los pobres, marginados y enfermos y he predicado el evangelio en las calles desde los dieciséis años de edad. Puedes convencerte a ti mismo de que te ves forzado a hacer lo que haces porque tienes una esposa que no responde sexualmente, pero no lo acepto. He sabido de adictos a la pornografía que se casaron con buenas mujeres pero descubrieron que preferían hacerlo a solas que compartiendo. Hemos hablado con mujeres que están listas y dispuestas, pero sus esposos prefieren su propia compañía. La pornografía y una esposa no son maneras alternas de satisfacer el impulso sexual. El impulso sexual que busca una esposa es un impulso natural, mientras que el impulso hacia la pornografía es una pasión perversa, cultivada que nada tiene que ver con el amor y el matrimonio. Si una persona adicta a la pornografía se casara con alguien reina de la pornografía, pronto se sentiría insatisfecho con ella y se arrastraría de nuevo a su pequeño agujero, donde puede estar a solas con sus imaginaciones y con las imaginaciones e imágenes creadas por la industria que hace dinero no por satisfacer a sus clientes sino por mantenerlos insatisfechos y hambrientos y adictos a lo artificial. Tu mundo secreto es repulsivo para los verdaderos hombres que saben cómo amar a una mujer y cómo dedicar el resto de sus energías a una vida creativa.

Pero lo más destructivo de tu pecado es el efecto que éste tiene en tus hijos. Vivimos en un mundo espiritual donde existen tanto ángeles justos como ángeles caídos. Estamos rodeados por espíritus malos que buscan la destrucción moral de cada alma humana. Los hijos de padres piadosos están protegidos de los espíritus inmundos al estar bajo su paraguas moral. Pero cuando un padre abre su mente a lujurias malvadas, quita el cerco de protección del rededor de su familia e invita a demonios de impureza a su hogar. El desear que se vayan de nada sirve. Cualquier oración que hagas pidiendo por la seguridad de tus hijos será negada en el momento en que abras un libro pornográfico o des un vistazo a imágenes pornográficas en la computadora. Cuando te conectas a la pornografía electrónica estás estableciendo una comunicación en dos direcciones con el averno espiritual. Cuando te acuestas en la cama en la noche e invocas esas imágenes malvadas, los demonios no se detendrán en tu mente sino que irán rápidamente y con gusto a las recámaras de tus hijos para asaltar sus pequeñas almas y cuerpos. Vendrán a sus mentes y pensamientos malvados –pensamientos que tú has entretenido en tu mente y que les son enviados como por telepatía por los demonios. Tus hijos indefensos serán tomados cautivos, y fuiste tú el que abrió la puerta para que entrara el enemigo.

Si la sodomía es pecado, la pornografía es su "pareja inseparable". Puesto que la Biblia es verídica cuando dice que aquellos que cometen fornicación (Griego *porniah*, la raíz de nuestra palabra en español *pornografía*), "*no heredarán el reino de Dios*" (Gálatas 5:19-21), entonces el futuro de cualquiera y de todos los que se involucran o se hacen adictos a la pornografía es sufrir la condenación eterna. Y en Efesios 5:6, otra vez hablando de la fornicación (por-niah/pornografía), Pablo dice: "*Nadie os engañe con palabras vanas, porque por estas cosas viene la ira de Dios sobre los hijos de desobediencia*". Si piensas que puedes satisfacerte y gratificarte en la pornografía y todavía considerarte cristiano, estas ciegamente poniendo tus esperanzas en contra de las claras declaraciones de la Escritura. Los discípulos de Cristo leen sus Biblias, no los sucios libros de los sodomitas y de lesbianas. Cada vez que te encierras en tu mundo de lujuria, le cierras la puerta a Dios en Su cara.

Estás columpiando peligrosamente tu alma y la de tus hijos sobre las llamas de la condenación eterna.

No he sido tan severo contigo como lo será Dios en el día del juicio. Tú tienes solamente una esperanza, y esta es que te arrepientas y te vuelvas a Dios. No te he pedido que te arrepientas del pecado de la pornografía, porque como hombre no regenerado no encontrarás el poder para abandonar a tu principal amor. Debes arrepentirte delante de Dios. Esto lo puedes hacer aunque todavía estés atrapado en la esclavitud de tu pecado. Arrepentirte delante de Dios significa preferir a Dios y Su justicia por sobre todo lo demás. Es desear Su santidad en tu vida y odiar el pecado que te mantiene sujeto y atado. No te equivoques. El hombre que se arrepiente delante de Dios es un hombre desesperado; un hombre que anhela la santidad que Dios traerá a su vida. El hombre que se arrepiente delante de Dios pasará noches sin dormir, perderá el apetito, faltará a las comidas por quedarse a buscar a Dios. El hombre que se arrepiente delante de Dios no encontrara placer ni paz en nada sino hasta que logre descansar en Dios o en Dios solamente. De poco te servirá caminar hacia el frente por el pasillo del templo y orar la oración del pecador. No será suficiente que pidas que oren por ti o que confieses tus pecados, o que vayas a consejería. Tienes que ir directamente a Dios a través del Señor Jesucristo sin esperanza ni confianza en nada más, sino ateniéndote a la gracia y misericordia de Dios.

*Horrenda cosa es caer en las manos del Dios vivo,* pero es una gran bendición quedarse ahí hasta ser limpiado, y enseguida facultado y capacitado para andar en santidad. El dragón puede ser muerto únicamente por Cristo. Aquél a quien Cristo hace libre, *será verdaderamente libre.* Yo he visto a Cristo salvar librar a lesbianas, sodomitas y a hombres adictos a la pornografía con la misma facilidad con la que salvar a los niños. Cristo es suficiente.

Te he hecho un bien al aumentar tu sentido de culpa, al aplicarte la ley como será aplicada en el día del juicio. Tu conciencia no se sentirá satisfecha con nada a menos que tú seas expuesto y castigado. Las buenas nuevas son que Jesucristo llevó sobre sí mismo la vergüenza de tu pecado. Dios puso tu iniquidad sobre Él. Dios hizo que Cristo fuera hecho pecado en tu lugar, Él fue tratado como si hubiera sido Él quien se involucró en la pornografía, como si Él quien fuera el pecador culpable. Él sufrió la muerte que tú mereces morir. Tu pecado ha sido pagado en los sufrimientos de Cristo. Si tú te arrepientes delante de Dios, Él perdonará tu pecado como si nunca hubiera ocurrido. Él quitará tu pecado y no lo recordara jamás. Él quitará la culpa y te liberará del poder del pecado.

Se requerirá de años para que desaparezcan las tentaciones. Los demonios regresarán cada día y noche para ofrecerte la oportunidad de practicar el pecado que has abandonado; pero Dios te liberará de ceder al lazo de la tentación. El evangelio de Jesucristo es el *poder de Dios para la salvación a todo aquel que cree. Él puede también salvar perpetuamente a los que por él se acercan a Dios.*

El siguiente paso es tuyo. ¿Estás tan hundido que antes de que termine la semana regresarás a ese sucio lugar, o te arrepentirás delante de Dios para dar por terminada tu perversión? Escribí esto por una razón – para ver a algunos niños salvos cuando su papá se arrepienta delante de Dios. Es tu turno. Tus hijos, tu esposa y tu Dios están esperando.

> Este es un extracto (actualizado) del libro **Sexo Santo** por Michael Pearl, impreso por primera vez en 2004.
>
> No quería terminar con una nota negativa. Esta es una visión más agradable del sexo santo.

## El placer erótico está creado a imagen de la adoración

Dios modeló todo lo que creó de conformidad con Su propia naturaleza, incluyendo todos los aspectos del placer erótico y de la reproducción. Pues la Biblia nos dice que si observamos la creación, podremos obtener conocimiento del Creador *(Romanos 1)*. Todo lo que es material y finito fue creado en la imagen de Su ser no material. Por medio de una búsqueda atenta y cuidadosa, podemos descubrir la asociación que existe entre cada cosa que Dios creó con algún aspecto de Su imagen. El tiempo, con su pasado, presente y futuro, fue creado a la imagen de Su infinidad. La materia fue creada para reflejar la existencia misma de Dios. Él creó la energía a la imagen de Su poder; el inmenso espacio exterior en la imagen de Su inconmensurabilidad, el movimiento a la imagen de Su activo accionar. La mente fue creada a la imagen de la sabiduría de Dios, la voluntad a la imagen de Su autodeterminación. El cuerpo humano fue creado a la imagen de la conexión de Dios con la creación física. La música fue creada a la imagen del alma de Dios. El color fue creado a la imagen de Su belleza. Los sentidos de la visión, el tacto, el olfato, el gusto y la audición fueron creados a la imagen de la experiencia de Dios consigo mismo. El don del habla y de la escritura fueron creados a la imagen de la segunda persona de la Deidad; el "Verbo." El espíritu humano fue creado a la imagen del Espíritu Santo de Dios. El sexo, donde el cuerpo, alma y espíritu se fusionan en unicidad, fue creado a la imagen de la comunión que hay entre de la Deidad. El placer erótico fue creado a la imagen de la adoración. La copulación, concepción y nacimiento fueron creados a la imagen de los poderes creativos de Dios. Todo aquel que ha experimentado tanto la cúspide de una adoración espiritual pura como el placer erótico puro, sabe que uno es la imagen y el otro la realidad. Aun si nunca te habías atrevido a considerarlo, ahora que ha sido traído a tu atención, debes saber que esto así es. Las alturas de la adoración trascienden el placer erótico en grado, pero no en clase. La adoración pura ocurre cuando uno pierde consciencia de sí mismo y se enfoca en la persona de Dios con asombro, humildad, admiración, amor, y devoción. El estado de adoración es el período más intenso de concentración que uno puede experimentar. Es casi como una experiencia fuera del cuerpo; ciertamente fuera de este mundo. Es la cúspide de la pureza, entereza, paz, gozo, y amor. Es un estado del ser el cual uno nunca quiere abandonar. Si todavía no quieres aceptar la conclusión que he enunciado, entonces dime, ¿qué fue lo que Dios creó a la imagen de la adoración, si no fue el placer erótico? ¿Y qué es, entonces, lo que refleja el placer erótico respecto a la naturaleza de Dios?

¿Qué es lo que nos dice su misma prominencia en las páginas de la Escritura y en la fisiología de la raza humana acerca del Creador que lo diseñó? El Cantar de los Cantares de Salomón exalta la satisfacción sexual y el placer erótico a un plano tal que ha hecho que la mayoría de los comentaristas concluyan que debe necesariamente ser una analogía del amor entre Cristo y Su Iglesia. ¿Acaso no han captado la diáfana realidad que las Santas Escrituras tan claramente han declarado? Debe ser que los comentaristas se apresuran tan rápidamente al plano espiritual que fallan en llamar la atención del lector al sentido más simple y franco del texto. Si parezco interpretar el texto con mayor atrevimiento que otros, aun así, me mantengo en una posición histórica en mi interpretación de este canto. Si los muchos comentaristas están en lo correcto al ver esto como una imagen de Cristo y Su Iglesia, entonces consideremos que fue Dios quien escogió y cuidadosamente redactó un canto erótico para representar la adoración.

Si la única adoración que has experimentado ha sido ritualista y estructurada, o si el único sexo que has experimentado ha sido egoísta y sucio, no podrás comprender la analogía del placer erótico con la adoración, la cual Dios tan claramente "ilustra" en su palabra inspirada. Si esta es tu situación, no te desanimes; hay un camino para alcanzar la limpieza y la recuperación el cual explicaremos un poco más adelante.

## Acerca de la Objeción de que el Cantar no Tiene Como Intención ser una Discusión Sobre Sexo

Si esto no tenía la intención de ser una discusión acerca del placer sexual, el compositor del canto debió haber reprobado sus clases de redacción. ¿Para qué, pues, seducir a sus lectores con claras imágenes de placer erótico si la intención era conducir las mentes de los lectores a algo completamente diferente? Si habremos de decir, como otros dicen, que esta descripción erótica tiene la intención de ser una analogía entre Cristo y la Iglesia, no habremos debilitado el contenido erótico del libro, más bien, lo hemos elevado a la dignidad y santidad de aquello que tipifica. Uno escoge una analogía por dos razones: primero, por su semejanza con la cosa que va a representar o describir, y segundo, qué tan familiar es para los oyentes. El lector no puede entender la semejanza a menos que primero piense en lo típico. Si tienes objeción a considerar el contenido sexual del Cantar de Cantares de Salomón como importante y práctico para todos los matrimonios, tú, entre todas las personas, eres quien más lo necesita. ¿Alguna vez te has preguntado por qué tú no sonríes tanto como algunos de nosotros lo hacemos?

## La asociación entre el olfato y el gusto con el impulso sexual

Queda claro en varios pasajes, que el autor del canto habla metafóricamente de los cuerpos de los personajes principales como frutas, flores, vino, hierbas aromáticas, especias, panal de miel, leche, y fuentes de agua listas para consumirse. Sus fosas nasales están llenas de los olores y fragancias uno del otro, y todo lo placentero que experimentan a través de los sentidos les recuerda el amor que comparten. Él compara **sus pechos a *los racimos*** (de uvas), y dice: **"y el olor de tu boca como de manzanas, y tu paladar como el buen vino" (Cantar de Cantares 7:7-9).** Ella dice de él: **"Como panal de miel destilan tus labios, oh esposa; miel y leche hay debajo de tu lengua; y el olor de tus vestidos como el olor del Líbano" (Cantar de Cantares 4:11).** De su deseo de probarlo y gustarlo profundamente, ella explora el interior de su boca con su lengua, comparando el sabor de su boca con *la miel* y *la leche*.

En el 4:11-5:1 él la compara a un huerto de dulces frutas y especias, y ella responde llamando a las dulces y frescas brisas del norte y del sur para que soplen sobre las frutas y **especias de su huerto hasta que se desprendan sus aromas.** Él entonces es atraído a los jugos que fluyen de su cuerpo y viene a beber y comer su dulce fruta.

La ciencia ha establecido que existe un eslabón orgánico entre los aromas placenteros y el impulso sexual. Pero mucho antes de que apareciera la ciencia, cualquier hombre joven te podría decir que cuando percibía la fragancia de las gardenias o de la madreselva, él inmediatamente pensaba en alguna hermosa mujer en su vida o en la de sus sueños. ¿Por qué los hombres jóvenes traen flores o dulces? ¿Por qué las mujeres jóvenes se ungen a sí mismas con olores sensuales? ¿Por qué a las parejas les gusta cenar a la luz de las velas con flores al centro de la mesa? Porque por el olfato y el gusto se perciben estímulos al impulso sexual.

El libro de Proverbios nos narra la historia de una mujer que intenta seducir a un hombre para llevarlo a tener un encuentro sexual utilizando las siguientes palabras: **"He perfumado mi cámara con mirra, áloes y canela. Ven, embriaguémonos de amores hasta la mañana; alegré monos en amores"** (Proverbios 7:17-18*).*

Estudios científicos han demostrado que los olores naturales del cuerpo son más seductores que los perfumes químicos de más alto precio. Después de eso, las especias domésticas como la canela han demostrado ser altamente estimulantes. Lleva a la cama una torta de manzana y... bueno... ¡ten cuidado! Tan extraño como parezca, estudios clínicos han de mostrado que los perfumes artificiales en realidad disminuyen el impulso sexual. Los clínicos en broma llaman a los perfumes comerciales: "pesticidas." Sin embargo, un hombre o una mujer pueden ser condicionados para identificar el aroma de perfumes ostentosos con experiencia eróticas, pero tiene que ser una respuesta aprendida; un gusto que este autor nunca adquirió. Si deseas romper con todo el acondicionamiento cultural y regresar a las respuestas naturales, no hay aroma más embriagador, que el aroma puro y natural de tu cónyuge, y ningún sabor más dulce que el exquisito manjar desde la cabeza hasta los pies de tu pareja dada -por- Dios. Muchos amantes se han dicho el uno al otro: "Te ves tan apetecible, que te quisiera comer," y enseguida proceden a hacer justamente eso. Si tienes algún tipo de problema o complejo emocional con respecto al sexo, no lo obtuviste del Espíritu Santo; lo obtuviste de un mundo que nunca ha aprendido a manejar algo tan maravilloso y poderoso, como es el erotismo puro y celestial. ¿Cuándo fue la última vez, que como la dama en nuestra canción, te lavaste, y ungiste tu cuerpo o tu cama con aromas naturales estimulantes, comieron y bebieron algo agradable, se vistieron de manera provocadora, ajustaron las luces, se desvistieron provocativamente, y luego "se fueron al cielo?" Dios creó a Adán y Eva, y dijo que era bueno en gran manera, Él trajo a la primera mujer desnuda al primer hombre desnudo, y les mando copular. Esto es lo que dio a los hijos de los hombres como su **"parte en la vida" (Eclesiastés 9:9).** Él creó el matrimonio **"...para que con acción de gracias participasen de ellos los creyentes y los que han conocido la verdad (1 Timoteo 4:3), "Y todo lo que hagáis, hacedlo de corazón, como para el Señor y no para los hombres" (Colosenses 3:23).**

## ¿Qué es el sexo natural? ¿Qué es una perversión?

Me ha causado asombro, ya en varias ocasiones, cuando personas me han preguntado cómo puede un hombre vivir con su esposa pero sin desearla sexualmente. Siempre quedo pasmado casi conmocionado. Sé cómo es que llega a ocurrir este concepto torcido, pero, con base en mi experiencia santa, siempre es increíble escuchar a alguien revelar que él piensa que la actividad sexual en el matrimonio es malvada. En nuestra sociedad actual, la perversión es más común que la normalidad. No vamos a enumerar ni discutir las muchas formas de perversión. Este autor, a pesar del hecho de haber ministrado en las calles y en las cárceles por más de 40 años, no es capaz de nombrar siquiera el diez por ciento de las posibles perversiones. Podemos llegar a nuestro punto en forma más directa si comentamos acerca de lo que es natural. Romanos 1:26-27 habla del **uso natural de la mujer**. El pasaje revela que la actividad sexual entre personas del mismo sexo es **contra naturaleza**.

Hay matrimonios que se abstienen de ciertas formas perfectamente legítimas y naturales de juegos o caricias estimulantes anticipatorias al acto sexual por temor a que no sean naturales, mientras que hay incrédulos que justifican todo tipo de perversiones aberrantes, alegando que para ellos es un deseo natural. Por tanto, ¿cómo determinamos lo que es natural a la relación sexual de un matrimonio? El libro de Dios acerca del sexo no nos lleva muy adentro de la recámara de esta pareja. Pero hay varias cosas que están claras.

Ella se viste, así como también se desviste, para atraerlo. Ella se pone aromas naturales que son seductores, prepara su cama con aromas similares, se adorna con joyas y alhajas para atraerlo y se prepara a sí misma con elaboradas imaginaciones eróticas de él. Ellos disfrutan mutuamente de la desnudez del otro, como lo percibimos por las gozosas descripciones que hacen de la belleza de todas las distintas partes del cuerpo. Se probaron o degustaron el uno al otro como si fueran frutas, y se bebieron el uno al otro como si fueran vino o agua. Él pasaba la noche entera sobre sus pechos desnudos. Ella admiraba sus muslos, vientre, y sus testículos. Él admiraba sus caderas y vientre desnudo, y parece que era atraído a su vello púbico. Ellos se juntaban en completo abandono y gozosa pasión. Es completamente natural para los amorosos esposos que se saboreen él uno al otro de la cabeza hasta los pies. Hay algo tan puro y simple en la total absorción del uno con el otro. La expresión sexual que es buena y natural vendrá de manera espontánea a la pareja inocente. No necesita ser enseñada. Cada pareja irá descubriendo diversas formas de juegos y caricias estimulantes anticipatorias a la relación sexual en el curso normal de su crecimiento y experimentación.

Si tu recámara es aburrida, inténtalo en el trampolín de la alberca o en una colina solitaria en un día ventoso del otoño. Pueden salir a acampar y tienen que buscar algún lugar solitario donde meterse a nadar juntos desnudos. La cocina, la cochera, el cuarto de trebejos o el establo, todos son lugares naturales y buenos. Algunos de sus placeres podrán ser comentados y planeados, y otros ocurrirán de manera espontánea, tomándolos a ambos por sorpresa. Solamente asegúrense de no sorprender ni ser sorprendidos por los niños, los vecinos, otros nadadores o excursionistas.

El amor y el compromiso mutuo solamente producen lo que es natural. Nunca es violento, abusivo, ni degradante. Si un hombre verdaderamente ama a una mujer, él enfocará el sexo como una manera de satisfacerla, de elevarla como persona, de emocionarla y bendecirla. El buen sexo puede ser callado y tierno en una ocasión y alborotador y ruidoso en otra, pero siempre lo deja a uno suave, relajado y puro de espíritu. Es tan claro como el agua de un manantial y tan santo como la reunión de oración.

# Equipaje

Los problemas surgen cuando las personas llegan al matrimonio cargando un equipaje de inhibiciones, problemas o complejos emocionales, o cuando tienen su mente torcida por causa de su exposición a Hollywood, a la pornografía, o a comportamientos desviados aprendidos en compañía de otros ya pervertidos. Hay un umbral natural de expresión sexual que satisface completamente los anhelos más íntimos y profundos del cuerpo y alma humana. Aunque el sexo físico es una forma de expresión hermosa, la plena y verdadera satisfacción se encuentra finalmente en el espíritu. Esto es cierto en toda faceta de la existencia humana. Pero los malvados nunca podrán encontrar una satisfacción espiritual. Por lo tanto, el sexo nunca les satisface. Pueden saciar su hambre, pero nunca pueden elevarse para alcanzar la verdadera satisfacción. Las viejas formas de ex presión sexual les parecen aburridas, y tienen que aventurarse a experimentar cosas nuevas y prohibidas que nada tienen que ver con expresar amor.

Aquí es donde el diablo saca el máximo provecho. Por medio de combinar actos violentos y degradantes con la pasión sexual, estos actos ofensivos toman la emoción del sexo y con el paso del tiempo parecen ser parte del sexo. Para ellos entre más atrevidos y desviados sean los actos, mayor será la emoción. Para esas personas, llega el momento en que el sexo sin todos esos atavíos y enseres extraños deja de ser sexo. El apetito poderoso por el sexo se convierte en el santuario y punto de entrada para todo tipo de comportamiento extraño. Será imposible poder comunicar este concepto a un pervertido, pues su perversión ha nadado río arriba hasta llegar a contaminar las fuentes mismas de donde fluye su personalidad humana.

Sé que muchos de mis lectores están esperando que les dé una lista de los juegos y caricias eróticas estimulantes que son aceptables y las que no lo son. Como principio les diré que cualquier actividad que no surge del amor y que no contribuye al amor está mal. El amor nunca incluye el uso de presión para forzar la voluntad. Tampoco produce sentimientos de culpa.

Es posible que "sientan" culpa que realmente está fuera de lugar. Una mente mal informada por sus asociaciones o prácticas anteriores, puede llegar a ver lo santo como si fuera profano. El poder quitar esos falsos sentimientos de culpa es parte del propósito de este estudio. Conforme te expongas a la Palabra de Dios en este tema, automáticamente comenzará el proceso para liberarte de los falsos sentimientos de culpa.

## Perversiones

**Respecto a detalles específicos:** En cuanto a las relaciones sexuales anales el recto es para la eliminación de desechos y nunca tuvo el propósito de ser parte de la expresión sexual. Esa es la razón por la cual Dios lo puso fuera de la vista, muy escondido entre los glúteos. Ninguna pareja joven e inocente va a "descubrir" el recto de su pareja ni encontrará satisfacción en que le acaricien el recto o se lo penetren. La idea de la penetración rectal surgió entre los homosexuales, pues, encontraron que era lo más semejante a una penetración vaginal. El sexo rectal es sodomía, y es repugnante y asqueroso. La esposa debe rehusarse a participar en esto. El hombre que tenga intereses en esa dirección debe decidir si va a ser un esposo o un sodomita; uno u otro. Hombres, no utilicen a sus mujeres en formas contrarias a la naturaleza; y mujeres, no se dejen usar de esa manera. Todas las formas que esclavizan, provocan sangre, dan golpes o infligen dolor son perversiones que se aprendieron, no son deseos naturales. Tales cosas son una simulación de violación y de violencia. Aun en sus formas más calmadas y tranquilas, estas desviaciones son fantasías en violencia y perversión, en la práctica o fingimiento de la maldad y una preparación para crímenes dignos de muerte. La persona que desea tales cosas está totalmente extraviada en cuanto a lo que es el amor verdadero. Pasará la eternidad en esclavitud, sufriendo el fuego del infierno.

Una esposa se debe rehusar a participar en estas cosas. Pienso que ya todos sabemos que toda actividad sexual entre personas del mismo sexo es una perversión, como también lo es toda actividad sexual fuera del matrimonio, todo adulterio e incesto. El uso de la pornografía es equivalente a satisfacerse en el adulterio, la fornicación, la homosexualidad, la bestialidad (cópula con animales), el incesto, el abuso infantil, y toda otra cosa desviada que la pornografía ilustra. La pornografía es *anti-amor* y secuestra el placer erótico, y lo eleva hasta a un lugar de deidad. Es lo que el diablo presenta como sustituto de Dios, un acto de adoración oscura. Deja de ser sexo y se convierte en una extensión de la masturbación. El que usa la pornografía me recuerda a un perro rabioso que se muerde y come a sí mismo.

Si tú participas en alguna de estas perversiones, te has divorciado de Dios y estás coqueteando con el infierno.

## Así que Fuiste Herida Cuando eras más Joven

Es una excusa común, la esposa dice. "No me gusta el sexo porque fui lastimada cuando era joven. Se abusó de mí cuando era niña. Tuve varias experiencias horribles." De hecho, lo que está diciendo es: "Estoy lastimada. No soy normal, no esperen que ame y sea amada como es la intención de Dios, porque estoy hecha pedazos. Por favor, exímanme de mis responsabilidades y de la oportunidad de experimentar el placer." Dios anticipó tu excusa, y registró el hecho de que la dama de este canto venía de antecedentes desventajosos, fue criada por personas que estaban enojadas con ella, y se burlaban de ella *(1:6)*.

Otros han aceptado el perdón de Dios, han puesto a un lado su amargura, y se han comportado como es la intención de Dios. Tú también puedes. El camino a la sanidad es conocer la verdad y actuar de acuerdo a ella, independientemente de cómo te sientas. **"Encomienda a Jehová tus obras, y tus pensamientos serán afirmados"** (Proverbios 16:3).

## La Culpa

**"Cualquier otro pecado que el hombre cometa, está fuera del cuerpo; más el que fornica, contra su propio cuerpo peca"** (1 Corintios 6:18).

Este pasaje pone al pecado sexual en una categoría aparte; el pecado contra su propio cuerpo. Deja una carga en la conciencia como ninguna otra cosa lo hace. Esto no es una doctrina abstracta; es una experiencia universal. La culpa es una palabra que los predicadores y los siquiatras nunca necesitan definir al público.

La experiencia ha demostrado que ningún pecado tiene el poder de manchar permanentemente la consciencia como lo hace el pecado sexual. Muchos ladrones de banco que van huyendo de la escena con la bolsa de dinero han quedado atónitos cuando la bolsa súbitamente explota bañándolo todo con un tinte rojo. Todo el dinero y el ladrón quedan indeleblemente manchados. En ese momento el dinero queda inservible y el ladrón queda marcado para que todo el mundo lo pueda ver. Asimismo, cuando los jóvenes violan sus conciencias y se roban un poco de sexo, ya sea en forma de pornografía, experimentando en relaciones con el mismo sexo, voyerismo, o adolescentes "haciendo el amor," sus conciencias quedan permanentemente manchadas. Fuera de Dios, la única manera de hacer que desaparezca esa mancha es gravitando a un mundo en donde todos y todo está manchado de rojo. Los ciudadanos de esa sociedad aprenden a sentirse cómodos con la mancha y eventualmente llegan a negar que exista lo rojo. Aunque pocas personas viven en un mundo que es todo rojo, la mayoría de los adultos están marcados con alguna mancha.

Muchos estudios reportan que más de la mitad de todas las mujeres casadas y que están en capacidad de hacerlo, no alcanzan el clímax cuando tienen relaciones sexuales.

Los consejeros matrimoniales revelan que es muy común que las mujeres casadas que llevan una carga de equipaje de culpa encuentren repugnante el sexo, esto es, hasta que son atraídas a una relación extramarital, en ese momento se 'sienten' jóvenes, y todo es tan emocionante como al principio. Sin embargo, cuando todo lo nuevo pasa y la mancha de la culpa se hace más oscura, la frigidez una vez más se trepa a su cama. Otra vez el sexo les parece sucio y les produce náuseas. No conocen la fuente de su disfunción sexual. Algunas se vuelven a la pornografía, otras al alcohol o a las drogas, otras a terapia sexual, consejería, o a aventuras amorosas adicionales. La mancha se extiende, el alma se enfría; y les da por ver telenovelas y escuchar música romántica para fantasear sobre el amor verdadero.

Es muy común que las mujeres digan que sienten náuseas cuando saben que sus maridos 'quieren hacerlo'. Las esposas revelan cómo se esperan hasta que sus esposos están dormidos antes de irse a la cama, o se apuran para acostarse primero y luego se hacen las dormidas; cualquier cosa con tal de evitar la actividad sexual. Otras les dicen a los consejeros matrimoniales que se acuestan y cooperan pero no participan, además tratan de pensar en otra cosa. Este estado frígido es comúnmente el resultado de la culpa que inconscientemente asocian con la actividad sexual.

De manera similar, cuando veo una naranja y pienso en comérmela, los músculos de mi quijada involuntariamente se constriñen. Asimismo, cuando veo el sillón del dentista, siento las vibraciones en mi cabeza. La asociación de dos cosas que ocurren al mismo tiempo, condicionan a la persona para verlas como una misma cosa; la naranja y los músculos constreñidos; el sillón del dentista y las vibraciones; sexo y vergüenza.

Cuando era niño, me encantaban las cerezas cubiertas de chocolate. Nada en el mundo se les podía comparar. Pero en una ocasión después de haber estado la semana previa en cama con gripe, alguien le dio a este niño enfermo una caja entera de cerezas cubiertas con chocolate. Nunca antes había comido más de una o dos cerezas cubiertas de chocolate a la vez. Esta fue una gratificación de proporciones descabelladas. Me había comido la mitad de la caja cuando comencé a vomitar el jarabe amargo y ácido. Hasta el día de hoy cuando veo una cereza cubierta de chocolate me dan náuseas. Si me veo obligado me como una, pero no me es placentero. Me gustan las cerezas y me gustan los chocolates, pero estoy condicionado ahora a pensar sinceramente que las cerezas cubiertas de chocolate son "pecaminosas." Solamente se requirió una mala experiencia.

Reconozco que tengo una fobia que no es razonable. Tengo ya sesenta y un años de edad, y me enferma tener que escribir acerca de esto. Durante cincuenta y cinco años he sido controlado por esa sola experiencia condicionante negativa.

De igual manera, pero en un nivel muy diferente, una persona puede ser condicionada a asociar el sexo con culpa y pecado. Sucede de la siguiente manera: Una joven señorita sabe que no debe involucrarse en relaciones sexuales antes de casarse, pero se siente abrumada y superada por la pasión; así que actúa a hurtadillas y sin ser vista y viola su conciencia. Después, se siente culpable y se dice a sí misma que no se va a volver a portar como 'chica mala'. Pero con el paso del tiempo, la pasión supera a la conciencia y ella una vez más sucumbe ante la tentación. Dos cosas están sucediendo al mismo tiempo: Ella se está sintiendo culpable, y está teniendo relaciones sexuales. El sexo y la culpa se convierten en sinónimos en su mente subconsciente. Pero mientras el "amor" es joven, la pasión sigue siendo más fuerte que la culpa. Pero llegará el tiempo, después que se ha casado y que las pasiones del sexo hayan sido satisfechas, en que la culpa saldrá a la superficie y será más fuerte que la pasión. La culpa y la vergüenza inhabilitarán sus respuestas sexuales, y verá los avances del marido como yo veo a las cerezas cubiertas de chocolate, como algo que debe ser regurgitado. Entre más frecuente sea que la culpa y la vergüenza sofoquen sus respuestas sexuales, más fuerte crecerá la vergüenza y su inhabilidad de responder a los avances sexuales de su marido. Ella crecerá hasta llegar a un estado confirmado de frigidez.

Ahora conoces el resto de la historia. No naciste hecha pedazos. Tú misma te hiciste pedazos. La mayoría de los hombres responden a la culpa de manera diferente. En vez de congelarse y retraerse, se vuelven exigentes y agresivos. Buscan más sexo y con mayor frecuencia, y se llega a una forma de dominio y explotación, en vez de una de compartimiento y amor. Dejan de preocuparse por las mujeres, pero las continúan usando como un "mal necesario." En los casos extremos, los hombres culpables sacan sus sentimientos de auto-condenación castigando a los objetos de su lujuria. Así es como la palabra "chin..." comenzó a ser usada como una maldición agresiva y amenazante. El hombre que la usa, usa a las mujeres y ve el sexo como un acto de dominio y violencia.

El mundo de la explotación sexual y de la culpa es un pozo oscuro donde el impulso sexual ya no se asemeja a ese maravilloso vehículo de pasión que Dios creó. Es un vórtice turbulento girando hacia abajo arrastrando hacia los fuegos de la lujuria y del infierno. Para muchos, no hay retorno. Entre más abajo desciendas, menos probable será que puedas creer que hay otro camino. El Jardín del Edén cede su lugar al prostíbulo de horrores. El paraíso se con vierte en dolor. De lo que Dios maravillosamente creó, el diablo se ha apoderado, y el fin no se asemeja al principio.

Pero Dios no está dispuesto a ceder su bendito don del amor marital a las manipulaciones de Satanás. Él está listo para perdonar y restaurar. Su redención puede lograr lo que un siquiatra o consejero matrimonial ni siquiera se atreven a soñar.

## Superando las asociaciones de culpa

Los dos ejemplos de condicionamiento que les di (la naranja y las cerezas cubiertas de chocolate) son menores comparadas con el condicionamiento por la culpa. Como mencioné antes, cuando dos cosas que no necesariamente están relacionadas suceden al mismo tiempo, el alma puede ser condicionada para aceptar una asociación permanente. Pero la culpa que acecha y atormenta a una persona por causa de actos sexuales pecaminosos pasados es más que mero condicionamiento, porque hay una relación directa entre los actos pecaminosos y el sentimiento de culpa continuo y permanente. De hecho, el sentimiento de culpa es apropiado; aun necesario para nuestra felicidad.

Sabiendo que la culpa nos evita funcionar normalmente, te preguntarás por qué digo que es provechosa. Piensa un momento. Si no tuvieras sentimientos de culpa, continuarías en tu pecado, sin darte cuenta que te estaba llevando en una dirección destructiva. La culpa es el dolor del alma, la advertencia de que estás poniendo a tu persona en peligro.

En la mayoría de los casos, la culpa habla la verdad. Si no sintiéramos culpa viviríamos como los animales, seguiríamos nuestras pasiones, y haríamos caso omiso de nuestro cerebro; pero nuestra naturaleza moral no nos permite vivir sin la voz de la conciencia.

Los sentimientos de culpa no desaparecen con los años. El alma no está equipada, como lo está el cuerpo, para sanarse a sí misma del pecado. Solamente Dios puede sanar el alma del pecado. Aun después de haber dejado de practicar el pecado, los dolorosos sentimientos de culpa se aferran al alma, clamando por perdón. No puedes perdonarte a ti mismo. Tienes que ir con tu Hacedor a quien has ofendido. Es en Su mundo en el que vives. Fue con una de Sus criaturas con quien quebrantaste las leyes de tu naturaleza. Es Su aire el que respiras, y Él tiene las llaves de la eternidad. Hay un cielo y hay un infierno. Los sentimientos de culpa están ahí para advertirnos que *El Juez de toda la tierra no se ha olvidado*. El cielo guarda los registros de tus hechos en anticipación a aquel día en que te verás forzado a aparecer en juicio y dar cuenta de cada acción que has hecho en tu vida. Los sentimientos de culpa advierten al alma indiferente de que "Dios no se ha olvidado." Ve inmediatamente a tu Creador y Salvador mientras todavía hay tiempo. Recibe el perdón que Él tan libremente ofrece. Solamente Él puede quitar tu culpa y restaurar tu alma. Entonces podrás disfrutar de todas las cosas, incluyendo el sexo, como Dios lo diseñó. Dios no hace que sintamos culpa como una forma de castigo. El propósito de la culpa es llevarnos de regreso a Él mismo. Cuando la culpa dice: "Eres indigno, mereces ser castigado," dice la verdad.

## Adiós a la culpa

Pero las buenas nuevas son que Dios envió a Su propio hijo, Jesús, al mundo para tomar el lugar de los pecadores culpables. Jesús nunca pecó. Nunca tuvo sentimientos de culpa. Su conciencia estaba limpia delante de Dios. Desde Adán a la fecha, nunca ha existido otro hombre como Jesús que siempre hizo lo que agradaba a Dios. En todas las maneras, en todo tiempo, sin excepción, Él complació al Padre, mientras que nosotros le hemos desagradado. Sin embargo, Jesús no vino solamente para darnos ejemplo. Él vino a ser nuestro sustituto. A tomar el lugar de nosotros los pecadores y llevar sobre sí mismo el castigo por todos nuestros pecados. Al final de Su vida recta y justa, Él voluntariamente murió, como si fuera el pecador. Él asumió tu pecado y murió en tu lugar; en lugar de todos los pecadores. El perdón no viene a través de una iglesia o de sus líderes. Solamente Dios puede perdonar, y Él está listo para perdonar a todos los que creen y reciben Su perdón.

**"Si confesamos nuestros pecados, él es fiel y justo para perdonar nuestros pecados, y limpiarnos de toda maldad"** *(1 Juan 1:9).*

El perdón que él te ofrece no está condicionado por el grado en que tú te perdonas a ti mismo. Él perdona aun cuando tu conciencia te está condenando. Es solamente después de que crees que Dios te ha perdonado, que puedes ser liberado de la culpa. En corto tiempo, conforme comienzas a andar en comunión con Jesús, el dolor y el recuerdo de tus pecados pasados desaparecerán y verás ocurrir un cambio lento. Así de rápido como la conciencia condena el comportamiento inmoral, así también aprobará la conducta recta. Ya has leído muchos versículos que expresan la actitud de Dios respecto al sexo. Este verso la resume bastante bien:

**"Honroso sea en todos el matrimonio, y *el lecho sin mancilla*; pero a los fornicarios y a los adúlteros los juzgará Dios"** *(Hebreos 13:4).*

## Consejos Prácticos

Podrás decir: "Pero esos pecados los cometí hace muchos años, los confesé a Dios y sé que Él me perdonó. Pero he desarrollado esta inhibición o complejo permanente. ¿Cómo puedo hacer que mi mente subconsciente acepte lo que mi mente consciente sabe?" Les conté acerca de mi experiencia con las cerezas cubiertas de chocolate. Ahora sé que los dulces no fue lo que me enfermaron, y que si los como hoy no me harán daño, pero estoy condicionado a asociar las cerezas cubiertas de chocolate con el vómito. Si sintiera que fuera necesario que superara mi bloqueo mental, no me quedaría sentado esperando que mi pensamiento torcido se desapareciera por sí mismo. Me forzaría a mí mismo a comer el alimento que veo como una amenaza hasta que hubiera reprogramado mi mente con experiencias placenteras. Si comiese esas cerezas unas cuantas veces y las disfrutara, la nueva experiencia sería ahora la norma. Como están ahora las cosas, cada vez que rehúso comer una cereza cubierta de chocolate, estoy confirmando los antiguos patrones y perpetuando el concepto equivocado. Dios quita la culpa, algo que tú no puedes hacer.

## Tú tienes que tomar los pasos para reprogramar tus respuestas

Si eres una mujer, puede ser que necesites superar tu frialdad con respecto al sexo. Si eres un hombre, puede ser que necesites superar tu falta de sensibilidad hacia tu pareja. Ambas se pueden superar si nos enfocamos en hacer el amor de una manera pura y santa. Se llevará tiempo pero sí **puedes** reprogramar tus respuestas humanas a través de varias buenas experiencias. ¡Y ciertamente valdrá la pena el esfuerzo hecho! La clave está en no esperar alguna señal interior de que todo está bien. Decide actuar de una manera en que bendecirás a tu cónyuge. Actúa de manera amorosa. **Haz lo que tengas que hacer porque es bueno para la otra persona.** El amor está en el hacer, no en los sentimientos. **Si tú "haces" lo que requiere el amor, con el tiempo "sentirás" el amor.** Si tú le entregas tu cuerpo a tu cónyuge para su placer, llegarás a disfrutarlo tú también.

### Romance y espiritualidad

En varias ocasiones cuando las mujeres han explicado su frialdad hacia el sexo diciendo que quieren que sus esposos sean más sensibles y espirituales, mi esposa ha respondido: "¿Qué es lo que quieres que haga, que cante aleluya mientras lo hacen?" La primera vez que escuché que respondiera de esta manera a una mujer, yo agregué: "A veces siento ganas de cantar aleluya, pero no quiero despertar a los niños." Las mujeres son diferentes a los hombres en este aspecto. Ellas necesitan algo de romance y un vínculo emocional. Cuando el esposo quiere estar cerca sexualmente, pero no emocional y románticamente, la mujer sentirá que su intimidad no es superior a la de los animales. Y, desafortunadamente, así es con frecuencia. No que haya nada de malo con el impulso animal, pero hemos sido creados para ser más que un cuerpo operado por impulsos. Somos también almas vivientes, creadas a imagen de Dios, y esa parte de nosotros también tiene que encontrar cómo expresarse. Yo aconsejaría al hombre que satisfaga las necesidades de su esposa. Aprenda a cuidar y a proveer en más maneras, no tan sólo en lo físico. Valora el alma de tu esposa, y dale el romance que necesita. Al hacer todo esto también estarás satisfaciendo una necesidad en ti mismo. Y aconsejaría a la esposa que reconozca que su esposo puede no cambiar nunca y ser diferente. Algunos hombres son tan insensibles que el único afecto que alguna vez muestran es a través del sexo físico. Siendo este el caso, si la esposa se resiste a su esposo absteniéndose hasta que él haya satisfecho sus necesidades espirituales o sociales, nunca habrá una solución al problema. Si ella acepta sus deficiencias y responde sexualmente, hay una mejor oportunidad de que por medio del sexo él la llegue a amar de una manera más profunda. Si no, entonces la mujer de todas maneras se beneficiaría disfrutando ella misma del sexo. ¿Por qué privarte a ti misma sólo para demostrar un punto que puede no llegar a ser apreciado nunca?

## Bebe abundantemente

Cuando Deb y yo estábamos recién casados, teníamos pleitos ocasionales. Ella estaba tratando de cambiarme y yo estaba tratando de cambiarla a ella. Un día se estaba quejando con una señora de edad madura acerca de mi terquedad. La señora de edad mayor le sugirió que "se negara a hacerlo." "Eso lo hará corregirse," dijo la mujer. Cuando Deb me dijo cómo respondió a la sugerencia de la mujer, se convirtió en mi cita favorita. Al escuchar la sugerencia de la mujer, Deb se quedó boquiabierta y después de un momento de reflexión respondió: "¡Pero eso me lastimaría a mí tanto como lo lastimaría a él!" ¡Me encanta su respuesta! La amo a ella. Ya no nos peleamos. Ahora es, como dice la vieja canción: "Es amor por la mañana, amor por la tarde y amor cuando se mete el sol."

Cuando llamé a Deb a la oficina para que leyera el párrafo anterior, se rio y dijo: "¡Qué! Los hombres saben la realidad. Es "queriendo" en la mañana, "queriendo" por la tarde, y TAL VEZ cuando se mete el sol." Le respondí: "Bueno, me refería a antes de llegar a los cincuenta." Así que, bueno... tal vez ahora nos saltamos uno que otro día, de tiempo en tiempo. En distintas ocasiones cuando he escuchado a las mujeres decir: "los hombres solamente piensan en el sexo." Les he asegurado que ese no es el caso en lo absoluto. El sexo no es en lo único en lo que piensan los hombres. También piensan en dormir y cuando se levantan, piensan en comer. Si no te puedes reír y disfrutar del placer erótico, eres demasiado apático o te han atado con un nudo demás. Eres humano y eres carne; esa fue la intención de Dios. Si no has estado disfrutando del don que Dios te dio: tu cónyuge, ya va siendo tiempo de que lo hagas; no es demasiado tarde. Te recuerdo de la exhortación que Salomón dio a sus lectores en el 5:1: **"Comed, amigos; bebed en abundancia."** Y, a esta altura, ya sabes que no está hablando acerca del agua.

## Seres multifacéticos

El sexo es la bendición más poderosa y maravillosa que Dios dio al hombre. Por esta razón la mecánica del sexo se puede hacer funcionar por separado. Puede ser arrancado del contexto en el cual fue planeado, y usado de manera independiente hasta que se convierte en el usuario. Es como liberar a un oso hambriento de su jaula; puede volverse y destruirte o puede tomar el lugar que el Creador le asignó en la creación. Si se le permite correr sin control y seguir su propio rumbo, puede tomar el lugar de la personalidad misma. Como todas las cosas que Dios hizo, se hizo con el propósito de ser administrado, controlado, refrenado, dirigido y disciplinado. Nosotros los humanos fuimos creados para ser seres multifacéticos, un equilibrio delicado de muchos atributos, especialmente de la carne y del espíritu. La personalidad humana es insuficiente para alcanzar su pleno potencial por sí misma. Es por causa de nuestro antepasado original quien desobedeció a Dios y se separó, tanto él como toda su posteridad, de la comunión con Dios, que los apetitos que fueron diseñados para existir en equilibrio, ahora dominan a la raza humana.

Por causa de la fuerza del apetito, aun el alma más tranquila y filosófica es incapaz de mantener el equilibrio en su naturaleza. La historia es una crónica de esta falla. La filosofía y la religión son un testimonio a la confusión e inseguridad de los más nobles entre nosotros. Las guerras, las violaciones, las perversiones sexuales, y los divorcios son prueba de que existe una desconexión en alguna parte. Hasta que se restablezca la conexión nuevamente con Dios, a través de Jesucristo, la más grande bendición continuará siendo la más grande maldición; produciendo más angustia, aflicción y destrucción a la raza humana que todos los demás apetitos combinados.

Remanentes que se van desvaneciendo de esa gloria permanecen en todos los humanos. La mayoría de las personas están contentas con dejarse capturar por sus apetitos, obteniendo cualquier gozo o disfrute que puedan por el camino. Pero los justos, aquellos que han nacido de nuevo en la familia y comunión con Dios, aquellos que andan en sujeción al Espíritu Santo y someten sus cuerpos a su disciplina; son capaces de vivir en la gloria con la que los demás solamente sueñan. Mientras servimos a Dios, nuestros apetitos nos sirven a nosotros en vez de impulsarnos y manejarnos, y tanto el cuerpo como el espíritu, ahora en armonía, experimentan la plenitud de todos los placeres terrenales; incluyendo lo erótico. El hombre fue creado para ser santo en todas las cosas. ¡Da gracias a Dios por el sexo santo!

## La cumbre

Si nuestras vidas fueran música, el sexo sería el crescendo. Una pieza musical tiene muchos momentos suaves y tranquilos, pero luego crece hasta alcanzar una cúspide dinámica en donde todos los instrumentos se unen para la gran celebración de la noche. Le siguen el aplauso y los músicos quedan exhaustos pero satisfechos. Igualmente, los juegos y caricias eróticas estimulantes anticipatorias al acto sexual y la copulación son la conclusión satisfactoria a la experiencia de dos personas que viven diariamente en armonía. Sin la canción, el crescendo tendría poco significado, pues estaría fuera de contexto.

O, para decirlo de otra manera, así como esos últimos pasos que llevan al alpinista a la cumbre de la montaña, el amor erótico es mejor cuando es el pináculo de una experiencia prolongada de amor. El sexo puede aparentar ser el destino final, pero se enriquece por el viaje mismo. Es solamente la ascensión final del amor íntimo la que ha sido compartida durante la subida. Sin la ascensión, el llegar a la cumbre sería como cualquier otra parada en el camino. En otras palabras, el sexo no es lo integral; es la conclusión satisfactoria final a un gran ascenso, la cumbre de unicidad, donde la pareja se fusiona en la más elevada comunión conocida por los mortales. Para decirlo en lenguaje cotidiano, la copulación no es toda la fiesta; es tan sólo los fuegos artificiales. Los fuegos artificiales solos pueden parecer detestables, intrusivos, y espiritualmente insatisfactorios. El estallido es mejor cuando es la celebración de algo en el espíritu. No estoy tratando de hacer una distinción entre la estimulación erótica y la copulación, a menos que por estimulación erótica nos estemos refiriendo a todo momento que ocurre entre cada clímax y estamos incluyendo al espíritu y al alma en la estimulación erótica.

Tampoco estoy diciendo que el sexo entre esposos esté mal a menos que se haga en cierto contexto espiritual. La pasión animal del sexo se debe recibir con gratitud, pero somos más que animales; y si queremos ser todo lo que nuestro Creador quiere que seamos, entonces hay otras áreas de nuestro ser que también debemos satisfacer. El sexo es obviamente un acto del cuerpo para gratificar a la carne. Pero es mejor cuando también es un acto del alma y del espíritu. La fusión de nuestros cuerpos satisface nuestra necesidad "carnal" dada por Dios, pero la fusión de nuestras almas satisface nuestros espíritus dados por Dios. Cuando el amor es más que sexo, el sexo es más de lo que jamás hubieras imaginado. Un hombre debería primero amar a su esposa en la misma forma en la que ama a su madre, a sus hijos y a sus amigos más apreciados. No hay nada erótico en ese tipo de amor, pero es profundo, altruista, y puro. Tomas a tu bebita en tus brazos e inhalas su olor, pruebas su piel con un beso suave; la abrazas prometiendo siempre protegerla y estar a su lado en cualquier momento de apuro. Amas hasta que duele. Tú darías tu vida por esa niña. Su alma es preciosa para ti.

Hombres, si primero aman el alma de sus esposas, su amor por su cuerpo será bien recibido. Antes de que ella pueda sentir cualquier pasión sexual, tu esposa se derretirá ante tu mirada de cuidado y cariño. Ella añorará tus caricias que le masajean su cuerpo, y voluntariamente cederá su cuerpo para ser probado y acariciado. Después de haber amado a alguien hasta la distracción; hasta que duele, deseando fusionarse en unicidad y quedarse ahí para siempre, entonces sucede el placer más inimaginable, y los dos ascienden a la cumbre para ser uno. Dios hizo provisión para que la pareja fuera más allá del velo, hasta el lugar santo e íntimo, donde nadie más sino ellos dos pueden ir. Regresan al Edén, y tal vez visitan un "pedacito del cielo," y cuando termina, su anhelo de amor ha sido transformado en la más pura satisfacción. Los dos están contentos porque han expresado su amor a su máxima plenitud. Se han convertido en una sola carne. Dios los ha unido. Lo físico y lo espiritual se juntaron y encontraron el equilibrio. Los dos pueden continuar con la vida; pueden enfrentar y someter al mundo, juntos. Son un equipo. Son uno. Para siempre. Voy a hablar de manera personal por un momento. Cuando era joven y mi esposa estaba fresca con la pasión rosa y húmeda de la juventud, el animal estaba muy fuerte, la amé, pero no como la amo ahora que andamos en los cincuentas. Cuando teníamos veintitantos años, yo nunca consideré que el placer erótico pudiera ser algo más que una necesidad divertida. No sabía nada acerca de la riqueza que estaba creciendo en nuestros espíritus. No tenía idea que el amor pudiera llegar a ser otra cosa que dinamita y relámpagos. Pero después de más de treinta años, mi matrimonio ha alcanzado mi espiritualidad. Ahora tengo un matrimonio que es prueba de la existencia de Dios. Nunca soy más humano que en el matrimonio, y sin embargo, nunca más cerca de lo divino. Conforme envejecemos nuestras pasiones se desvanecen pero nuestros espíritus surcan los cielos. Vislumbro un tiempo, si llegamos a viejos, cuando el animal cansado se eche en quietud junto a la chimenea mientras nuestros espíritus ascienden los últimos pasos hasta la cumbre. Podremos hacer reminiscencias y reírnos del vigor que una vez tuvimos, de fuegos pasionales que hace mucho se apagaron, pero no miraremos hacia atrás con pesar y lamento, y no habrá ningún sentimiento de pérdida, pues aun ahora la maravillosa y gloriosa carne ha sido excedida por una fusión de espíritus hasta que lo invisible es mucho más tangible que lo visible. Conforme nuestros cuerpos se ablandan y deterioran, conforme nuestras espaldas se vencen y nos asomamos a mirar la tierra fría, ha habido una vida encendida y atizada que arde más en el mundo espiritual que en la recámara. Si mi esposa se desvaneciera hasta que nada quedara sino su espíritu, yo pondría ese precioso espíritu en una botella y lo inhalaría hasta mi último respiro.

**Alabado sea Dios por Sus maravillas para con los hijos de los hombres**

Por cierto, todavía no estoy tan viejo. Aun ahora siento que la mecha está ardiendo. Caerá un relámpago antes de que termine el día.

# CONCLUSIÓN

Lo diré una vez más: ¿quiere tener un mejor matrimonio?; eso está bien, no olvide que su esposa quiere lo mismo. Ahora vaya y practique el amor cristiano en su hogar, dele a su cónyuge un mejor matrimonio y olvídese de usted mismo. Esa es la esencia del amor, de cualquier clase de amor.

**Filipenses 2:3-8**

3 Nada hagáis por contienda o por vanagloria; antes bien con humildad, **estimando cada uno a los demás como superiores a él mismo;**

4 no **mirando cada uno por lo suyo propio,** sino cada cual también por lo de los otros.

5 Haya, pues, en vosotros este sentir que hubo también en Cristo Jesús,

6 el cual, siendo en forma de Dios, no estimó el ser igual a Dios como cosa a que aferrarse,

7 **sino que se despojó a sí mismo, tomando forma de siervo, hecho semejante a los hombres;**

8 y estando en la condición de hombre, **se humilló a sí mismo, haciéndose obediente** hasta la muerte, y muerte de cruz.

No hay mejor vida —ni placer más completo— como la de un cristiano santo. La humanidad alcanza su mayor expresión cuando se está en comunión con Jesucristo. Usted conoce el camino. Ahora vaya y recórralo.